TRAGÉDIAS

TRAGÉDIAS
A LOUCURA DE HÉRCULES
AS TROIANAS
AS FENÍCIAS

Sêneca

Tradução, introdução, apresentações e notas de
ZELIA DE ALMEIDA CARDOSO

wmf **martinsfontes**

SÃO PAULO 2014

Copyright © 2014, Editora WMF Martins Fontes Ltda.,
São Paulo, para a presente edição.

1ª edição 2014

Tradução, introdução, apresentações e notas de
ZELIA DE ALMEIDA CARDOSO

Acompanhamento editorial
Helena Guimarães Bittencourt
Revisões gráficas
Ana Paula Luccisano
Ana Maria de O. M. Barbosa
Edição de arte
Katia Harumi Terasaka
Produção gráfica
Geraldo Alves
Paginação
Studio 3 Desenvolvimento Editorial

Dados Internacionais de Catalogação na Publicação (CIP)
(Câmara Brasileira do Livro, SP, Brasil)

Sêneca
  Tragédias : A loucura de Hércules ; As troianas ; As fenícias / Sêneca ; tradução, introdução, apresentações e notas de Zelia de Almeida Cardoso. – São Paulo : Editora WMF Martins Fontes, 2014. – (Clássicos WMF)

  ISBN 978-85-7827-845-8

  1. Grécia Antiga – História 2. Mitologia grega 3. Tragédia grega – História e crítica I. Título. II. Título: A loucura de Hércules. III. Título: As troianas. IV. Título: As fenícias. V. Série.

14-03630   CDD-882.01

Índices para catálogo sistemático:
1. Tragédia : Literatura grega antiga   882.01

Todos os direitos desta edição reservados à
Editora WMF Martins Fontes Ltda.
Rua Prof. Laerte Ramos de Carvalho, 133 01325.030 São Paulo SP Brasil
Tel. (11) 3293.8150 Fax (11) 3101.1042
e-mail: info@wmfmartinsfontes.com.br http://www.wmfmartinsfontes.com.br

Índice

Introdução
Sêneca e sua época VII
Características das tragédias senequianas XIV
A presente edição XVIII

A loucura de Hércules *(Hercules furens)* 1
As troianas *(Troades)* 105
As fenícias *(Phoenissae)* 195

Abreviaturas utilizadas (autores e obras) 251
Referências bibliográficas 253
Glossário de antropônimos, patrônimos e topônimos 257

Introdução

Sêneca e sua época

Embora tenha sido bastante significativo o número de escritores romanos que se consagraram à dramaturgia trágica, da maior parte dos textos que escreveram só restaram escassos fragmentos. Na condição de obras praticamente completas apenas se preservaram para a posteridade as tragédias de Sêneca, escritas no século I de nossa era[1], *Hércules no Eta* e a pretexta *Otávia*, peças cuja autoria é discutível.

A leitura desses textos, sobretudo das tragédias senequianas, reforça a ideia de que a obra de cultura é produto de todo um contexto, sendo extremamente importante o conhecimento desse contexto para que tal obra seja compreendida e sua própria existência possa ser jus-

---

1. A crítica tradicional considera da autoria de Sêneca as nove tragédias mitológicas apresentadas nos principais manuscritos: *A loucura de Hércules (Hercules furens); As troianas (Troades); As fenícias (Phoenissae) Medeia (Medea); Fedra (Phaedra); Agamêmnon (Agamemnon); Édipo (Oedipus), Tiestes (Thyestes)* e *Hércules no Eta (Hercules Oetaeus)*. Cf. HERRMANN, L. *Le théâtre de Sénèque*. Paris: Les Belles Letres, 1924, pp. 49 ss. Há controvérsia, entretanto, quanto à autoria de *Hércules no Eta (Hercules Oetaeus)*, considerada modernamente por parte significativa da crítica como obra apócrifa (cf. BOYLE, A. J. *Roman Tragedy*. London & New York: Routledge, 2006, pp. 219 ss.).

tificada². Apontaremos, portanto, alguns dos aspectos da vida romana da época em que Sêneca viveu, procurando verificar de que maneira puderam refletir-se nos textos que o dramaturgo produziu.

Sêneca pertenceu a um período de transição bastante complexo; viveu, como já se disse muitas vezes, na "crista que separa as duas vertentes da História: a vertente pagã e a cristã"³: é uma época de mudanças políticas, sociais, econômicas, de crises ideológicas e religiosas. Quando o poeta nasceu, em data que medeia entre 4 a.C. e o ano 1 ou 2 de nossa era, o "século de Augusto" já ultrapassara seus momentos mais gloriosos. Os últimos anos do governo do príncipe, aqueles em que Sêneca viveu sua adolescência, foram particularmente difíceis, conforme a opinião de Suetônio⁴ (Suet. *Aug.* 23 e 65), em decorrência de problemas de diversas ordens, inclusive de caráter sucessório. Morrendo em 14 d.C., Augusto foi substituído por Tibério. Reinaram, em seguida, Calígula, Cláudio e Nero.

Todo esse período, que se estende de 14 a 68, foi marcado por ódios, violência e tirania. Tibério, enteado, genro e, depois, filho adotivo de Augusto, esteve à testa do Império de 14 a 37. Apesar de ter tomado algumas medidas promissoras no início de seu governo, mostrando-se competente, moderado, simples e benévolo (Suet. *Tib.* 26-33), o que lhe rendeu grandes elogios de Veleio Patérculo (Vell. Pat. 2, 129-130), tornou-se aos poucos extre-

....
2. Cf. CANDIDO, A. *Literatura e sociedade*. São Paulo: Nacional, 1967, pp. 4 ss.
3. BOVIS, A. *La sagesse de Sénèque*. Paris: Aubier, 1948, p. 9.
4. *Os doze Césares*, de Suetônio, os *Anais*, de Tácito, e a *História romana*, de Dion Cassius, são as principais fontes antigas de que dispomos para o conhecimento da época de Sêneca. As referências feitas com base nessas obras estão seguidas de indicações com as abreviaturas convencionais.

mamente duro e austero. Valeu-se com frequência da *lex maiestatis* que possibilitava a mais severa punição para as menores ofensas (Tac. *Ann*. 1, 72-73), instaurando-se, em consequência, um regime de terror, em que ocorriam, a todo momento, denúncias, acusações, processos, prisões e execuções. Vários intelectuais, a exemplo de Cremúcio Cordo, Élio Saturnino e Mamerco Escauro, sofreram graves penalidades em decorrência dessa situação (Dion Cass. 57, 22; 58, 24) e, apesar de haver prosperidade e paz, Tibério passou a ser visto como tirano, tornando-se motivo de ressentimentos e temores. Suetônio e Tácito fazem referências explícitas aos grandes problemas então enfrentados por todos (Suet. *Tib*. 33; 36; 46; Tac. *Ann*. 6, 20).

Com a morte de Tibério, em 37, o Senado conferiu poderes ao jovem Caio César Calígula, sobrinho-neto e filho adotivo do imperador desaparecido. Como Tibério, Calígula conquistou a simpatia do povo nos primeiros meses de seu governo, mas revelou, logo depois, evidentes sinais de demência que se manifestaram sob a forma de extrema crueldade, megalomania e violência (Suet. *Cal*. 13, 15 e 22).

Sêneca, por essa época, se tornara um dos mais eminentes oradores de Roma. A vaidade e a inveja do príncipe, que nutria grandes ambições intelectuais, fizeram com que ele menosprezasse o orador e tivesse até mesmo cogitado em condená-lo à morte (Suet. *Cal*. 53). Tal intenção, entretanto, não se concretizou.

Com o assassínio de Calígula, ocorrido em 41, o poder foi oferecido a Cláudio, sobrinho de Tibério e tio de Calígula. A figura do novo imperador sempre foi objeto de controvérsias e tem sido tratada de forma caricata desde a Antiguidade. Segundo Bardon[5], Cláudio tinha grande cultura, mas era um homem de saúde delicada, fraco, desprovido de prestígio e autoridade e, consequentemente, impopular (Tac. *Ann*. 11 e 33-34). Suas atitudes sempre foram estranhas e contraditórias. Sua personalidade maleável foi facilmente manobrada por libertos que o assessoravam e por suas duas últimas esposas, mulheres que exerceram poderosa influência sobre ele. Messalina, segundo fontes históricas, conseguiu obter de Cláudio a relegação de Sêneca, envolvendo o poeta em intrigas palacianas. Agripina, irmã de Calígula e sobrinha do imperador, se casou com o tio após a execução de Messalina e obteve do esposo a adoção do filho que ela trouxera de um casamento anterior, Lúcio Domício, o futuro Nero. Para encarregar-se da educação do jovem, Sêneca, que permanecera por oito anos em Córsega, como relegado, foi chamado de volta a Roma aliando-se a Agripina, com quem mantinha laços afetivos desde a época de Calígula. Com a morte de Cláudio, ocorrida em 54, em circunstâncias suspeitas que implicaram a própria imperatriz (Tac. *Ann*. 12, 66-67), Nero assumiu o poder e Sêneca passou a ser seu conselheiro, seu ministro e uma espécie de "eminência parda" no palácio imperial.

Como Tibério e Calígula, Nero também fez com que o povo romano, a princípio, sonhasse com um retorno aos dias áureos de Augusto. O sonho, todavia, se foi desvanecendo à medida que o imperador manifestava, progressivamente, tendência ao despotismo, prepotência e crueldade, entregando-se a desmandos e crimes.

Em 62, desgostoso e desencantado com a política imperial, Sêneca se afastou da vida pública, retirando-se para

....

5. Cf. BARDON, H. *Les empereurs et les lettres latines, d'Auguste à Hadrien*. Paris: Les Belles Lettres, 1968, p. 125.

———————————— *Introdução* ————————————

uma propriedade particular, distante da corte. Esse fato, porém, não o impediu de ser considerado como um dos participantes da abortada conspiração de Pisão, cuja finalidade era destituir o imperador de seu posto, nem de ser condenado à morte, por conta dessa pretensa participação. O poeta se suicidou em 65 (Tac. *Ann*. 15, 44)[6]. Nero sobreviveu por algum tempo, mas, em 68, durante uma sedição, apunhalou-se – ou foi apunhalado – e perdeu a vida, pondo fim à tumultuada "dinastia júlio-claudiana"[7].

Toda a vida adulta de Sêneca decorreu, portanto, em um ambiente caracterizado pela violência, pela crueldade de governantes, pelo despotismo. Embora sempre tivesse tido fácil acesso à corte, tendo nela chegado a desempenhar importantes papéis, isso não foi suficiente para garantir-lhe imunidades: foi hostilizado por Calígula, punido por Cláudio, condenado à morte por Nero.

A obra de Sêneca reflete, de alguma forma, todo esse estado de coisas. A própria escolha dos gêneros literários com que se envolveu é explicável. Dedicando-se à filosofia, sobretudo à divulgação de princípios doutrinários estoicos, propôs ao homem de sua época uma reflexão sobre a felicidade humana, a paz de espírito, a curta duração da vida, o descaso pelo supérfluo, o exercício da virtude; escrevendo tragédias e derramando-se num estilo pomposo e elaborado, utilizou o mito como uma espécie de alegoria, e, ao condenar os heróis e heroínas da fábula que se deixaram vencer pelas paixões, condenou,

....
6. Para conhecimento suplementar da biografia de Sêneca sugere-se a leitura de MANJARRÉS, J. M. *Séneca o el poder de la cultura*. Madrid: Editorial Debate, 2001.
7. Para maiores conhecimentos sobre a época de Nero, sugere-se a leitura de CIZEK, E. *L'époque de Néron et ses controverses idéologiques*. Leiden: Brill, 1972.

ao mesmo tempo, de forma velada e simbólica, o comportamento que caracterizava os poderosos.

A época não favorecia, realmente, a exploração de gêneros literários que exigissem tomadas de posição diante dos fatos, o que poderia, eventualmente, determinar sanções. A situação política, desde que o poder do imperador se tornara despótico, provocava a repressão da manifestação independente do pensamento. Em condições semelhantes não é raro que o temor de censuras e punições faça com que os escritores abordem matérias alheias à vida política, por vezes de forma superficial, sem grande profundidade. Daí, talvez, a preferência do escritor pelos temas filosóficos e pela poesia trágica.

Os textos de Sêneca eram destinados a uma espécie de elite social, a uma população constituída de pessoas bem situadas na sociedade, amantes do luxo e da ostentação, de moradias ricas, mobiliário fino, alfaias preciosas e mesa farta[8], ao público habituado a frequentar círculos literários e sessões de *recitationes,* nelas encontrando uma forma particular de lazer intelectualizado.

Havia, em Roma, grande número de *auditores* e leitores para os textos senequianos. A cidade se transformara, tornando-se um grande centro cosmopolita. A sociedade se modificara pela presença de estrangeiros, que se mesclavam em verdadeira fusão cultural, e pelo aparecimento de "tipos novos", criados pela própria conjuntura política: senadores que, em virtude do absolutismo reinante, não tinham mais necessidade de preocupar-se com negócios públicos, cavaleiros e oficiais desocupados, um nú-

---
8. Cf. Paoli, U. E. *Rome, its People Life and Customs.* London: Longmans, 1963, pp. 78 ss.; Carcopino, J. *Roma no apogeu do Império.* Trad. H. Feist. São Paulo: Companhia das Letras/Círculo do Livro, 1990, pp. 21 ss.

mero crescente de novos-ricos, que encontravam na literatura uma resposta a seus anseios.
Nem as obras filosóficas nem as peças trágicas são textos para grandes massas. As tragédias, por demais requintadas e oferecendo alguns problemas para a representação, certamente não teriam feito grande sucesso num teatro popular. Ademais, o gosto da plebe se modificara também. A multidão de ociosos presentes na cidade – soldados inativos, egressos dos campos, antigos escravos, libertos sem posses – precisava ser entretida para não causar maiores problemas aos governantes. Para essa multidão eram montados grandes espetáculos: espetáculos de arena e de circo, combates, corridas, lutas de gladiadores, batalhas navais. E também mimos e pantomimas que substituíram as antigas comédias e tragédias, florescentes na época republicana, mas já não tão apreciadas naquele momento.
Tudo isso explica o que ocorreu no século I de nossa era. As restrições e o fato de muitos gêneros literários terem atingido altíssimo nível no século anterior levaram a literatura a enveredar por outros caminhos. O esvaziamento de conteúdos passou a ser compensado pela exuberância verbal, pelo gosto do efeito, pela ênfase, pela pompa de estilo. A ornamentação da frase se equilibrava com a ausência de opiniões pessoais, uma vez que expressá-las poderia ocasionar consequências desastrosas.
Compreende-se, assim, a obra de Sêneca, a escolha dos gêneros, a superficialidade, a verbosidade, tantas vezes censurada.
Foi ele um típico autor do início da decadência romana. Os textos filosóficos que escreveu explanam temas de moral, sem grande aprofundamento, e neles se observa um pendor acentuado pela filosofia estoica. As tragédias,

talvez escritas mais para a leitura e a declamação do que propriamente para a representação em grandes teatros, se revestem de um tom eloquente, oratório e empolado, embora em certos momentos revelem um estilo vivo, nervoso e patético. Sobre esses textos, bastante especiais em suas particularidades, passamos a fazer algumas observações mais pormenorizadas.

Características das tragédias senequianas

Sete peças trágicas, indiscutivelmente da autoria de Sêneca, chegaram praticamente na íntegra até nossos dias: *A loucura de Hércules (Hercules furens)*[9]; *As troianas (Troades); Medeia (Medea); Fedra (Phaedra); Agamêmnon (Agamemnon); Édipo (Oedipus)* e *Tiestes (Thyestes)*. *As fenícias (Phoenissae)* é uma tragédia mutilada ou talvez corresponda a dois fragmentos de duas peças distintas, não concluídas. Quanto a *Hércules no Eta (Hercules Oetaeus)*[10], cujo texto consta dos principais manuscritos supérstites, a posição da crítica se divide no que diz respeito à autoria[11].

Inspiradas nas tragédias áticas, sobretudo nas de Eurípides — mas sofrendo influência também dos dramas latinos da época republicana, de poesia épica e da lírica —, as obras dramáticas de Sêneca se distanciam de seus mo-

---
9. Preferimos traduzir *Hercules furens* por *A loucura de Hércules*, por não considerarmos a tradução literal *Hércules furioso* rigorosamente equivalente à forma latina.
10. Traduzimos *Hercules Oetaeus* por *Hércules no Eta* e não por *Hércules Eteu*, o que implicaria a utilização de um adjetivo pouco usado no idioma vernáculo.
11. Ver nota 1.

delos principais. Se, de um lado, foram muitas vezes consideradas inferiores às gregas no tocante à teatralidade, de outro, apresentam traços bastante nítidos de originalidade criativa.

As lendas mitológicas, que fornecem o assunto a ser desenvolvido, são, em certos casos, reformuladas em alguns de seus pormenores. Em *As troianas*, por exemplo, a ocultação de Astíanax no túmulo de Heitor parece ser criação senequiana; em *As fenícias*, diferentemente do que ocorre em Sófocles, Jocasta assiste ao duelo dos filhos; em *Medeia*, a feiticeira mata uma das crianças diante do esposo; em *Fedra*, a confissão feita pela madrasta à ama é original, bem como o expediente de que esta se vale para salvaguardar a honra da filha de leite, acusando Hipólito diante do povo de Atenas.

Cenas escabrosas, de horror e de violência permeiam os textos. Sêneca, em alguns momentos, talvez para ressaltá-las, não se preocupa com o decoro e com a conveniência: em *As troianas*, as mulheres desnudam os seios em sinal de protesto; em *A loucura de Hércules*, a cena de demência é representada diante do público; em *Édipo*, uma novilha é sacrificada em cena, com todo o ritual próprio dos sacrifícios.

No que diz respeito à progressão da ação, as tragédias de Sêneca também se diferenciam das gregas. Enquanto estas são bastante movimentadas, as senequianas são estáticas – o que chegou a fazer muitos críticos do passado pensarem que não teriam sido escritas para a representação, posição que tem sido reformulada em nossos dias[12].

....
12. Sobre a representabilidade das tragédias, ver HERRMANN, L., 1924, pp. 329 ss.; AMOROSO, F. "*Les troyennes* de Sénèque. Dramaturgie et théatralité". In: *Théâtre et spectacles dans l'Antiquité*. Actes du Colloque de Strasbourg, 1981,

De qualquer forma, há, em geral, nas tragédias, falta de movimentação e de clímax. Parte-se de uma crise inicial, que se mantém até o fim sem maiores mudanças na ordem dos fatos. A catástrofe é prevista desde o início. Um "patamar" crítico substitui, por vezes, o ponto culminante. No tratamento dado às personagens está um dos méritos do poeta[13]. Foi ele capaz de construir tipos dotados de grande vigor. A acentuação intencional de traços de personalidade faz algumas das figuras se assemelharem a grandiosas caricaturas trágicas. Há especial cuidado na composição de personagens femininas. Mégara, em *A loucura de Hércules*, Hécuba e Andrômaca, em *As troianas*, Medeia e Fedra, nas tragédias homônimas, Jocasta e Antígona em *As fenícias*, Clitemnestra, em *Agamêmnon*, são mulheres inesquecíveis, cada uma com seus atributos próprios, seus contornos peculiares e sua força de construção.

Um dos traços marcantes a caracterizar as figuras de Sêneca é a luta que enfrentam em seu íntimo e que se trava entre as paixões e a razão. As personagens são dotadas de livre-arbítrio e têm consciência de que, se não são totalmente donas de seu destino, têm possibilidade de fazer o bem e evitar o mal. O fatalismo, presente em grande parte das tragédias gregas, é muitas vezes substituído, nas de Sêneca, pelo drama psicológico.

Além de elaborar cuidadosamente as personagens vivas, Sêneca também dispensa especial atenção às personagens mortas, quer apareçam no texto como fantasmas

....

pp. 81-96; ARCELLASCHI, A. *Médée dans le théâtre latin d'Ennius à Sénèque*. Roma: École Française de Rome/Palais Farnèse, 1990, pp. 313 ss.; DUPONT, F. *Les monstres de Sénèque*. Paris: Belin, 1995, pp. 17 ss.; CARDOSO, Z. A. *Estudos sobre as tragédias de Sêneca*. São Paulo: Alameda, 2005, pp. 65-85.
13. Cf. CARDOSO, Z. A. *A construção de* As troianas *de Sêneca*. Tese de doutoramento. São Paulo: USP-FFLCH, 1976, pp. 120 ss.

ativos (é o caso de Tântalo em *Tiestes*, e de Tiestes em *Agamêmnon*), quer como fantasmas apenas mencionados (Aquiles e Heitor em *As troianas*, ou Laio, em *Édipo*), quer como simples lembranças, dotadas, contudo, de algum poder de atuação (Príamo, em *As troianas*). Os cânticos corais que entremeiam os episódios são bastante diferentes dos coros presentes nas tragédias gregas. Assemelham-se a poemas líricos, sendo construídos e metrificados como tais, e deles se vale o poeta para que a personagem coletiva narre um fato, discuta um assunto, faça um comentário.

A linguagem das tragédias é bem característica da época em que viveu o escritor[14]. Tem traços acentuadamente retóricos, o que lhe confere, ao lado da solenidade própria do gênero, um tom artificial e, por vezes, pedante. Mestre da língua e conhecedor do material que reelaborou, sobretudo nos pormenores, o poeta se valeu a todo momento de figuras de estilo e das variações formais que o período latino admitia. À extensão dos monólogos se opõe muitas vezes a vivacidade dos diálogos, vazados em frases curtas, lacônicas e incisivas.

Sendo amante e divulgador da filosofia, Sêneca impregnou suas tragédias de elementos doutrinais, principalmente estoicos, expressando-os com frequência sob a forma de sentenças morais.

A influência exercida pelo trágico latino sobre a literatura posterior foi imensa. O chamado "senequismo" foi um fenômeno literário de grandes proporções. Nas nações mais cultas do mundo ocidental, principalmente nos séculos XVI, XVII e XVIII, grandes teatrólogos, tais como

....
14. Cf. COUTINHO, A. *Crítica e poética*. Rio de Janeiro: Acadêmica, 1968, p. 40.

Dolce, Cinzio, Foscolo, na Itália, De La Pérouse, Mathieu, Garnier, Buchanan, Billard, La Pinelière, Corneille, Racine, Crébillon, na França, Sackville, Norton, Daniel, Greville, Shakespeare, Peele, Greene, Jonson, Massinger, na Inglaterra, compuseram obras importantes nas quais se observa, nítida, a herança senequiana[15].

A presente edição

Apresentamos neste volume algumas considerações iniciais sobre as tragédias de Sêneca e a tradução de três peças, antecedidas, cada uma, por uma apresentação: *A loucura de Hércules*, *As troianas* e *As fenícias*. O texto latino utilizado na tradução é o que foi estabelecido por Léon Herrmann e publicado em Paris, pela Société d'Édition "Les Belles Lettres"[16], embora em alguns momentos tenhamos alterado alguma pontuação ou preferido outras soluções léxicas, indicadas no aparato crítico.

A tradução procura, na medida do possível, aproximar-se do original e ser fiel ao pensamento do autor. Os versos das tragédias foram traduzidos linha a linha, sem rigor de métrica e ritmo, com o intuito de facilitar o confronto com o original caso algum leitor deseje proceder a uma comparação com o texto latino.

Quanto à linguagem, foram evitadas, propositadamente, as construções que, por serem pouco usuais no idioma vernáculo, poderiam conferir ao texto em português um tom excessivamente artificial. Algumas palavras e ex-

---

15. Cf. HIGHET, G. *La tradición clásica*. México: Fundo de Cultura Económica, 1954, vol. 1, pp. 70 ss.
16. SÉNÈQUE. *Tragédies*. Paris: Les Belles Lettres, 1971, t. 1.

pressões tiveram de ser acrescentadas para facilitar o entendimento; por outro lado, a tradução suprimiu o que pareceu dispensável.

As notas são explicativas e fornecem esclarecimentos necessários à compreensão. Para as explicações de caráter mitológico, foram consultadas, sobretudo, as epopeias homéricas, a *Eneida*, de Virgílio, as *Metamorfoses*, de Ovídio, a *Biblioteca*, de Apolodoro, e as *Fábulas*, de Higino. Mantiveram-se, nas referências a esses textos, bem como a demais obras antigas, as abreviaturas convencionais. O *Dicionário da mitologia grega e romana*, de Pierre Grimal, e *The Oxford Classical Dictionary*, editado por M. Cary e outros[17], foram amplamente consultados.

O glossário se limita à enumeração de antropônimos, patrônimos e topônimos, em português, seguidos das formas latinas com que aparecem no texto original, dos números das linhas das traduções em que se encontram e de brevíssima explicação.

Espera-se que, com o presente trabalho, se contribua, de alguma forma, para o desenvolvimento do gosto pelos estudos clássicos, em nosso país, estudos que desvendam, ao homem de hoje, o riquíssimo patrimônio cultural construído pela Antiguidade.

....
17. GRIMAL, P. *Dicionário da mitologia grega e romana*. Trad. V. JABOUILLE. Lisboa: Difel, 1966; CARY, M. *et al.* (orgs.). *The Oxford Classical Dictionary*. Oxford: Oxford University Press, 1950.

A LOUCURA DE HÉRCULES
(*Hercules furens*)

Apresentação

Hercules furens – que aqui traduzimos de forma não convencional por *A loucura de Hércules* – é uma tragédia bastante especial no conjunto das obras trágicas de Sêneca. É praticamente a única em que o espectador/leitor é induzido a admitir que a catástrofe é decorrente do *numen* dos deuses – no caso, da deusa Juno, que, enciumada pelas inúmeras traições de Júpiter e enraivecida com Hércules, vitorioso em todas as provas a que foi submetido, se dispõe a enlouquecê-lo para que ele se vença a si próprio.

Inspirada no *Heraklês* de Eurípides, mas influenciada por outras fontes[1], *A loucura de Hércules* apresenta basicamente o mesmo recorte do mito apresentado pelo teatrólogo grego: ao retornar do Inferno, para onde se dirigira a fim de capturar o cão Cérbero, Hércules encontra Tebas governada por Lico, que ameaça de morte a família do herói; Hércules mata o tirano, mas, acometido de loucura, assassina a esposa e os filhos em seu desvario, confundindo-os com Juno e com os filhos de Lico.

....
1. Conforme Léon Herrmann (1924, pp. 258-9), é possível que haja influência do *Amphitruo* de Ácio sobre *A loucura de Hércules*, e, por meio desse texto, da tragédia homônima de Sófocles. Nota-se também, em algumas passagens, indicadas em notas à tradução, influência da épica e da lírica latinas.

A história é apresentada nos cinco atos que compõem o texto: o prólogo, os três episódios centrais e o êxodo. O prólogo (*HF.* 1-124) consiste em um monólogo recitado por Juno. Indignada, ela discorre sobre seus sentimentos em relação ao esposo e sobre as concubinas e bastardos de Júpiter e fala do ódio que sente por Hércules, ódio que a impele à vingança que premedita. O monólogo de Juno, inexistente no modelo grego, é fruto da criatividade de Sêneca. A figura da deusa é construída com bastante força dramática – característica conferida também pelo autor a várias de suas heroínas "humanas" – e revela os principais traços de uma personalidade dominada por paixões. O despeito, decorrente tanto da solidão a que Júpiter a força, sempre em busca de aventuras amorosas, como também das recompensas que o deus prodigaliza a concubinas e bastardos, provoca-lhe um ciúme exacerbado e um ódio incontrolável, levando-a ao desejo de vingança, que se materializa na perseguição a Hércules. Após o prólogo, em que seus desígnios ficam evidentes, Juno sai de cena para não mais retornar.

No primeiro episódio (205-523), Anfitrião, o pai "terreno" de Hércules, e Mégara, a esposa, lembram os "trabalhos" do herói e estão dialogando sobre a aflitiva situação de Tebas e da família de Hércules quando Lico, o governante usurpador do trono, entra em cena e propõe casamento a Mégara; a mulher, indignada, tendo muito presente o fato de que seu pai e seus irmãos haviam sido mortos por Lico para que este chegasse ao poder, rechaça a proposta. O tirano, despeitado com a recusa, ameaça de morte toda a família de Hércules e se retira. Anfitrião está suplicando pela proteção dos deuses quando ouve o ruído dos passos de Hércules, que retorna. O episódio é importante para que Sêneca levante questões sobre poder legítimo e ilegítimo, coerção e tirania, questões essas que, de uma forma ou de outra, são um traço original, frequente em seus textos, e vão aparecer em outras tragédias: em *As troianas, Medeia, Fedra, As fenícias, Édipo, Tiestes*. A discussão sobre o poder e a configuração de atitudes tirânicas podem ser observadas entre os versos 332 e 515 de *A loucura de Hércules*, nela se ressaltando uma esticomitia (422-438), permeada de máximas filosóficas, mediante a qual são desenhados os principais traços da personalidade de Lico – prepotente e violento – e de Mégara – mulher forte que não se deixa intimidar e é capaz de sustentar uma disputa verbal com um homem poderoso, em nível de igualdade.

No segundo episódio (592-829), Hércules finalmente retorna do mundo dos mortos, apresenta-se em cena, dirige-se a Apolo e a Júpiter falando de suas façanhas, encontra a família e toma conhecimento dos atos de Lico: o assassínio dos parentes de Mégara, a usurpação do poder, a tentativa de sedução e as ameaças que faz. Cheio de ódio, ele se afasta para matar Lico e, nesse ínterim, a pedido de Anfitrião, Teseu, que voltara do Inferno em companhia de Hércules, descreve o mundo dos mortos. Faz inicialmente uma descrição da paisagem do Inferno e, em seguida, fala das divindades que o habitam, do palácio de Plutão, dos juízes, dos grandes criminosos, punidos com terríveis penas, da chegada de Hércules a esse reino escuro e, finalmente, do aprisionamento de Cérbero, o último trabalho de Hércules. Embora a descrição do Inferno seja um *tópos*, comum na épica e na lírica latinas, em *A loucura de Hércules* ela se reveste de originalidade por não estar presente no modelo grego.

No terceiro episódio (895-1053), que é bastante movimentado e marca o clímax da ação trágica, Hércules volta de sua missão, depois de ter executado Lico, e prepara-se para oferecer um sacrifício aos deuses, quando é acometido de súbito mal; tem alucinações, descreve-as e, durante um acesso de loucura, mata os filhos e a esposa, caindo, em seguida, em sono profundo. A descrição das alucinações é mais um traço da originalidade de Sêneca. Quanto às cenas do assassínio das crianças e de Mégara – com detalhes bastante criticados por aqueles que nelas viram uma agressão ao decoro do gênero e um motivo para a impossibilidade de representação –, nada indica que devessem ser representadas diante de um possível público. Quem descreve essas cenas é Anfitrião, que tem a visão dos bastidores onde se refugiam Mégara e as crianças e para onde corre Hércules em perseguição a elas.

No êxodo (1138-1345) Hércules desperta, recobra a razão e se dá conta do que fizera; fala de sua intenção de matar-se, mas Teseu, a muito custo, o dissuade da ideia.

Entre os atos, de acordo com a prescrição aristotélica, Sêneca insere os quatro cânticos entoados por um coro de cidadãos de Tebas: o párodo e os três estásimos.

São cânticos muito diferentes dos que se encontram no texto de Eurípides. E dadas as suas características bastante especiais, como elementos que fazem a ligação entre os episódios, reservamos um momento para fazer alguns comentários sobre eles.

O párodo (125-204) corresponde ao interlúdio que se situa entre o monólogo de Juno e o diálogo que se trava inicialmente entre Mégara e Anfitrião e, em seguida, entre os dois primeiros interlocutores e Lico, o tirano. É um cântico bastante peculiar, de caráter descritivo-filosófico, construído com tetrapodias anapésticas[2], podendo ser di-

....
2. A tetrapodia anapéstica, muito utilizada por Sêneca em seus cantos corais, é um verso constituído de quatro pés, ou divisões – quatro anapestos

vidido em duas partes devidamente articuladas. Na primeira, de aspecto ecfrástico (125-158), o coro descreve o amanhecer. Fala do céu, da Estrela da Manhã, que anuncia a chegada do dia, da constelação da Ursa e do nascer do sol. As sarças iluminadas pela luz matinal evocam as bacantes, em suas correrias pelos montes, e a lua desaparece. Terminada a descrição do firmamento, o coro volta suas atenções para a terra, onde os homens se preparam para o trabalho, e lembra aqueles que se entregam a suas atividades de todos os dias – os pastores, os marinheiros, os pescadores –, detendo-se em observações sobre os pastos e os animais domésticos. Referindo-se ao piar dos passarinhos, o coro fala da andorinha e de seus filhotes barulhentos e alude à lenda de Procne e Filomela, relatada por Ovídio (*Met.* 6, 426 ss.).

Uma reflexão, em três versos (159-161), referente à tranquilidade e simplicidade da vida nos campos, fecha a primeira parte do cântico:

Para aqueles de vida virtuosa existe
esta quietude tranquila, o lar alegre
com o pouco que têm e a esperança nos campos.[3]

....
(pés formados por duas sílabas breves e uma longa) –, que admitem variações métricas conforme a posição em que estejam. Em geral, no primeiro e no terceiro pés, o anapesto pode ser substituído por dátilo (uma sílaba longa e duas breves) ou espondeu (duas longas); no segundo, por espondeu; no quarto por espondeu, tríbraco (três breves), troqueu (uma longa e uma breve) ou pirríquio (duas breves) e até mesmo por proceleusmático (quatro breves). Sêneca, porém, não segue rigorosamente essas regras. Cf. NOUGARET, L. *Traité de métrique latine classique*. Paris: Klincksieck, 1948, p. 93.
3. *Haec, innocuae quibus est uitae/ tranquilla quies et laeta suo/ paruoque domus, spes et in agris* (*HF.* 159-161). Todas as traduções apresentadas são de nossa responsabilidade. Os textos latinos citados nas notas foram extraídos da edição de Sêneca publicada pela Société d'Édition "Les Belles Lettres" e mencionada nas Referências bibliográficas.

A valorização da vida em contato com a natureza é um *tópos* que vem de Hesíodo[4], passa pela poesia pastoril alexandrina[5], que vira a natureza como um refúgio tranquilo, pacífico e idílico, e encontra muitas ressonâncias em Roma: em Lucrécio (*RN* 5, 1108-12), que, ao discorrer sobre os primórdios da civilização, fala da vida calma dos primeiros homens e da fundação das cidades com as quais se iniciou uma série de atos que levariam os seres humanos à prepotência, à discriminação, à ambição e às guerras; em Virgílio, que, nas *Geórgicas* (2, 448-540), elogia os agricultores que vivem felizes e ignoram o luxo dos grandes centros, a industrialização e o burburinho; em Horácio, que, em vários momentos de sua obra[6], faz o confronto entre a cidade e o campo, ressaltando, sempre, a supremacia do último; em Tibulo, que abomina a ambição pela vida luxuosa, realçando a importância da simplicidade e da natureza que se unem ao amor (TIB. 1, 1). Até em Propércio, poeta "citadino" por excelência, observa-se por vezes o mesmo *tópos* (PROP. 3, 13, 25-46).

No párodo de *A loucura de Hércules* encontramos a exploração desse motivo que se intensificará em *Fedra*, quando Hipólito condena a cidade e tudo que se lhe atém (SEN. *Phae*. 486-500)[7].

A partir do verso 162, inicia-se a segunda parte do párodo. O coro muda o tom do discurso e passa a fazer considerações sobre a vida agitada das cidades, que contrasta com a doçura da existência nos campos:

---

4. Hesíodo, em *Os trabalhos e os dias*, mostra o labor campestre como uma forma da "luta boa" que se opõe à "luta má", representada pelas guerras (HES. *Op*. 286 ss.).
5. Vejam-se, por exemplo, os *Idílios* de Teócrito.
6. HOR. *O*. 2, 15; *Sat*. 2, 6; *Epist*. 1, 10.
7. Cf. CARDOSO, Z. A. 2005, pp. 185-96.

Num grande turbilhão, as esperanças inquietas
e os trépidos medos vagueiam pelas cidades.[8]

A ideia é esplanada nos versos seguintes. Nos centros urbanos, enquanto alguns bajulam os poderosos, outros dão corda à ambição, juntando riquezas, ou se empenham em obter favores do povo, ou, ainda, labutam no fórum, acusando pessoas ou as defendendo, simplesmente em função do lucro, sem nenhuma probidade.

A observação dessas situações leva a uma reflexão de caráter estoico que revela a preocupação com o bom uso do tempo[9], cuja marcha é inexorável (174-177):

A segura tranquilidade
conhece poucos que, lembrados da velocidade
da vida, procuram dominar o tempo
que não retorna.[10]

A reflexão se desdobra em outras considerações (177--184), que envolvem conselhos genéricos e se extravasam numa linguagem poética, permeada de imagens, entre as quais a alusão ao mito das Parcas que comandam a vida humana.

Nos quatro versos seguintes (185-192) o coro, em uma apóstrofe, se dirige especificamente a Hércules – aquele que buscou a glória em sua ida ao Inferno, sem se dar conta de que a morte tem seu dia marcado – e faz considerações sobre os que procuram antecipar o fim.

....
8. *Turbine magno spes sollicitae/ urbibus errant trepidique metus* (*HF*. 162-163).
9. Em *Sobre a brevidade da vida*, Sêneca explora exaustivamente a questão do aproveitamento de tempo pelo sábio.
10. *Nouit paucos/ secura quies, qui uelocis/ memores aeui tempora nunquam/ reditura tenent* (*HF*. 174-177).

Fechando o círculo construído, o coro volta a falar na vida simples, desejada pelos coreutas (192-201), e conclui o canto mencionando as novas personagens que entrarão em cena para o episódio que se seguirá (202-204) – procedimento dramático que vem da comédia nova e que foi muito empregado por Plauto: faz-se a ponte, portanto, entre o prólogo e o primeiro episódio.

Bastante diferente do párodo, pelo assunto e pelas características formais, o segundo cântico, ou seja, o primeiro estásimo (524-591), pode ser considerado como um texto narrativo. O episódio anterior terminara com as palavras de Anfitrião, dirigindo-se aos deuses, numa súplica por proteção, e revelando espanto pelo súbito estremecimento da terra e pelo som das passadas gigantescas do filho.

O coro inicia o canto dirigindo-se primeiramente à Fortuna[11] e censurando-a por ser injusta na distribuição dos favores. Construído com asclepiadeus menores, versos de estrutura rígida, formados por cinco pés praticamente fixos[12], o primeiro estásimo não apresenta nenhuma mobilidade no que diz respeito à métrica. O procedimento poético gera certa monotonia rítmica que condiz com a forma como o assunto é explorado: o cântico do coro

....
11. A Fortuna, divindade itálica que se encarrega de aquinhoar os homens, é lembrada ou invocada em vários textos de Sêneca. Veja-se, por exemplo, *Phae.*, 978 ss.; 1124 ss.; 1143 ss.; *Aga.* 57 ss.; 100 ss.; 594 ss.; *HO.* 697 ss. Na passagem acima, o coro a invoca para fazer uma reflexão sobre as aparentes injustiças na atribuição de bens aos seres humanos – tema desenvolvido por Sêneca em *Sobre a providência* – e lembrar os trabalhos de Hércules.

12. O asclepiadeu menor apresenta dois hemistíquios, nome dado a cada uma das metades do verso; o primeiro é formado por um espondeu, um dátilo e uma sílaba longa, após a qual há uma cesura, ou corte; o segundo, por um dátilo, um troqueu e uma sílaba ancípite, longa ou breve, que forma com a sílaba longa do primeiro hemistíquio o quinto pé: um espondeu ou um troqueu.

consiste em longa narração na qual inicialmente são feitas alusões aos "trabalhos" do herói (527-568), retomando-se de certa forma as palavras de Mégara em seu primeiro monólogo (214-248); em seguida, é focalizada, detalhadamente, a catábase de Orfeu (569-589). Nas referências aos "trabalhos" o coro por vezes apenas evoca uma proeza ou outra, sem pormenorizá-las: a mão que carregou o mundo, alusão à ajuda que Hércules prestou a Atlas, quando foi punido por Zeus por ter participado da luta dos gigantes contra os deuses; as cabeças ferozes da serpente, alusão à hidra de Lerna, morta pelo herói; as "maçãs das irmãs enganadas", referência às Hespérides, cujos jardins foram violados pelo filho de Alcmena; a vitória sobre "aquela que impera sobre mulheres sem homens", ou seja, sobre Hipólita, rainha das amazonas; a descida ao Inferno, "os reinos da sícula Prosérpina". Ao fazer esta última alusão, o coro formula um voto de sucesso pelo empreendimento (558-559).

 A menção ao Inferno, representada pelas referências a Estige e às Parcas, faz o coro lembrar a viagem de Orfeu ao mundo das sombras. Agora, porém, o procedimento narrativo se modifica, havendo um verdadeiro relato em vez de uma simples ordenação de lembranças. O coro menciona o fato de o cantor ter dobrado os deuses infernais "com cânticos e preces suplicantes" (570); faz um comentário sobre a eficiência da arte do poeta "que movia florestas, aves e rochedos, que provocara o retardamento dos rios, e a cujo som as feras se imobilizavam" (572-574); descreve a atitude dos deuses, chorando a esposa de Orfeu; fala da decisão divina: os deuses foram vencidos; vão restituir Eurídice, mas há uma lei a ser cumprida – na saída do Inferno, Orfeu deve ir à frente, a esposa atrás; e ele não pode contemplá-la antes de voltarem à luz. Como o cantor não obedece, perde a esposa para sempre[13].

O coro termina o relato com uma reflexão, uma espécie de fecho que expressa mais uma vez a crença no sucesso do herói (590-591):

A realeza que pôde ser vencida pelo canto
essa mesma realeza poderá ser vencida pela força.[14]

O segundo estásimo (830-894) também se diferencia bastante dos demais cânticos. Quanto a seu aspecto formal, se caracteriza pela bimetria. Na primeira parte, situada entre os versos 830 e 874, Sêneca utilizou versos hendecassílabos sáficos, de métrica relativamente rígida[15]. Na segunda parte, situada entre os versos 875 e 894, foram usados versos glicônicos[16].

O coro inicia seu canto falando de Euristeu, que dera ordens a Hércules para que penetrasse no inferno. Em se-

....
13. No trecho em que Sêneca relata a catábase de Orfeu, nota-se alguma influência de Virgílio (*G.* 4, 467 ss.). A figura de Orfeu vai ser lembrada outras vezes nos cantos corais das tragédias, quer como cantor, quer como um daqueles que penetraram vivos no reino dos mortos (ver, p. e., *Med.* 348 ss.; 358 ss.).
14. *Quae uinci potuit regia carmine/ haec uinci poterit regia uiribus* (*HF.* 590-591).
15. O hendecassílabo sáfico é constituído, no primeiro hemistíquio, de um pé formado por dois troqueus justapostos ou de um troqueu seguido de um espondeu, já que a última sílaba do segundo troqueu é ancípite, podendo existir uma cesura após a quarta sílaba; no segundo hemistíquio, de um coriambo (pé formado por uma sílaba longa, duas breves e uma longa), um jambo (pé formado por uma sílaba breve e uma longa) e uma sílaba ancípite, breve ou longa.
16. O verso glicônico, bastante curto, é constituído de um espondeu, dois dátilos, um troqueu e uma sílaba ancípite, breve ou longa, ou, se preferirmos, de um espondeu, um coriambo (pé formado por duas sílabas breves entre duas longas) e um jambo (pé formado por uma sílaba breve seguida de uma longa) ou pirríquio (pé formado por duas sílabas breves), já que a última sílaba do verso é ancípite.

guida descreve o caminho que leva ao mundo dos mortos, havendo nessa descrição elementos semelhantes aos que se encontram em Ovídio (*Met*. 4, 432-463): em ambos os autores há referências ao caminho escuro, entre árvores tristes, e à multidão de almas que se aglomera como se fossem pessoas da cidade quando há jogos ou cerimônias religiosas. Terminada a écfrase, o coro faz uma angustiada indagação aos homens, tanto àqueles que ainda estão vivos, mas que vão morrer, um dia, como àqueles que já morreram (858-860):

> Qual é vosso estado de espírito, quando, desaparecida a luz, cada um sente, abatido, que sua cabeça está enterrada no chão?[17]

A primeira parte do cântico termina com um comentário sobre a noite eterna para a qual a humanidade se prepara (861-874).

Na segunda parte há uma grande modificação no que toca à métrica, ao tema e ao tom. São empregados, então, como já se disse, versos glicônicos, curtos, leves e ágeis, perfeitamente adequados ao novo assunto introduzido: fala-se de festivas cerimônias religiosas. A tristeza cede o lugar à alegria: "Aproxima-se um dia feliz para Tebas" (875)[18].

O coro incentiva as pessoas a fazerem um sacrifício propiciatório e formula votos para que os jovens dancem e os camponeses descansem de suas lidas (876-881). O mundo está pacificado – todo ele, do Oriente ao Ocidente,

....
17. *Qualis est uobis animus, remota/ luce cum maestus sibi quisque sensit/ obrutum tota caput esse terra!* (*HF.* 858-860).
18. *Thebis laeta dies adest* (*HF.* 875).

na linha do Equador e nas praias. Tudo se deveu ao trabalho de Hércules que acaba de voltar do Inferno (882-886).

Ao hino jubiloso se segue o terceiro episódio, aquele em que se cumpre o desígnio de Juno: o herói enlouquece, trucida a esposa e os filhos e adormece, num sono doentio que se assemelha a uma verdadeira letargia. O coro entra em cena mais uma vez, para entoar seu último canto.

O terceiro estásimo (1054-1137), construído com tetrapodias anapésticas, como o párodo, se inicia com uma lamentação e uma súplica: um convite às divindades e às forças da natureza para que chorem a desgraça de Hércules e uma prece para que o reconduzam novamente à razão (1054-1065). Segue-se um hino ao Sono, bastante original, chamado por Herrmann de "litania de Morfeu". É, realmente, uma espécie de oração, à feição das ladainhas cristãs, pela qual o coro invoca a divindade, enumerando-lhe as características e atributos e pedindo-lhe proteção para o herói vencido pela loucura (1065-1081)[19].

Após a oração, o coro descreve a figura gigantesca de Hércules, estendida no chão, com a mente perturbada por sonhos maus e movimentando-se de forma convulsiva. Chama pelo Sono mais uma vez, pedindo-lhe que Hércules recobre a virtude e a razão, mas hesita em prosseguir em seu pedido – talvez para o herói seja melhor permanecer imerso na loucura, sem tomar conhecimento dos atos que cometera quando estivera fora de si. Mas ele despertará, e o coro antevê os castigos terríveis que infligirá a sua própria pessoa, chamando pelas armas que saberão como agir.

....
19. Cf. SÉNÈQUE, 1971, p. 43 A, n. 2. Para Herrmann (1924, p. 266), o "hino ao Sono" evoca passagens do *Orestes* de Eurípides (EUR. *Or.* 174 ss.) e das *Metamorfoses* de Ovídio (Ov. *Met.* 11, 623 ss.).

No último trecho do cântico, o coro invoca os meninos mortos, os filhos de Hércules – aqueles que não tiveram tempo de exercitar-se nas práticas guerreiras e que, "no primeiro limiar da vida", foram abatidos pela loucura do pai.

Como se pode verificar, os quatro cânticos, embora diferentes entre si pelo assunto e pela métrica bem como pelo tom geral que os caracteriza, têm em comum o fato de se articularem perfeitamente com a ação e de se apresentarem como peças em que o cuidado com a composição se revela em todos os níveis[20]. Exímio no manejo da língua e conhecedor dos princípios da retórica, Sêneca trabalhou caprichosamente com o vocabulário empregado, com as figuras de estilo e a morfossintaxe. Sucedem-se, no correr dos versos, os mais diversos recursos literários escolhidos pelo teatrólogo. No párodo, onde o caráter descritivo se justapõe ao filosófico, as imagens plásticas evocam cores e sons, no retratar de uma cena bucólica; o movimento de pessoas e animais fica por conta de verbos expressivos, empregados com acerto; as alusões mitológicas aparecem a todo momento, quando há referência a uma divindade, a uma lenda ou a uma personagem heroica que marcou o mito com a sua presença; o tom estoico se filtra em reflexões e conselhos, decorrentes da observação de fatos da vida. No primeiro estásimo, narrativo do começo ao fim, o relato é interrompido de vez em quando por expressões de sentimento – censura, votos de sucesso, orgulho na rememoração de fatos grandio-

---

20. Cf. STEVENS, J. A. "Seneca and Horace: Allegorical Technique in Two Odes to Bacchus (HOR. *Carm* 219 and SEN. *Oed.* 403-508)", *Phoenix* 53, n. 3/4, Autumn-Winter 1999, pp. 281-307.

sos. E na segunda parte, quando a *diégesis* se torna mais minuciosa para evocar a viagem de Orfeu, os sentimentos são expressos de forma ainda mais pungente. No segundo estásimo – de características descritivo-narrativas –, a polimetria se irmana à duplicidade de tom – lamentoso, na descrição das almas que se dirigem à prisão eterna; alegre, nas referências a uma cerimônia ritual. No terceiro estásimo, finalmente – quando prevalece o tom de hino religioso – os *tópoi* se unem para constituir uma peça de grande beleza.

Examinando-se os quatro cânticos, no conjunto da tragédia, podemos verificar que eles compõem a "linha ódica", conforme foi denominada por J. D. Bishop[21]: uma sequência de pensamentos estruturada pelos cantos. Fazem a ligação entre os episódios e reforçam a linha dramática por eles representada.

----

21. Bishop, J. D. "The choral odes of Seneca's *Medea*". *Classical Journal*, 60, 1965, pp. 313-6.

A LOUCURA DE HÉRCULES
(Hercules furens)

PERSONAGENS

JUNO (esposa de Júpiter, rainha dos deuses)
MÉGARA (esposa de Hércules)
FILHOS DE MÉGARA (personagens mudas)
ANFITRIÃO (pai "terreno" de Hércules)
LICO (rei de Tebas)
HÉRCULES (herói tebano, filho de Júpiter
e de Alcmena)
TESEU (herói ático, amigo de Hércules)

CORO
Tebanos

FIGURANTES
Soldados ou fâmulos de Lico

CENÁRIO
Tebas, diante do palácio real

PRÓLOGO
(JUNO)

JUNO[22]
Irmã do Tonante – pois que este título foi o único
que me restou –, esposa sem marido, abandonei
Júpiter, sempre distante, e os templos do alto Éter[23],
e, expulsa do céu, dei meu lugar às concubinas.
É a terra que deve ser habitada: as concubinas se
                      [apossam do céu[24].   5

....
22. Deusa itálica protetora das mulheres casadas e das parturientes, Juno se identifica com a Hera grega e, nessa condição, é considerada como uma figura pertencente à geração olímpica, filha de Cronos e Reia, sendo, portanto, irmã de Júpiter (Zeus), com quem se casou. A união de Hera e Zeus é relatada por Hesíodo, na *Teogonia* (921 ss.): após ter mantido relações com Mêtis, com quem gerou Atena, com Têmis, com quem gerou as Horas, a Equidade, a Justiça, a Paz e as Moiras, ou Parcas, com Demeter, com quem gerou Perséfone, com *Mnemosyne*, a Memória, mãe das Musas, e com *Letó*, Latona, filha do Céu e mãe de Apolo e Ártemis, Zeus desposou Hera, que pariu Hebe, Ares e Ilitia. Ainda segundo Hesíodo (*Theog*. 930 ss.), Zeus teve como amantes – após o casamento com Hera – Maia, Sêmele e Alcmena, genitoras, respectivamente, de Hermes, Dioniso (Baco) e Hércules. Autores posteriores a Hesíodo mencionam outras amantes e outros filhos do deus.
23. De acordo com Hesíodo (*Theog*. 123-125), Éter (*Aithér*), personificação do espaço etéreo, é filho de Noite (*Nýx*) e de Érebo (*Érebos*), o mundo das trevas subterrâneas, gerados ambos por Caos (*Cháos*), a divindade primordial.
24. Nos primeiros cinco versos da obra original, que correspondem às cinco primeiras linhas da tradução do Prólogo, Juno revela as causas de sua ira

De um lado, Arctos²⁵, astro que se ergue na parte
[mais alta
da abóbada glacial, conduz as frotas argólicas;
de outro, onde o dia se dilata com a tépida primavera,
brilha quem arrebatou a tíria Europa por entre as
[ondas²⁶;
10   mais além, por toda parte, as errantes Atlântidas
exibem ao mar e aos navios sua turba amedrontadora²⁷.

....

e de seu ciúme: embora irmã e esposa de Júpiter Tonante – "o que lança raios que produzem trovões" –, só lhe restou a primeira condição, dada a constante ausência do marido e os inúmeros adultérios por ele praticados com deusas ou com simples mulheres terrenas. Não satisfeito, o deus fez subir ao céu, metamorfoseadas em estrelas ou constelações, as provas de seus amores. Só cabe à esposa abandonar a morada divina e dirigir-se à dos mortais. Nas *Metamorfoses,* Ovídio relata várias histórias dos adultérios de Júpiter e das transformações de suas amadas.

25. Juno começa a enumerar as constelações que correspondem a metamorfoses de concubinas de Júpiter, acrescentando a elas outras constelações que evocam adultérios. Arctos, a constelação da Ursa, representa a metamorfose da ninfa Calisto. Embora ela pertencesse ao grupo de moças que serviam a Ártemis e tivesse jurado manter-se virgem, Júpiter a viu, apaixonou-se pela beleza um pouco selvagem da jovem, uniu-se a ela, travestido na figura da deusa, e a engravidou. Ártemis a expulsou do grupo ao sabê-la grávida e a transformou em ursa, mas Júpiter lhe deu um lugar entre as constelações boreais e ela passou a ser guia dos navios. Cf. Ov. *Met.* 2, 409 ss.

26. Touro, uma das constelações zodiacais, de acordo com as palavras de Juno, evoca mais um adultério: para conquistar Europa, princesa tíria, filha de Agenor e irmã de Cadmo, Júpiter metamorfoseou-se num belo touro branco e se aproximou da moça, manso e terno; mas quando ela, depois de perder o medo, se pôs a acariciá-lo, colocou flores na alva cabeça do animal e montou em seu dorso, o touro correu na direção do mar e o atravessou, chegando a Creta e levando a moça raptada, de quem se tornou amante. O touro foi transformado em constelação para rememorar a paixão do deus. Cf. Ov. *Met.* 2, 836 ss.

27. As Atlântidas eram as sete filhas de Atlas, um gigante "de violento ânimo", segundo Hesíodo (*Theog.* 509), filho do titã Jápeto. Três das Atlântidas – Taígete, Electra e Maia – foram amadas por Júpiter, mas todas elas foram metamorfoseadas na constelação das Plêiades (cf. Ov. *F.* 4, 172 ss.). As sete estrelas regulavam a navegação. Sua aparição, na madrugada, entre 22 de abril e 10 de maio, assinalava o início da boa época para os marinheiros; por outro

Deste ponto, o minaz Orion afugenta os deuses com
 [armas²⁸
e o louro Perseu contém suas estrelas²⁹;
em outro, astros brilhantes, os dois Tindáridas
 [faíscam³⁰
bem como aqueles por cujo nascimento a terra
 [móvel parou³¹.   15

lado, seu desaparecimento, também de madrugada, entre 28 de outubro e 10 de novembro, indicava o início do mau tempo, inconveniente para as viagens marítimas (cf. VIRGILE, Oeuvres. Introd. e notas de F. PLESSIS e P. LEJAY. Paris: Hachette, 1945, p. 100, nota 7).

28. Dando prosseguimento a sua enumeração, Juno fala de Orion, que, na verdade, não está relacionado diretamente com nenhum particular adultério de Júpiter. Conforme algumas versões da lenda que envolve a figura de Orion, embora ele fosse um caçador temível e tivesse perseguido as Atlântidas, apaixonado por todas elas, apenas auxiliou Júpiter em suas conquistas. Cf. APD. Bibl. 1, 4, 2 ss.

29. Perseu, transformado na constelação homônima, é filho de Júpiter e Dânae, filha de Acrísio, rei de Argos. Aprisionada pelo pai, que soubera por um oráculo que um neto o mataria, Dânae foi, assim mesmo, seduzida por Júpiter que conseguiu invadir a prisão, metamorfoseado numa chuva de ouro. Do encontro de ambos nasceu o louro Perseu, o filho do ouro. O jovem se tornou célebre por matar a Medusa, de cujo sangue se originou Pégaso, o cavalo alado, e por salvar a bela Andrômeda das garras de um monstro. Cf. Ov. Met. 4, 617 ss. e 5, 1 ss.

30. Os Tindáridas, transformados na constelação zodiacal dos Gêmeos, são Castor e Pólux, irmãos de Helena e Clitemnestra e filhos de Leda, esposa de Tíndaro. As lendas que envolvem a figura de Leda apresentam numerosas variantes, sendo bastante comum a que menciona os amores de Júpiter pela bela mulher: para conquistá-la, o deus se metamorfoseou em cisne e após a aproximação de ambos Leda pôs dois ovos. Em um deles estavam Pólux e Helena, filhos de Júpiter; no outro, Castor e Clitemnestra, filhos de Tíndaro. Não obstante, Pólux e Castor são conhecidos como Tindáridas. Cf. APD. Bibl. 1, 7, 10 e 3, 10, 50.

31. Referência a Apolo e Diana, filhos de Júpiter e de Latona. De acordo com a lenda, quando a amada do deus estava prestes a dar à luz, Juno, enciumada, proibiu as terras de lhe oferecerem abrigo, mas Ortígia, uma ilha flutuante, se tornou fixa para dar-lhe guarida e acolheu a parturiente, passando a chamar-se Delos desde esse momento. Cf. Ov. Met. 4, 313 ss. e APD. Bibl. 1, 7, 10.

Não foi apenas Baco ou a mãe de Baco que
ascenderam aos deuses: para que nenhuma parte do
[firmamento
esteja vazia de indignidade, o céu sustenta a coroa
[da jovem gnóssia[32].
Estou lamentando, porém, coisas passadas. Quantas
[vezes,
sozinha, a funesta e cruel terra tebana, farta em
20   [mulheres
ímpias, me fez madrasta[33]! É possível que Alcmena[34]
se alce, vencedora, e conquiste meu lugar e que
igualmente ocupe os astros prometidos
o filho para cujo nascimento o universo reteve o dia
25   e Febo brilhou tardiamente no mar oriental,
obrigado a suster seu esplendor mergulhado no
[Oceano[35].

....
32. A partir de verso 16 Juno fala de Baco, outro bastardo de Júpiter alçado à condição de deus, bem como de Sêmele, a mãe de Baco, filha de Cadmo, o fundador de Tebas. Segundo a lenda, grávida de Júpiter e instigada por Juno, Sêmele pediu ao amante que lhe aparecesse em toda sua glória e majestade, como senhor dos raios, mas quando o deus aquiesceu ao pedido, Sêmele foi fulminada. Júpiter salvou o feto que ela concebera, retirando-o do corpo da mulher e colocando-o em sua própria coxa para que ali fosse gerado. A alma de Sêmele foi levada ao Inferno de onde Baco, já adulto, conseguiu tirá-la para conduzi-la à mansão dos deuses e ser divinizada por Júpiter. "Agora ambos são deuses", diz Hesíodo (*Theog*. 942), referindo-se aos dois. Juno, em sua fúria, menciona entre as provas do adultério do esposo até mesmo a constelação da Coroa em que foi metamorfoseada a grinalda confeccionada por Vulcano, que Baco ofereceu a Ariadne – a jovem de Gnossos, abandonada por Teseu na ilha de Naxos. Cf. APD. *Bibl*. 3, 4, 2 e 5, 3.
33. Alusão a Sêmele, Antíope e Alcmena, amantes de Júpiter e mães de bastardos do deus.
34. Referida na *Teogonia* (943-944) como uma das amantes de Zeus e mãe de Hércules, Alcmena era casada com Anfitrião e vivia em Tebas. Para conquistá-la, o deus se travestiu, adquirindo os mesmos traços de Anfitrião. O "tragicômico" relato da sedução é encontrado no *Anfitrião* de Plauto.
35. Referência à noite propositadamente prolongada em que Júpiter, valendo-se da ausência de Anfitrião, marido de Alcmena, seduziu a bela mulher.

Dessa forma, meu ódio não desaparecerá.
Meu espírito violento reavivará a ira, e a dor cruel
gerará guerras eternas, eliminada a paz.
Que guerras? Tudo de horrível que a terra inimiga   30
cria, tudo que o mar ou o ar produziu
de aterrorizador, funesto, pestilento, atroz, feroz,
foi despedaçado e domado[36]. Ele supera os males
   [e cresce com eles
e goza com a minha raiva. Ele converte meu ódio
em seus louvores. À medida que lhe ordenei
   [coisas duras   35
em excesso, provei quem é seu pai e favoreci sua
   [glória.
Por onde o Sol, reconduzindo o dia e levando-o
   [de volta,
tinge com o fogo próximo as duas Etiópias,
o valor indômito é cultuado e ele é considerado
   [um deus
em todo o orbe. Os monstros já me faltam   40
e, para Hércules, cumprir minhas ordens é um
   [trabalho menor
do que é para mim formulá-las: satisfeito, ele recebe
   [meus mandados.
Que ordens temíveis de um tirano poderiam fazer
   [mal
ao vigoroso jovem? Em lugar de armas, ele traz
   [consigo, naturalmente,
os monstros que esmagou e venceu: vem armado
   [com o leão   45

....
36. Juno começa a discorrer sobre Hércules e seus feitos, deixando extravasar-se o ódio que sente pelo enteado.

e com a hidra[37]. Mas as terras já não lhe são
　　　　　　　　[suficientemente vastas:
eis que ele rompeu os limiares do Júpiter do
　　　　　　　　　　　　[Inferno[38]
e está levando aos deuses o espólio do rei vencido.
É pouco estar de volta. As leis das sombras
　　　　　　　　[pereceram.
Eu o vi, eu o vi com meus próprios olhos, dissipada
50　　　　　　　　[a noite dos ínferos
e dominado Dite, atirando ao pai os despojos fraternos!
Por que ele não traz, aprisionado e oprimido por
　　　　　　　　[correntes,
quem recebeu em sorteio um quinhão equivalente
　　　　　　　　[ao de Júpiter
e não se apodera do Érebo vencido e desvenda o
　　　　　　　　[Estige[39]?
Das profundezas dos manes foi aberto um caminho
55　　　　　　　　[de retorno

....
37. Referência à pele do leão de Nemeia que Hércules usava como manto e ao veneno da hidra de Lerna, com o qual impregnava suas flechas. Os dois monstros eram filhos de Equidna, a Víbora, mãe de Cérbero e da Quimera, e foram vencidos e mortos pelo herói (Hes. *Theog.* 295 ss.). As duas lutas com os monstros fazem parte dos chamados "doze trabalhos".

38. Com a expressão "Júpiter do Inferno", Sêneca, pelas palavras de Juno, se refere a Dite ou Plutão, traduzindo o *Zeús katakhthónios*, encontrado na *Ilíada* (9, 457). Dele Hércules havia subtraído o cão Cérbero, o terrível monstro de três cabeças, mencionado na *Teogonia* (310-312), que vai ser descrito mais adiante por Teseu.

39. Estige, de acordo com o mito, é uma das Oceânidas, transformada em rio (*Theog.* 775-779). O rio Estige era, na verdade, uma nascente que havia na Arcádia, cujas águas, depois de brotarem, voltavam para o interior da terra: daí a lenda de que essas águas constituiriam um rio subterrâneo, o rio do Inferno pelo qual os deuses juravam e que era dotado de propriedades mágicas. Para Pausânias (8, 17, 6), as águas da nascente eram venenosas e corrompiam os metais. No Inferno, conforme as referências literárias, as águas do Estige se espraiavam, formando um alagado. Daí as menções à lagoa Estígia ou ao pântano Estígio.

e os mistérios sagrados da terrível morte jazem à vista.
Mas ele, arrogante, tendo sido arrombado o cárcere
 [das sombras,
triunfa sobre mim e com a mão soberba
conduz o negro cão pelas cidades argólicas.
Eu vi Dia[40] desmaiando, com a visão de Cérbero, 60
e o Sol amedrontado; a mim também um tremor me
 [invadiu
e vendo os três pescoços do monstro vencido
tive medo das ordens que dei[41]. Queixo-me muito,
 [porém, de coisas leves;
é pelo céu que se deve temer, para que não se
 [aposse do mundo superior
quem venceu o inferior. Ele arrebatará o cetro de seu
 [pai. 65
Ele não chegará aos astros, como Baco, por uma via
 tranquila;
procurará seu caminho na ruína e desejará reinar
num mundo vazio. Ele se orgulha de sua conhecida
 [fortaleza
e, sustentando-o, percebeu que o céu pode ser
 [dominado
por sua força[42]. Pôs a cabeça sob a abóbada celeste 70
e o peso da imensa mole não vergou seus ombros:
o polo se acomodou muito bem sobre a nuca hercúlea.
A cerviz suportou imóvel os astros e o céu, e
 [também a mim

....
40. Como Éter, Dia (*Hemére*), a personificação do dia, também é filha de Noite e de Érebo. Cf. Hesíodo (*Theog.* 123-125).
41. A partir do verso 63 Juno se refere a proezas de Hércules, determinadas por ela.
42. Referência a uma das façanhas de Hércules: ajudar o gigante Atlas a carregar o mundo superior.

que lhe aumentava a carga: ele procura o caminho
[para os deuses.
Prossegue, ira, prossegue e esmaga aquele que
[medita coisas grandiosas;
sufoca-o, dilacera-o tu própria, com tuas mãos.
Por que incumbes alguém de tamanhos ódios?
[Que as feras se afastem;
que o próprio Euristeu[43], cansado de dar ordens,
[descanse.
Solta[44] os Titãs que ousaram abalar o poder de
[Júpiter[45];
abre a caverna da montanha sícula[46]
e que a terra dórica, estremecendo com o gigante
[abatido,
deixe levantarem-se os pescoços esmagados do
[monstro terrífico;
que a Lua no alto gere outras feras.

....

43. De acordo com a versão mais conhecida, Euristeu e Hércules são netos de Perseu, sendo primos, portanto. Quando ambos estavam prestes a nascer, Júpiter profetizou que o primeiro "descendente de Perseu" que fosse dado à luz – o filho que gerara com Alcmena, em seu modo de ver – se tornaria rei de Micenas. Juno pediu então a Ilitia, protetora dos partos, que atrasasse o nascimento do menino e apressasse o de Euristeu, filho de Estênelo e Nicipe, que só deveria nascer dois meses depois. Euristeu nasceu prematuramente, antes de Hércules. Investido do poder como rei de Micenas e Tirinto e inspirado por Juno, Euristeu foi o algoz do primo, determinando-lhe o cumprimento de difíceis tarefas (cf. APD. *Bibl.* 2, 4, 5). Segundo outras versões, Euristeu é filho de Anfitrião e Alcmena, sendo, por parte de mãe, irmão gêmeo de Hércules (cf. PLAUTO, *Anfitrião*).

44. Juno dirige as palavras a si própria no imperativo, em uma autoexortação.

45. A deusa rememora a luta pela posse do Céu que se travou entre os Titãs, filhos de Urano e Geia (o Céu e a Terra), e os deuses olímpicos, filhos de Cronos. Essa luta, da qual se sairão vencedores os deuses, é denominada *Titanomaquia* e relatada por Hesíodo, na *Teogonia* (617-721).

46. Referência a Encélado, gigante aprisionado por Júpiter no Etna, vulcão da Sicília. Cf. VIRG. *Aen.* 3, 578.

Mas ele venceu tudo isto! Procuras alguém igual a
[Alcides⁴⁷?
Ninguém o é, a não ser ele mesmo: que ele faça
[agora guerras contra si.   85
Que venham do profundo abismo do Tártaro as
[Eumênides,
chamadas por mim; que suas cabeleiras chamejantes
[espalhem fogo;
que suas mãos cruéis brandam chicotes viperinos⁴⁸.
Vai, agora, soberbo, dirige-te às moradas dos deuses,
desdenha o que é humano: crês que já pudeste fugir
[do Estige   90
e dos manes cruéis? Eu te mostrarei o Inferno, aqui.
Chamarei quem está escondida na profunda treva,
além dos exílios dos culpados, a deusa Discórdia
que a imensa caverna da montanha oposta protege.
Chamarei e arrancarei das profundezas do reino
[de Dite   95
tudo que ali tenha sido abandonado: virá o odioso
[Crime,
a feroz Impiedade, lambendo seu sangue,
o Erro e o Furor, sempre armado contra si mesmo⁴⁹.

....
47. Juno se refere a Hércules chamando-o de Alcides – descendente de Alceu –, uma vez que Anfitrião, esposo de Alcmena e pai "terreno" do herói, era filho de Alceu, rei de Tirinto. Por meio desse epíteto, Juno parece estar negando a ascendência divina de Hércules, o que é, na verdade, estranho, uma vez que o ódio da deusa decorre da bastardia do herói.
48. A deusa se dá conta de que ninguém poderá vencer Hércules, a não ser ele mesmo. Planeja então enlouquecê-lo, com ajuda das Fúrias, ou Eumênides, e levá-lo a crimes hediondos que o perderão.
49. Juno evoca divindades infernais que correspondem a personificações de abstrações: a Discórdia, o Crime, a Impiedade, o Erro, o Furor. Na *Teogonia* (223 ss.), Hesíodo se refere a outras divindades-personificações geradas pela Noite (Vingança, Engano, Amor, Velhice) e pela Discórdia (Fadiga, Esquecimento, Fome, Dores, Batalha, Combate, Desordem, Derrota etc.), presentes no

É deste, deste servidor que meu sofrimento se valerá.
Começai, fâmulas de Dite, agitai, apressadas,
o pinho ardente; e que Megera conduza o bando
eriçado de serpentes; e com mão funesta
arrebate uma enorme tora da pira chamejante. Fazei
[isso;
obtende castigos para o ultraje do Estige. Golpeai-lhe
[o peito;
que sua mente se queime com um fogo mais
[violento
do que aquele que se enfurece nas forjas do Etna;
para que, privado da razão, Alcides possa ser tomado
de grande fúria, a nós, primeiro, é preciso
enlouquecer. Juno, por que ainda não te enfureceste?
Transformai-me, primeiro, a mim, irmãs, a mim,
desprovendo-me de minha razão, se me preparo
[para fazer algo
digno de uma madrasta. Que se modifiquem meu
[votos.
Peço que, retornando, ele veja seus filhos incólumes
e que regresse com toda a força de sua mão. Eu
[descobri o dia
no qual o odioso poder de Hércules nos ajudará.
Ele me venceu: que se vença também a si próprio e
[deseje morrer,
voltando do Inferno. Que me seja valioso, agora,
ter sido ele engendrado por Júpiter. Eu estarei lá e,
[para que suas flechas
sejam atiradas com vigor certeiro, eu as lançarei com
[minha mão.

....
muno dos mortos. Virgílio, na *Eneida*, menciona o Luto, as Preocupações, a
Doença, o Medo, a Fome, a Miséria, a Morte, o Labor, o Sono, a Guerra e a Discórdia como divindades estabelecidas no vestíbulo do Inferno (*Aen.* 6, 273-281).

Dirigirei as armas de um louco; finalmente
    [favorecerei a Hércules   120
numa luta – cometido o crime, será lícito
que seu genitor admita tais mãos no céu[50]!
A guerra deve ser travada agora: o dia clareia
e o luminoso Titã[51] se eleva no oriente cor de
    [açafrão.

PÁRODO
(CORO DE TEBANOS)

CORO
Estrelas, já raras, lânguidas cintilam   125
no céu, em declínio. A noite, vencida
pelo renascer da luz, recolhe seus fogos errantes;
Fósforos[52] põe a sua frente o brilhante exército;
o símbolo glacial da elevada abóbada
– a Ursa de Árcade, com as sete estrelas –   130
chama de volta a luz, virando o timão.
Erguendo-se agora, acima das águas azuis,

....
50. Destaque-se a ironia de Juno nesse verso.
51. Designando o Sol por Titã, Sêneca se vale do mesmo procedimento antes adotado por Virgílio (*Aen.* 4, 119) e por outros poetas, ao utilizar uma metonímia estilística. Segundo a tradição hesiódica (Hes. *Theog.* 132-188), os titãs, em número de seis (Oceano, Coios, Crios, Cronos, Jápeto e Hipérion), eram divindades pré-olímpicas, filhos de Geia (a Terra) e Urano (o Céu), e personificavam as forças brutas da natureza. Da união de Hipérion com sua irmã Teia, nasceram Selene (a Lua), Éos (a Aurora) e Hélio (identificado com *Sol*, divindade Sabina, e por vezes com Febo). Por ser descendente de Hipérion, o Sol costuma ser designado pelo nome de Titã em linguagem poética.
52. *Fósforos*, do grego *Phosphóros* – "o que traz a luz" –, é o nome com o qual, ao lado da forma latina *Lucifer*, se designa a Estrela da Manhã, a Estrela-d'Alva, ou seja, o planeta Vênus, em seu surgir, um pouco antes do nascer do sol. Cf. Cic. *Nat.* 2, 53.

135   Titã contempla os cumes do Eta;
          as sarças, famosas pelas bacantes de Cadmo[53],
          já enrubescem com o dia que se espalha
          e a irmã de Febo[54] se afasta para voltar mais tarde.
          O austero Labor[55] se levanta, reanima
          todos os trabalhos e abre as casas.
          O pastor, soltando o rebanho, escolhe as pastagens
140   embranquecidas pela gélida geada;
          brinca livre no prado sem barreiras
          um novilho com a fronte ainda intacta;
          as mães, esgotadas, recompõem seus úberes;
          um cabrito travesso corre ligeiro,
145   sem rumo certo, pela relva tenra[56].
          Pende estrídula, do mais alto ramo,
          entre ninhos barulhentos,
          e anseia por confiar suas penas ao novo sol
          a concubina trácia[57]; e a seu redor

....

53. Conforme os relatos mitológicos, Cadmo era filho de Agenor, rei de Sídon. Quando Europa, filha do rei, foi raptada por Júpiter, Agenor mandou Cadmo procurá-la por todas as terras do mundo, mas ele, ao consultar o oráculo de Delfos, foi aconselhado a suspender a busca e fundar uma cidade. Depois de muitas peripécias, Cadmo fundou Tebas. Quando o coro menciona as bacantes de Cadmo, está referindo-se aos cultos dionisíacos realizados em Tebas. Baco é um deus de origem tebana, neto de Cadmo, e entre as bacantes mais famosas está sua tia, Agave, que, enlouquecida pelo deus, matou e despedaçou Penteu, seu próprio filho, confundindo-o com um animal selvagem, e exibiu sua cabeça cravada num tirso à população da cidade, antes de recobrar a razão. O assunto é explorado em *Bacantes*, tragédia de Eurípides.

54. A irmã de Febo é Febe, a Lua, identificada com Diana (Ártemis).

55. *Labor* ou *Labos* é a divindade que personifica o Trabalho, residente, conforme Virgílio, no vestíbulo do Inferno. Ver nota 49.

56. As referências ao gado evocam a Ode 4, 12 de Horácio, um dos modelos líricos de Sêneca.

57. De acordo com a lenda, Pandíon, rei de Atenas e pai de duas jovens, Procne e Filomela, chamou em seu auxílio o trácio Tereu, para fazer frente aos tebanos, numa guerra de fronteiras. Obtida a vitória, ofereceu a seu aliado, em

soa confuso um bando que, misturando os sons, 150
anuncia o dia.
O marinheiro, de vida incerta, confia
as velas aos ventos, inflando-lhes a brisa
as frouxas dobras. Este aqui, equilibrando-se
em rochedos escavados, ou prepara seus anzóis 155
desguarnecidos, ou contempla, admirado,
a recompensa já segura em sua mão:
sente na linha o trêmulo peixe[58].
Para aqueles de vida virtuosa existe
esta quietude tranquila, o lar alegre 160
com o pouco que têm e a esperança nos campos.
Num grande turbilhão, as esperanças inquietas
e os trépidos medos vagueiam pelas cidades.
Alguns, privados do sono, cultuam os soberbos
limiares dos reis e suas portas insensíveis; 165
estes juntam, sem nenhum fim, magníficas
riquezas, estupefatos com os tesouros

....
casamento, uma de suas filhas, não se sabe se Procne ou Filomela, pois que a lenda não é tratada de maneira uniforme pelos autores que dela se ocuparam. Para Ovídio (*Met.* 6, 426 ss.), a esposa de Tereu é Procne; para Sêneca, parece ser Filomela. Conforme a lenda, a esposa de Tereu deu à luz um menino, Ítis. Tereu, entretanto, apaixonado pela cunhada, violentou-a, cortou-lhe a língua para que ela não o denunciasse e a aprisionou. A vítima teceu uma tapeçaria onde narrou o ocorrido por meio de um bordado e a enviou à irmã. As duas, para punir Tereu, mataram o pequeno Ítis, assaram-no e o serviram ao trácio num banquete. Quando Tereu se deu conta do que acontecera, apanhou um machado e perseguiu as irmãs que, desesperadas, invocaram a proteção dos deuses. Foram os três transformados em aves, como castigo: Tereu em poupa, Filomela em rouxinol e Procne em andorinha. A "concubina trácia", referida no canto coral seria, portanto, Procne, a andorinha, a ave estrídula cujos filhotes são barulhentos.

58. Com as referências ao trabalho dos pastores, marinheiros e pescadores termina a descrição do amanhecer – prelúdio para as reflexões de natureza filosófica que se seguirão.

      e pobres no meio do ouro amontoado;
      àqueles, atônitos, o favor do povo
170 e o vulgo mais mutável do que a onda agitada
      os elevam orgulhosos numa aura vã.
      Outros, traficando as raivosas discussões do foro
      clamoroso, alugam, sem probidade,
      sua raiva e suas palavras. A segura tranquilidade
175 conhece poucos que, lembrados da velocidade
      da vida, procuram dominar o tempo
      que não retorna. Enquanto os destinos permitem
      vivei alegres; numa rápida corrida
      a existência se apressa e num dia fugidio
180 gira a roda do ano que se precipita.
      As irmãs inflexíveis prosseguem na tarefa
      e não reconduzem seus fios para trás[59].
      A raça humana é levada ao encontro
      dos rápidos fados, incerta de si.
185 Voluntariamente procuramos as ondas estígias.
      Com peito demasiadamente forte, Alcides,
      te adiantas para visitar os tristes manes:
      as Parcas chegam no tempo certo;
      a ninguém é permitido faltar ao ordenado;
190 a ninguém é permitido protelar o dia assinalado;
      a urna recebe os nomes das pessoas indicadas.
      Que a glória celebre alguém por muitas terras,
      e que a fama, por todas as cidades,
      o louve, gárrula, e o eleve, no céu,
195 igual aos astros; que outro, se vá, excelso,
      em seu carro; quanto a mim, que minha terra

....
59. Referência às Parcas, identificadas com as Moiras da mitologia grega, divindades que, armadas de roca, fuso e tesoura, fiam o destino dos homens, presidindo-lhes ao nascimento, à vida e à morte, desenrolando os fios que lhes regulam a existência e cortando-os no momento supremo (cf. Cat. 64, 305-322).

me abrigue num lar escondido e seguro;
a branca senectude chega para os inativos;
em um lugar humilde se assenta a fortuna
modesta, mas certa, de uma casa pequena: 200
é do alto que tomba a coragem orgulhosa.
Mas eis que chega, com a cabeleira solta,
a triste Mégara[60], seguida de pequena grei,
e, lento, pela velhice, o pai de Alcides caminha[61].

PRIMEIRO EPISÓDIO

Cena I
(MÉGARA, ANFITRIÃO, FILHOS DE MÉGARA)

MÉGARA[62]
Ó grande dirigente do Olimpo e árbitro do mundo,
 [determina 205
agora, finalmente, um limite para as minhas graves
 [atribulações
e o término de minha infelicidade. Jamais luz alguma
brilhou para mim com segurança. O fim de uma
 [desgraça

....
60. Mégara, a esposa de Hércules, era filha de Creonte, o rei de Tebas, assassinado conforme o texto da tragédia por Lico, um arrivista que usurpou o poder.
61. Num procedimento comum em Sêneca, o coro, no final de seu canto, anuncia a chegada das personagens que participarão do episódio seguinte.
62. Léon Herrmann, estabelecedor do texto latino publicado pelas "Belles Lettres", por nós utilizado para a tradução, atribui a Mégara o longo monólogo que se estende do verso 205 ao 508. Outros estudiosos o dividem em duas partes, considerando ser de Anfitrião a fala que vai do verso 205 ao 278 e de Mégara o restante do trecho (279-508).

é um degrau para a seguinte; antes que um inimigo
se vá, um novo inimigo se prepara; antes que ele
[chegue
a sua casa alegre, outra ordem o reenvia à guerra;
nenhum descanso, nenhum tempo lhe sobra
a não ser enquanto recebe ordens. Persegue-o
o tempo todo a infesta Juno. Foi acaso imune sua vida
de criança[63]? Ele venceu monstros antes que fosse
[capaz
de conhecê-los: com a cabeça encimada por uma
[crista,
duas cobras lhe mostraram seus dois semblantes;
[ao encontro delas
a criança se arrastou, observando com seu olhar
[plácido
e tranquilo os olhos ígneos das serpentes; com
[expressão
serena, enfrentou os estreitos laços, apertando-os,
e, esmagando as túmidas gargantas com sua mão
[pequena,
preparou-se para a hidra[64]. O rápido animal do
[Mênalo,
exibindo a cabeça enfeitada com muito ouro,
foi apanhado em sua corrida[65]; o maior terror da
[Nemeia,

....
63. Mégara alude ao nascimento de Hércules, quando Juno, enciumada e enraivecida, se dispôs a causar a morte do recém-nascido, fazendo com que duas enormes serpentes se aproximassem do berço em que ele fora colocado. Hércules, porém, estrangulou os dois répteis com as mãos. Esse episódio é relatado no último ato do *Anfitrião* (PL. *Amp.* 1102-1120).
64. Nova alusão à vitória de Hércules sobre a hidra de Lerna, a serpente gigantesca de sete cabeças.
65. Referência ao aprisionamento do "rápido animal do Mênalo", ou seja, de uma corça de chifres de ouro, que devastava as colheitas e era extremamente veloz, mas que, vencida por Hércules pelo cansaço, foi capturada em sua corrida. Cf. EUR. *Her.* 375 ss.

o leão, gemeu, sufocado entre os braços de
                    [Hércules⁶⁶.   225
Por que eu lembraria os funestos estábulos da tropa
                    [bistônia
e o rei oferecido como alimento a suas manadas⁶⁷?
E o híspido javali dos mênalos, acostumado a devastar
os bosques arcádicos do Erimanto, com seus densos
                    [cumes⁶⁸?
E o touro, medo opressor para uma centena de
                    [povos⁶⁹?   230
Entre remotas greis da gente hespéria,
foi morto o pastor triforme da praia tartésia;
foi levada a presa do último reduto ocidental:
o Citéron se apavorou com o gado, conhecido pelo
                    [oceano⁷⁰.
Obrigado a penetrar nas plagas do sol ardente⁷¹,   235

....
66. A vitória de Hércules sobre o feroz leão, "o maior terror da Nemeia", morto ao ser sufocado, é um dos principais "trabalhos" do herói. O animal era praticamente invencível, uma vez que sua pele era invulnerável a qualquer golpe. Com essa pele Hércules confeccionou uma espécie de túnica inviolável que passou a ser seu atributo. Cf. APD. *Bibl.* 2, 5, 1...

67. Mégara alude a outra proeza do esposo: a morte de Diomedes, filho de Ares e rei da Trácia, dado de comer às suas próprias éguas que só se alimentavam de carne humana. Cf. APD. *Bibl.* 2, 5, 7.

68. Referência à caça de um enorme e feroz javali que vivia no topo do Erimanto, na Arcádia, e assolava as vizinhanças. Cf. HYG. *Fab.* 30.

69. Mégara se refere ao touro de Creta – sobre cuja identidade há diferentes versões –, capturado por Hércules e levado a Euristeu para que fosse sacrificado a Juno. A madrasta, entretanto, não aceitou a homenagem e o touro foi libertado. Cf. HYG. *Fab.* 30.

70. Referência ao assassínio do gigante Gerião, que, de acordo com a lenda, tinha três cabeças, vivia na ilha de Erítia, situada nas costas da península ibérica, e possuía um grande rebanho de bois selvagens. A mando de Euristeu, esse rebanho foi roubado por Hércules e levado para a Grécia. Para roubá-lo, o herói teve de matar o gigante. Cf. Ov. *Met.* 9, 184 ss.

71. Mégara alude a uma façanha de Hércules realizada como parte de um "trabalho". Ao dirigir-se ao norte da África, "as plagas do sol ardente" e os

e nos reinos queimados que o meridiano abrasa,
separou as montanhas, de um lado e do outro e,
   [rompido o obstáculo,
abriu um largo caminho para o Oceano que ali
   [se precipitou.
Depois disso, ele atacou as frondes do opulento
   [bosque
e arrebatou os áureos despojos da serpente
240   [vigilante.
O que mais[72]? Não venceu ele, por meio do fogo,
   [os selvagens monstros
de Lerna, calamidade imensa, e não os ensinou
   [a morrer?
Não investiu, do alto das nuvens, contra as Estinfálides,
acostumadas a esconder o dia, com as asas abertas?
245 Não o venceu a rainha do povo termodôntio,
sempre sem homens em seu leito vazio;
e o torpe labor do estábulo de Áugias não afugentou
suas mãos, ousadas para todos os empreendimentos
   [gloriosos.
De que lhe adianta tudo isto? Ele não desfruta do
   [orbe que defendeu.

....

"reinos queimados que o meridiano abrasa", o herói abriu o estreito de Gibraltar: "separou as montanhas, de um lado e do outro e, rompido o obstáculo, abriu um largo caminho para o Oceano que ali se precipitou". Em prosseguimento, é evocado o "trabalho" propriamente dito: a retirada dos frutos de ouro do jardim das Hespérides, guardados por um dragão ("Depois disso, ele atacou as frondes do opulento bosque e arrebatou os áureos despojos da serpente vigilante"). Cf. APD. *Bibl.* 2, 5. 11.

72. Ao relacionar as últimas aventuras heroicas de Hércules, Mégara menciona novamente a hidra e recorda, em seguida, a vitória do herói sobre as selvagens aves do Estínfalo, que viviam na Arcádia e cujas asas eram tão grandes que encobriam o sol, fala da conquista do cinto de Hipólita, a amazona, rainha do povo termodôntio, e rememora a limpeza do estábulo de Áugias, causa da guerra movida pelo herói contra a Élida, uma vez que o rei se negou a conceder-lhe o salário estipulado.

As terras, entristecidas, perceberam a ausência 250
do autor de sua paz: próspero e feliz, o crime
é chamado virtude; os bons obedecem aos maus;
o direito reside nas armas; o medo esmaga as leis.
Eu vi com meus próprios olhos caírem sob
    [truculenta mão
os filhos, vingadores do reino de seu pai, 255
e morrer ele próprio, última descendência do nobre
    [Cadmo[73];
vi o régio adorno de sua cabeça ser arrancado
    [juntamente
com a cabeça. Quem poderia chorar Tebas
    [suficientemente?
Terra fecunda em deuses[74], de que senhor tu
    [tens medo?
Tu, de cujos campos e de cujo seio prolífico
    [se originou 260
a juventude que permaneceu com o ferro
    [desembainhado?
Tu, cujos muros Anfião[75], filho de Júpiter, construiu,

....

73. Mégara rememora a morte de seu pai, Creonte, rei de Tebas, e a de seus irmãos, assassinados todos eles por Lico, o usurpador do trono, apresentado como um tirano sem linhagem de nobreza, sequioso do poder e ansioso em conquistar as boas graças de Mégara para legitimar seu cetro. De acordo com outra variante da lenda, porém, Lico seria descendente do outro Lico, o rei de Tebas e esposo de Dirce, que teria sido morto por Zeto e Anfião, filhos de Júpiter e Antíope.

74. Entre os deuses de origem tebana citam-se Baco, deus do vinho, filho de Sêmele e Júpiter, concebido em Tebas; e Sêmele, filha de Cadmo, divinizada por Júpiter; Hércules também será deificado; obterá um lugar junto aos deuses após a morte e desposará, no Olimpo, a deusa Hebe, filha de Júpiter e de Juno.

75. Mégara se refere a Anfião que, de acordo com a lenda, construíra as muralhas de Tebas juntamente com seu irmão gêmeo, Zeto. Anfião e Zeto eram filhos de Antíope e de Júpiter. Quando Antíope se viu grávida, após ter sido seduzida pelo deus, fugiu para Sicíon onde o rei, Epopeu, a acolheu. In-

atraindo as pedras com modulações sonoras?
A cujo reduto o pai dos deuses veio tantas vezes,
tendo deixado o céu? Ela que recebeu celícolas e os
[produziu
e que talvez volte a produzi-los (que me seja permitido
assim falar), está sendo esmagada por um sórdido jugo.
Prole de Cadmo e raça de Anfião[76],
onde caístes? Tremeis diante de um exilado covarde
[que,
carecendo de um território próprio, oprime o nosso.
Aquele que persegue os crimes na terra e no mar
e, com mão justa, reprime os cetros cruéis está
[ausente,
agora, na condição de escravo, e sofre aquilo
[que impede
que aconteça; e o degredado Lico domina a Tebas
[de Hércules!
Mas não a dominará. Ele voltará, exigirá uma
[punição,
emergirá subitamente para a claridade; ou encontrará
[um caminho

....
conformado com a fuga da filha, seu pai, Nicteu, se suicidou, pedindo ao irmão, Lico, que o vingasse. Lico, que governava Tebas e que não deve ser confundido com a personagem que atua em *A loucura de Hércules*, atendendo ao pedido do irmão, invadiu Sícion, matou o rei e aprisionou Antíope, que, no caminho de volta para Tebas, deu à luz os gêmeos. Lico ordenou que as crianças fossem abandonadas nas montanhas e manteve a sobrinha acorrentada numa prisão, onde sua esposa, Dirce, a torturava. Conseguindo fugir, muito tempo depois, Antíope se dirigiu às montanhas e encontrou já adultos seus filhos que haviam sido criados por pastores. Anfião e Zeto se dispuseram a vingar a mãe: mataram Lico e Dirce, apoderaram-se do governo de Tebas e construíram a muralha da cidade. Para construí-la, enquanto Zeto carregava pedras, Anfião, um excelente músico, as atraía por meio da lira que tocava. Cf. PROP. 1, 9, 10 e 3, 15, 11 ss.
76. Optamos neste passo pela emenda de Peiper, citada no aparato crítico do texto estabelecido por L. Herrmann. Cf. SÉNÈQUE, 1971, p. 12.

ou o fará. Que voltes são e salvo, é o que eu suplico,
                                          [que retornes
e venhas enfim como vencedor à tua casa vencida.
Emerge, ó meu esposo, e com tua mão, rompe as
                                          [trevas,
dispersando-as. Se não há nenhuma via para o retorno   280
e o caminho está fechado, volta, desconjuntando o
                                          [orbe,
e tudo aquilo que se esconde na escura noite
arrasta contigo. Como quando, tendo destruído as
                                          [montanhas,
procurando um caminho precípite para um rio
                                          [apressado,
fizeste, uma vez; cindido com o forte ímpeto,   285
o vale do Tempe se abriu; impelida por teu peito,
a montanha cedeu aqui e ali e, rompido o obstáculo,
por um novo percurso correu a torrente tessálica;
assim, para reencontrar teus pais, teus filhos e tua
                                          [pátria,
irrompe, arrebatando contigo os limites das coisas.   290
E traz de volta tudo que o tempo ávido ocultou,
durante a marcha dos anos, e põe diante de ti
os povos que temem a luz, esquecidos de si.
Os despojos só são indignos de ti se somente trazes
o que te foi ordenado. Falo, porém, de coisas
                                          [excessivamente   295
grandes, desconhecedora de nossa sorte. Onde está
                                          [aquele dia
no qual apertarei a ti e à tua mão e deplorarei
teu retorno lento, deslembrado de mim?
A ti, ó condutor dos deuses, uma centena de touros
                                          [indômitos
oferecerão suas cervizes; a ti, ó deusa das searas,
                                          [oferecerei   300

sacrifícios secretos; a ti, com muita fé,
agitarei em silêncio longas tochas em Elêusis[77].
Então eu acreditarei que a vida foi restituída a meus
[irmãos
e que meu pai, governando seu reino,
305 prospera. Se algum poder maior
te mantém prisioneiro, nós te seguimos: ou defende
todos nós com tua volta, a salvo, ou arrasta nós
[todos contigo.
Tu nos arrastarás; nenhum deus erguerá os que caíram.

ANFITRIÃO
Parceira de meu sangue, que, com casta fidelidade,
310 guardas o leito e os filhos do magnânimo Hércules,
concebe ideias melhores em tua mente e reanima-te.
Ele voltará, certamente, como costuma voltar
[de todos
os trabalhos: maior.

MÉGARA
Os infelizes admitem com facilidade
o que desejam demais.

ANFITRIÃO
Ao contrário: eles julgam que jamais
poderá ser modificado ou arrancado o que temem
315 [demais;
a fidelidade ao temor é sempre inclinada ao pior.

....
77. Alusão a sacrifícios que seriam oferecidos a Júpiter (Zeus), o "condutor dos deuses", e a Ceres (Deméter), a "deusa das searas", cujos mistérios eram celebrados em Elêusis.

MÉGARA
Submerso e enterrado, e esmagado por todo o
　　　　　　　　　　　　　　　[universo que está
sobre ele, que caminho terá para chegar aos que
　　　　　　　　　　　　　　　[estão acima?

ANFITRIÃO
Aquele que ele já tinha quando avançou pela
　　　　　　　　　　　　　　　[zona tórrida
e pelas areias que se tumultuam à maneira de
　　　　　　　　　　　　　　　[um mar   320
perturbado, e pelas águas que se afastam duas
　　　　　　　　　　　　　　　[vezes
e duas vezes se aproximam, e quando, abandonado
　　　　　　　　　　　　　　　[o navio,
permaneceu preso nos rasos vaus das Sirtes
e, com a popa encalhada, venceu os mares a pé.

MÉGARA
Injusta, a Fortuna raramente respeita as maiores   325
virtudes; ninguém pode oferecer-se em segurança
por muito tempo a perigos tão continuados; quem
　　　　　　　　　　　　　　　[transita
frequentemente entre desgraças às vezes as encontra.

ANFITRIÃO
Mas, eis que, cruel, e mostrando ameaças em
　　　　　　　　　　　　　　　[seu rosto,
aproxima-se Lico, igual na alma e no andar,   330
sacudindo o cetro alheio na mão direita.

Cena II

(LICO, MÉGARA, ANFITRIÃO, FILHOS DE HÉRCULES)

LICO
Embora eu reine sobre os locais opulentos da cidade
[de Tebas,
e sobre todos os de fértil solo, que a oblíqua
Fócida cerca, todos que o Ismeno banha,
335 todos que o Citéron vê de seu alto vértice,
bem como o estreito Istmo, que separa os dois mares[78],
não possuo antigos direitos de uma velha casa,
ignavo herdeiro, nem tenho antepassados
nobres nem ínclita linhagem de altos títulos,
mas, sim, um conhecido valor: quem se vangloria
340 [de sua raça
louva o alheio; os cetros roubados são retidos
por mãos medrosas; toda a salvação está no ferro.
Quando sabes que exerces o poder contra a vontade
[dos cidadãos,
a espada desembainhada te protege. Em trono alheio,
o poder não é estável. Uma única pessoa, porém,
345 [pode garantir
minha força: Mégara, unida a mim por um
[casamento real
e pelo tálamo: minha obscuridade ganhará nobreza
com sua ilustre raça. Na verdade, não creio que possa
suceder que ela me recuse e despreze meu leito,

....
78. Depois de referir-se aos locais que domina como soberano – as regiões da Fócida e de Tebas, banhada pelo rio Ismeno e dominada pelo Citéron –, Lico se refere ao Istmo, ou seja, ao istmo de Corinto, que ligava a península do Peloponeso à Grécia central, sendo banhado, portanto, a noroeste pelas águas do golfo Coríntio (mar Jônio) e a sudeste pelas do mar de Mirto (mar Egeu). Daí a referência de Lico aos "dois mares" separados pelo istmo.

pois, se, obstinada, ela me recusar, com seu espírito
 [enraivecido, 350
está decidido que toda a família de Hércules
 [desaparecerá completamente.
O ódio do povo e as murmurações reprimirão esse
 [fato?
O principal preceito da arte de reinar é poder
 [suportar o ódio[79].
Façamos, pois, a tentativa. A sorte me oferece a
 [oportunidade,
pois que ela[80], com a cabeça coberta com um triste
 [véu, 355
se aproxima dos deuses protetores
e a seu lado está o verdadeiro pai de Alcides.

MÉGARA
O que será que essa desgraça, essa ruína de nossa
 [família
está preparando de novo? Que tenta ele?

LICO
 Ó tu, que trazes
o nome ilustre de uma estirpe régia, escuta minhas
 [palavras 360
por alguns momentos, benevolente, com ouvidos
 [pacientes.
Se os mortais alimentassem ódios eternos
e, se, uma vez concebida, a fúria nunca saísse de
 [suas almas,

---
79. As palavras de Lico equivalem às que Etéocles dirige a Polinices em *As fenícias* (*Phoe.* 654-656).
80. Lico se refere a Mégara.

e se o vencedor conservasse suas armas e o vencido
se armasse, eles jamais deixariam as guerras; então a
[região rural
se depauperaria com seus campos devastados,
[e ateadas as labaredas
às casas, a cinza densa destruiria o povo sepultado.
Desejar que a paz seja restabelecida é conveniente
[ao vencedor
e necessário ao vencido. Vem a meu reino, como
[participante;
unamo-nos em nossos espíritos; recebe este penhor
[de minha fidelidade:
dá-me tua mão. Por que te calas com teu olhar
[agressivo?

MÉGARA
Deveria eu tocar a mão respingada com o sangue de
[meu pai
e com a dupla morte de meus irmãos? Antes
o oriente extinguirá o dia e o ocaso o trará de volta,
haverá uma pacífica fidelidade entre as neves e as
[chamas
e Cila unirá o lado sículo ao ausônio;
antes, o Euripo fugaz em seus fluxos e refluxos
parará preguiçoso na onda euboica[81].
Arrancaste-me o pai, o reino, os irmãos, o lar, a pátria
– o que me resta ainda? Uma única coisa remanesce
[em mim,

....
81. A utilização de *adynata*, ou seja, da figura de discurso pela qual se mencionam coisas impossíveis de acontecer, é procedimento literário muito comum na tragédia de Sêneca, como exemplificação de ideias. Cf. HENRY, D. & E. *The Mask of Power. Seneca's Tragedies and Imperial Rome*. Warminster, Wiltshire: Aris & Phillips, 1985, pp. 14 ss.

mais cara que meu pai e meu irmão, que o reino
[e o lar:
meu ódio por ti, que deploro ser comum a mim
e ao povo: de que tamanho é a minha parte em tudo
[isso?
Domina, orgulhoso; levanta teu espírito altivo:
um deus vingador acompanha os soberbos, por trás.   385
Eu conheço os reinos tebanos; por que falaria de
[crimes
que mães sofreram ou cometeram? Por que do duplo
[crime
que mesclou o nome de esposo, de filho, de pai?
Por que dos dois exércitos dos irmãos? Por que das
[duas piras?
A tantálide, mãe orgulhosa, se petrifica em seu
[sofrimento   390
e a rocha triste continua a chorar no frígio Sípilo;
e o próprio Cadmo, levantando a cabeça assustadora
por uma excrescência, percorrendo em sua fuga os
[reinos ilíricos,
deixou alongados rastros de seu corpo arrastado[82].

....
82. Rememorando várias figuras de tebanos, Mégara fala de Antíope e Agave, mães que "sofreram ou cometeram crimes": Antíope, seduzida por Júpiter, viu seus filhos recém-nascidos serem abandonados na montanha por ordem de Lico, seu tio, e foi aprisionada e torturada; Agave, enlouquecida, matou e despedaçou o próprio filho, Penteu. Mégara fala também de Édipo, que praticou um duplo delito, assassinando o pai e casando-se com a mãe, embora sem o saber (Soph. *Oed.*); de Etéocles e Polinices, filhos de Édipo, que, pela ambição do poder, se enfrentaram e se mataram, um ao outro (Sen. *Phoe.*); de Níobe, a filha de Tântalo, que, envaidecida por ter sete filhos, se declarou superior a Latona e foi castigada com a violenta morte dos jovens, após o que, desesperada, ela subiu ao monte Sípilo e ali foi transformada em um rochedo da qual brotou uma fonte, formada por suas lágrimas (Ov. *Met.* 6, 105 ss.). Fala, finalmente, de Cadmo, fundador de Tebas, transformado em uma serpente cuja cabeça era encimada por uma crista (Ov. *Met.* 3, 1 ss.).

395 Esses exemplos permanecem para ti. Governa como
[te agrada
enquanto os destinos costumeiros de nosso reino te
[chamam.

LICO
Anda, retira essas palavras produzidas pela raiva
e aprende, do exemplo de Alcides, a suportar o
[poder dos reis.
Eu, embora segure o cetro roubado em minha mão
[vencedora
e governe todas as coisas sem medo das leis
400 [que minhas armas
venceram, pouco falarei em prol de minha causa.
Teu pai morreu numa guerra sangrenta?
Teus irmãos morreram? As armas não respeitam limites.
Não pode ser moderada nem reprimida com facilidade
a ira da espada desembainhada[83]. O sangue causa
405 [prazer à guerra.
Agia ele em favor de seu reino e nós por uma ímproba
ambição? O êxito da guerra é que deve ser perquirido;
não sua causa. Que desapareça, entretanto, agora, a
[lembrança de tudo:
quando o vencedor depõe as armas, convém que o
[vencido
410 deponha o ódio. Não peço que, de joelho dobrado,
adores quem reina: o que me agradaria
é que aceitasses tua ruína com espírito altivo.
És a esposa digna de um rei; unamo-nos no leito.

....
83. Sêneca se vale de imagem semelhante em *Tro.* 281-285, no trecho em que Agamêmnon relembra a sanha dos soldados gregos na noite da destruição de Troia.

MÉGARA
Um gélido tremor perpassa meus membros
         [desfalecentes.
Que palavras criminosas chegaram a meus ouvidos?
         [Na verdade,   415
não me horrorizei, quando, rompida a paz,
         [o estrondo da guerra
envolveu as muralhas; suportei tudo com intrepidez.
Apavora-me o casamento: agora me vejo cativa[84]!
Que as cadeias pesem sobre meu corpo e por
         [demorada fome
a lenta morte se aproxime. Nenhuma força vencerá   420
minha fidelidade. Morrerei sendo tua, Alcides.

LICO
É teu marido imerso no Inferno quem te dá essa
         [coragem[85]?

MÉGARA
Ele tocou os Infernos para poder atingir os deuses.

LICO
O peso da terra imensa o esmaga.

MÉGARA
Quem carregou o céu não poderá ser esmagado por
         [peso algum.   425

....
84. Palavras equivalentes às que Hécuba dirige a Helena em *Tro.* 988.
85. Inicia-se um longo trecho em esticomitia, procedimento dramático próprio para momentos em que há discussões acaloradas: as falas são extremamente rápidas, alternando-se, e no caso de peças teatrais em verso (como são as dos teatrólogos greco-romanos), cada fala ocupa apenas um verso, por vezes um hemistíquio e até a metade de um hemistíquio (ver SEN. *Med.* 168-173).

LICO
Serás coagida.

MÉGARA
    Quem pode ser coagido não sabe morrer.

LICO
Dize-me antes qual o régio presente que devo preparar para o novo casamento.

MÉGARA
    Ou a tua morte ou a minha.

LICO
Tu morrerás, demente.

MÉGARA
    Irei ao encontro de meu esposo.

LICO
Um escravo é mais importante para ti do que meu [cetro?

MÉGARA
    Quantos reis esse escravo levou à morte!

LICO
Por que, então, ele está servindo a um rei e sofre seu [jugo?

MÉGARA
    Retira-lhe as duras ordens. Que valor terá ele?

LICO
Crês que é valor estar exposto a feras e monstros?

MÉGARA
É próprio do valor dominar o que todos os outros
[temem. 435

LICO
As trevas do Tártaro oprimem quem se vangloria.

MÉGARA
Não é tranquilo o caminho da terra para os astros.

LICO
De que pai ele nasceu para esperar a mansão dos
[deuses?

ANFITRIÃO
Silencia-te, esposa infeliz do grande Hércules!
Minha missão é devolver a Alcides seu pai 440
e sua verdadeira raça. Depois de tantos feitos notáveis
do grande homem, depois de pacificado por sua mão
tudo que o Titã vê quando nasce e quando se põe,
depois de tantos monstros dominados, depois da
[Flegra[86]
respingada por sangue ímpio e depois de defendidos
[os deuses, 445
ainda não é evidente a sua origem? Se mentimos
[sobre Júpiter,
crê no ódio de Juno.

....
86. Alusão à planície de Flegra, na Macedônia, onde, conforme a lenda, se travou o combate entre os deuses e os Titãs, tendo Hércules lutado do lado dos deuses.

LICO
     Por que ofendes a Júpiter?
A raça mortal não pode unir-se ao céu.

ANFITRIÃO
Esse fato é comum a muitos deuses.

LICO
     Porventura foram eles escravos antes que se
450   [tornassem deuses?

ANFITRIÃO
Délio[87], como pastor, apascentou os rebanhos fereus.

LICO
Mas não vagueou exilado por todas as plagas.

ANFITRIÃO
Uma fugitiva mãe o pariu numa terra movediça.

LICO
Acaso Febo teve de temer monstros cruéis ou feras?

ANFITRIÃO
     Foi um dragão quem, pela primeira vez, tingiu as
455   [setas de Febo.

....
87. Délio é o epíteto de Apolo por ter ele nascido na ilha de Delos. Em suas falas seguintes Anfitrião se refere a algumas vicissitudes enfrentadas pelo deus: castigado por Júpiter, foi obrigado a apascentar o gado de Admeto, na Tessália; foi dado à luz numa ilha flutuante por uma mulher que fugia da perseguição de Juno; foi forçado a lutar com o dragão Píton, que vivia perto de uma fonte, junto ao monte Parnaso, e matava seres humanos e animais. Cf. Ov. *Met.* 1, 483 ss.

LICO
Ignoras quão pesados males suportou ele quando
                                              [criança?

ANFITRIÃO
O menino arrancado do ventre da mãe por um raio
em pouco tempo se colocou ao lado do pai
                                          [fulminador.
O que mais? Aquele que comanda os astros e abala
                                              [as nuvens
não se escondeu, na infância, numa caverna do
                                          [rochoso Ida[88]?   460
Nascimentos tão grandiosos recebem inquietantes
                                          [recompensas
e sempre custa caro nascer como um deus.

LICO
Quando alguém te parece infeliz, deves considerá-lo
                                              [humano.

ANFITRIÃO
Quando alguém te parece forte, deves negar que ele
                                              [é infeliz.

LICO
Chamaríamos de forte aquele de cujos ombros se
                                  [desprendeu a pele   465
do leão, transformada em presente para uma mulher,
                                  [bem como a clava,

....
88. Alusão a Baco, deificado por Júpiter, e à própria infância do rei dos deuses, escondido no monte Ida, em Creta, para escapar da voracidade de Saturno (Cronos), que pretendia devorar os filhos. Cf. Virg. *Aen.* 12, 412.

enquanto seu flanco refulgia colorido por uma túnica
[sidônia?
Chamaríamos de forte aquele cujos cabelos hirsutos
foram aspergidos com nardo, aquele que dirigiu as
[mãos
conhecidas pelos louvores para o som não viril de
470 [um tímpano,
cobrindo a fronte ameaçadora com a mitra bárbara[89]?

ANFITRIÃO
O jovem Baco não se ruboriza por ter deixado
[flutuarem
seus cabelos soltos, nem por vibrar com a mão
[delicada
o leve tirso, quando, com passos pouco másculos,
475 arrastou a túnica bárbara enfeitada com ouro:
depois de muitas façanhas, a coragem costuma
[descansar.

LICO
Comprova-o a casa de Êurito, destruído, bem como
as turbas de virgens, submetidas à maneira de gado:
nenhuma Juno ordenou este feito, nenhum Euristeu;
esses trabalhos são de sua iniciativa[90].

---
89. Lico alude à passagem da vida de Hércules que envolve a ligação do herói com Ônfale, rainha da Lídia. Conforme a lenda, para purificar-se de um crime e um sacrilégio – o assassínio de Ífito e uma luta contra Apolo –, Hércules deveria servir a alguém como escravo, durante três anos. Comprado por Ônfale, pôs-se à disposição da rainha, satisfazendo-lhe um dos caprichos: despiu-se de suas armas, vestiu-se com roupas femininas, enfeitando-se e perfumando-se, e se dedicou ao tear e à música enquanto a rainha se vestia com a pele do leão de Neméia e brandia a clava do herói. Cf. Ov. *Her.* 9, 55 ss.

90. Lico remembora violências cometidas por Hércules sem que tivessem sido a mando de alguém, tomando como exemplo a destruição da Ecália, cujo

ANFITRIÃO

Não conheces todos eles: 480
são trabalhos de sua iniciativa Érix despedaçado
pelos próprios cestos[91] e, junto a Érix, o líbio Anteu[92];
e também os altares que, transudando pelo massacre
[dos hóspedes,
beberam, num ato justo, o sangue de Busíris[93].
São trabalhos de sua iniciativa o intocado Cicno,
[invulnerável 485
ao ferimento e ao ferro, ter sido coagido a sofrer
[a morte
bem como Gerião, o que não era uno, ter sido
[vencido por uma única mão[94].
Tu estarás entre estes, que, no entanto, não violaram
[leitos
por nenhum estupro.

....

rei, Êurito, negara ao herói a mão de Íole, sua filha, a ele prometida: após destruir a cidade e matar o rei, Hércules levou Íole e suas companheiras para a Etólia, a primeira como concubina, o que provocou o ódio de Dejanira, esposa do herói, as demais como escravas. Cf. SEN. *HO.*, 104 ss.

91. Anfitrião cita algumas façanhas que Hércules realizou por sua própria conta. Fala inicialmente de vitórias sobre Érix, que, segundo a lenda, era um guerreiro siciliano. Em um encontro com Hércules, quando este conduzia os bois de Gerião, Érix o desafiou para uma luta, por cobiçar o gado, mas foi morto pelo herói, que se valeu de uma invenção do próprio Érix para matá-lo: combateu utilizando "cestos", ou seja, manoplas feitas de tiras de couro, forradas com placas de chumbo. Referências a Érix são encontradas na *Eneida* (5, 492 ss.).

92. Anteu era um gigante, filho da Terra, que não podia ser vencido desde que estivesse em contato com a mãe e que sacrificava viajantes que percorriam o norte da África. Hércules o levantou no ar e o estrangulou. Cf. APD. *Bibl.* 2, 5, 11.

93. Busíris era um cruel rei do Egito que anualmente oferecia um estrangeiro a Júpiter, em sacrifício, e que também foi morto por Hércules. Cf. Ov. *Met.* 9, 183 ss.

94. Anfitrião relembra a morte de Cicno, filho de Marte, que matava os peregrinos que se dirigiam a Delfos e os oferecia em sacrifício ao pai, e refere-se também à vitória de Hércules sobre Gerião, antes mencionada por Mégara.

LICO

O que é lícito a Júpiter também o é ao rei.
490 Deste tua esposa a Júpiter; darás uma esposa ao rei
e, sendo tu o mestre, tua nora aprenderá aquilo que
[não é novo:
seguir alguém que é melhor, com a aprovação do
[esposo.
Se, obstinada, ela se negar a manter relações comigo
[num casamento
eu a levarei, mesmo coagida, a uma nobre concepção.

MÉGARA
495 Sombras de Creonte e penates de Lábdaco,
tochas nupciais do ímpio Édipo,
concedei agora à nossa união o destino habitual.
Agora, agora, ó sangrentas noras do rei Egito,
aproximai-vos com as mãos manchadas por muito
[sangue.
Falta uma danaide em vosso grupo: eu completarei o
500 [sacrilégio[95].

....

95. Mégara faz invocações a figuras míticas, vítimas de grandes tragédias, para que presidam a sua possível união com Lico. Invoca inicialmente o espírito de Creonte, seu pai, morto por Lico, seu atual pretendente. Em seguida chama pelos deuses familiares de Lábdaco, neto de Cadmo e avô de Édipo, e fundador da família dos Labdácidas, marcadas por erros trágicos: Lábdaco morreu despedaçado pelas bacantes, como Penteu (cf. APD. *Bibl.*, 2, 2, 2; 3, 10, 3); Laio, seu filho, apaixonou-se por Crisipo, filho de Pélops, e foi por este amaldiçoado; Édipo, filho de Laio, matou o pai e se casou com Jocasta, sua própria mãe. Para terminar, Mégara invoca as Danaides, as cinquenta filhas de Dânao que foram instruídas pelo pai para matar os esposos – os cinquenta filhos de Egito, irmão de Dânao – na noite de núpcias, pois Dânao soubera por uma profecia que um dos genros o mataria; apenas uma, Hipermnestra, não executou a ordem e Mégara se dispõe a substituí-la; as demais foram precipitadas no Inferno, onde deveriam, por toda a eternidade, encher com água um tonel furado.

LICO
Uma vez que, persistente, recusas a união conosco
e rechaças o rei, saberás o quanto podem os cetros.
Abraça-te com os altares: nenhum deus te arrancará
de mim, mesmo se, removida a terra, Alcides puder
ser trazido de volta às regiões superiores, como
[vencedor.   505
Juntai lenha. Que os templos se incendeiem
[desabando
sobre os suplicantes; que uma única pira, ateado o
[fogo,
consuma a esposa e toda a sua grei.

ANFITRIÃO
Peço-te este presente, como genitor de Alcides:
é o que devo pedir – morrer em primeiro lugar.   510

LICO
Quem manda que todos sofram o mesmo suplício
[com a morte
não sabe ser rei. Determina castigos diferentes:
[impede
o desgraçado de morrer; manda que morra quem
[é feliz.
Quanto a mim, enquanto se ergue a pira com as
[toras que vão ser queimadas,
vou cultuar o regente dos mares com um sacrifício
[votivo.   515

ANFITRIÃO
Ó supremo poder dos numes, ó condutor e pai
de seres celestes, por cujos dardos lançados os homens
tremem, domina a ímpia mão do rei selvagem.

Por que invoco os deuses em vão? Onde quer que
[estejas,
ouve-me, meu filho. Mas por que estremecem os
520 [templos,
agitados por repentino movimento? Por que o solo
[parece rugir?
Um fragor infernal ressoa nas profundezas:
fui atendido. É ele; é o estrondo dos passos de
[Hércules.

PRIMEIRO ESTÁSIMO
(CORO DE TEBANOS)

CORO
Ó Fortuna, invejosa dos homens fortes,
como não são justos os prêmios que atribuis aos
525 [bons[96]!
Que Euristeu governe em tranquila ociosidade
e que o filho de Alcmena, em todas as espécies
[de guerras,
exaspere com monstros a mão que carregou o
[mundo[97];
que decepe as cabeças ferazes da serpente;
530 que subtraia as maçãs das irmãs enganadas
quando ao sono entregar os olhos vigilantes
o dragão encarregado dos preciosos frutos[98].
Ele invadiu as cabanas multívagas da Cítia, e os povos
....

96. A mesma ideia é expressa em *Phae.* 977-979.
97. Note-se a ironia que se extravasa das palavras do coro na passagem acima.
98. Novas referências a trabalhos de Hércules, tais como a luta contra a Hidra e o roubo das maçãs da Hespérides.

estranhos em suas regiões pátrias,
calcou o dorso congelado das águas marinhas   535
e o mar silencioso em suas praias mudas.
Ali as águas endurecidas carecem de ondas
e o lugar por onde as naus ostentariam velas infladas
é trilhado como uma estrada pelos sármatas intonsos.
O mar se apresenta mutável, conforme as
   [alternâncias sazonais,   540
ora adequado a suportar navios, ora cavaleiros[99].
Ali, aquela que impera sobre um povo sem homens,
cingindo o flanco com um cinturão de ouro,
arrancou de seu corpo o nobre espólio
bem como o escudo e o protetor do níveo peito,   545
olhando para o vencedor, com o joelho em terra[100].
Com que esperança, levado aos infernais
   [despenhadeiros,
audaz em caminhar por vias irregressíveis,
tu viste os reinos da sícula Prosérpina?
Ali nenhum mar se levanta com túmidas ondas   550
por causa do Noto, nenhum por causa do Favônio;
ali os dois gêmeos Tindáridas, como estrelas,
não socorrem as naves temerosas;
a água permanece estagnada numa negra garganta
e, quando a pálida morte com seus ávidos dentes   555
traz inúmeras pessoas para junto dos manes,
o povo todo se transporta por meio de um só
   [barqueiro[101].

....
99. O coro fala da Cítia, cujo povo era nômade e levava consigo suas cabanas desarmadas; refere-se ao mar que banhava a região e se congelava no inverno, podendo ser percorrido por cavalos que substituíam navios.

100. Alusão às amazonas, que viviam nas proximidades da Cítia, e à vitória de Hércules sobre Hipólita, a rainha das mulheres "sem homens", forçada a submeter-se a ele e a entregar-lhe preciosos despojos.

101. Depois de mencionar o Inferno, visitado por Hércules, o coro faz uma referência a Caronte, o barqueiro que transporta as almas.

Oxalá venças as leis do Estige feroz
e as irrevocáveis rocas das Parcas.
560 Aquele que governa como rei inúmeras pessoas[102],
quando ameaçavas com a guerra a Pilos de Nestor,
uniu contra ti as pestíferas mãos
mostrando um dardo de tríplice ponta:
mas fugiu, atingido por um leve ferimento,
565 e, senhor da morte, teve medo de morrer.
Anula o destino com tua mão; que aos sombrios
Infernos se abra a contemplação da luz e que os ínvios
umbrais ofereçam caminhos viáveis para o mundo
[superior.
Orfeu[103] pôde dobrar os ferozes senhores das sombras
570 com cânticos e preces suplicantes,
enquanto resgatava sua Eurídice.
A arte que atraíra florestas, aves e rochedos,
que provocara o retardamento dos rios
e a cujo som as feras se imobilizaram,
575 abranda os Infernos com vozes insólitas
e ressoa com mais clareza nos lugares silenciosos.
Choram Eurídice as mulheres da Trácia,
choram-na os deuses pouco afeitos às lágrimas;
e os juízes que, com o cenho excessivamente
[carregado[104],

....

102. Referência a Plutão que se aliou a Neleu, rei de Pilos e pai de Nestor, na guerra movida por Hércules contra a cidade. Cf. Ov. *Met.* 12, 536 ss.

103. O coro rememora a viagem de Orfeu ao Inferno quando ele para lá se dirigiu em busca da esposa morta. Embora tivesse vencido os poderes infernais com seu canto e Eurídice lhe tivesse sido devolvida, o cantor acabou por perdê-la por não ter cumprido as ordens de Plutão: caminhar à frente da jovem até a porta da saída para o mundo superior, sem se virar para trás, e só procurar vê-la depois de ultrapassado o tenebroso limiar. Cf. Virg. *G.* 453 ss.

104. Os juízes do Inferno são Minos e Radamanto, filhos de Júpiter e de Europa, e Éaco, filho de Júpiter e de Egina e pai do mortal Peleu, que se casou com a nereida Tétis; desse casamento nasceu Aquiles.

investigam crimes e derrubam velhos réus, 580
sentam-se chorando Eurídice.
"Fomos vencidos", diz finalmente o árbitro da
[morte,
"vai para as regiões superiores, porém sob a força
[desta lei:
tu, como acompanhante, avança atrás de teu marido;
quanto a ti, não olhes para a tua esposa antes que 585
o dia claro se apresente aos deuses
e apareça a porta do espartano Tênaro"[105].
O verdadeiro amor odeia os retardamentos e não os
[tolera;
porque se apressou para ver seu presente, ele a
[perdeu.
A realeza que pôde ser vencida pelo canto 590
essa mesma realeza poderá ser vencida pela força.

SEGUNDO EPISÓDIO

Cena I
(HÉRCULES, ANFITRIÃO, MÉGARA,
TESEU, FILHOS DE HÉRCULES)

HÉRCULES
Ó regente da luz criadora e ornamento do céu,
que, percorrendo alternadamente os espaços em
[teu carro chamejante,

....
105. O Tênaro é um promontório da Lacônia onde foi construído um templo dedicado a Posêidon, nele havendo, segundo a crença popular, uma passagem que levava ao Inferno. Por extensão sinedóquica costuma-se dar o nome de Tênaro ao Inferno. Cf. SEN. *Tro.* 402.

595 expões tua cabeça radiante às terras que se espraiam,
concede, Febo, tua vênia, se algo ilícito teus olhos
surpreenderam. Submetido a ordens, eu trouxe para
[a luz
os arcanos do mundo. E tu também, árbitro e pai de
[deuses,
esconde teu rosto, opondo-lhe o raio.
E tu, que dominas os mares com teu cetro favorável,
dirige-te às profundezas das ondas. Quem quer que
600 [seja que observa
das alturas as coisas terrenas, temendo ser maculado
[por uma face nova,
que retraia o olhar e erga o rosto para o céu, fugindo
da monstruosidade: que sejam dois os que observem
[esta profanação:
quem trouxe e quem ordenou[106]. Para minhas penas
e meus trabalhos a terra não se oferece
605 [suficientemente
ao ódio de Juno: vi o que é inacessível a todos
e desconhecido de Febo: todos os obscuros espaços
que o mundo inferior concedeu ao Júpiter das
[sombras;
se me fossem agradáveis os locais do terceiro sorteio,
610 eu poderia ser rei; o caos da noite eterna, e algo
mais funesto que a noite, os tristes deuses e o
[destino,
eu os venci. Tendo desprezado a morte, voltei.
Que mais me resta? Vi o Inferno e o desvelei.

....
106. No início de seu monólogo, Hércules se dirige a Febo, o deus que conduz a claridade do dia, a Júpiter, árbitro e pai dos deuses, e a Netuno, o que domina os mares, falando-lhes do troféu que trouxe do Inferno: o cão Cérbero.

Dize-me se algo mais existe[107]. Há já muito tempo,
[Juno, permites
que minhas mãos fiquem paradas. Que ordenas que
[seja vencido? 615
Mas por que um soldado hostil guarda este templo
e o terror das armas interpõe obstáculos a este limiar
[sagrado?

ANFITRIÃO
Acaso meus votos enganam meus olhos
ou o domador do mundo, glória dos gregos,
deixou a morada silenciosa em sua triste nebulosidade? 620
É meu filho? Meus membros se imobilizam com a
[alegria.
Ó meu filho, certa e tardia salvação de Tebas,
acaso te vejo saído para o ar puro ou me rejubilo,
[enganado
por uma sombra vã? Acaso és tu? Reconheço teus
[músculos,
teus ombros e tua mão enobrecida pela enorme clava. 625

HÉRCULES
De onde provêm, meu pai, esse abatimento e minha
[esposa
vestida com roupas de luto? De onde provêm meus
[filhos, cobertos
com tão sórdidas imundícies? Que desgraça oprime
[nosso lar?

....
107. Depois de dirigir-se aos deuses superiores, Hércules interpela Juno;
interrompe, em seguida, a interpelação, para manifestar sua estranheza diante
do templo guardado por soldados.

ANFITRIÃO
Teu sogro foi morto; Lico se apossou do reino
e ameaça com a morte teus filhos, pai e esposa.

HÉRCULES
Ó terra ingrata! Ninguém veio em auxílio
da casa de Hércules? Contemplou tamanha desgraça
o mundo defendido por mim? Por que consumo o
[dia com
lamentações? Que o inimigo seja morto.

TESEU[108]
Teu valor traria essa marca
e Lico seria o último inimigo de Alcides.
Eu me precipito para haurir o sangue hostil.

HÉRCULES
Fica, Teseu, para que não sobrevenha alguma súbita
[violência.
A guerra me chama. Adia teu abraço, pai;
adia-o, minha esposa. Que Lico anuncie a Dite
que eu voltei.

....
108. Filho de Egeu, ou de Netuno, segundo outras versões, Teseu é um herói da Ática e figura em numerosas lendas, tais como a de sua vitória sobre o Minotauro e a do abandono de Ariadne, na ilha de Naxos. Em *A loucura de Hércules*, ele entra em cena em companhia do herói que o salvara do Inferno, onde estava sendo punido por sua audácia: juntamente com Pirítoo, Teseu se dirigira ao mundo das sombras a fim de raptar Prosérpina, mas os infratores foram descobertos e castigados por Dite. Em algumas edições a primeira fala de Teseu (versos 634-636) é atribuída a Hércules, unindo-se o verso 634 aos anteriores.

Cena II
(ANFITRIÃO, MÉGARA, TESEU, FILHOS DE HÉRCULES)

TESEU
  Afasta a triste expressão de teus olhos, 640
rainha, e tu, uma vez que teu filho está salvo,
reprime as lágrimas que correm. Se eu conheço
            [Hércules,
Lico receberá o castigo devido por Creonte.
            [Receberá é demasiadamente
lento. Está recebendo. Isso também é lento. Já
            [recebeu.

ANFITRIÃO
Que seja favorável a nossos votos o deus que tem o
            [poder; 645
e que esteja presente, em nossas quedas!
  [Ó magnânimo companheiro
de meu ilustre filho, fala da série de seus feitos
            [valorosos,
de como é longa a via que conduz aos tristes manes,
de como o cão tartáreo teria suportado as pesadas
            [cadeias.

TESEU
Tu me coages a rememorar feitos, horrendos até para
            [uma mente 650
equilibrada. Apenas agora me é certa a confiança
no ar vital; a agudeza de meus olhos está
            [entorpecida
e minha visão embotada a custo suporta a insólita
            [claridade.

ANFITRIÃO
Ó Teseu, procura vencer o que permanece de
      [terrível no fundo
de teu coração e não te despojes do ótimo fruto
      [de teus
trabalhos: é doce rememorar tudo aquilo que foi
      [penoso
suportar. Conta-nos as tuas horríveis aventuras.

TESEU
A tudo que é sagrado no mundo eu suplico, e a ti,
      [que dominas
em um reino espaçoso, e a ti, que, quando foste
      [raptada,
em vão tua mãe procurou em Ena, que me seja
      [permitido
falar impunemente das leis ocultas e cobertas pelas
      [terras[109].
A região espartana se ergue em uma nobre elevação
onde com suas densas florestas o Tênaro refreia o mar;
ali abre suas portas a residência do odioso Dite
e uma elevada rocha escancara sua boca hiante;
      [e numa imensa caverna
uma ingente voragem se mostra em suas vastas fauces
e largo caminho se estende para todos os povos.
No princípio a estrada se inicia ainda não
      [obscurecida pelas trevas;
uma tênue claridade da luz deixada para trás

----
109. Antes de iniciar a descrição do reino das sombras, Teseu chama por Plutão, o dominador de um reino espaçoso, e Prosérpina, a esposa do deus, evocando a passagem do mito em que Ceres (Deméter) procura, pela região de Ena, a filha que havia sido raptada pelo deus.

e o dúbio fulgor de um sol esmaecido desfalecem 670
e enganam a vista; dessa mesma forma, misturado
                              [com a noite,
o dia nascente ou tardio costuma mostrar a
                              [luminosidade.
Ali, com seus lugares vazios, se estendem amplos
                              [espaços
nos quais, submergida, toda a raça humana poderia
                              [perder-se.
Não há dificuldade em caminhar; a própria estrada
                              [leva para baixo. 675
Assim como a corrente muitas vezes arrasta os navios
                              [sem o controle destes,
da mesma forma um sopro de ar faz avançar, bem
                              [como o caos insaciável;
eles jamais permitem que as sombras obstinadas
retrocedam. Em uma sinuosidade imensa
o tranquilo Lete desliza em seu plácido leito 680
e afasta as preocupações e, para que não mais haja
                              [possibilidade
de retorno, envolve suas águas pesadas em muitas
curvas, da mesma forma que o Meandro vadio brinca
com as ondulações incertas e avança e hesita,
sem saber se procura sua fonte ou o mar. 685
Estende-se ali o repugnante pântano do Cocito
                              [estagnado;
aqui geme um abutre, mais além a fúnebre coruja;
e ressoa o triste augúrio do infausto mocho.
Negras copas com sua fronde opaca se eriçam,
sobressaindo o teixo junto ao qual permanece o
                              [preguiçoso Sono; 690
a triste Fome ali jaz, com seu ricto descarnado,
o Pudor tardio esconde o rosto consciente das culpas,

o Medo, o Pavor, a Fatalidade, a Dor que arreganha
[os dentes,
o negro Luto os acompanham bem como a trêmula
[Doença
e a Guerra cingida com suas armas; no fundo,
695 [escondida,
a Velhice inerte ampara seus passos com um bastão[110].

ANFITRIÃO
Existe ali alguma terra fértil em dons de Ceres e de
[Baco[111]?

TESEU
Nem prados alegres germinam com sua superfície
[verde,
nem uma seara madura ondula sob o Zéfiro suave,
700 nem árvore alguma tem ramos carregados de frutos.
A vastidão estéril do solo profundo é esquálida
e a terra devastada se entorpece em decadência eterna;
é o triste fim das coisas e o término do mundo;
o ar se mantém imóvel e a noite negra se estabelece
705 no mundo inerte. Tudo é horrível pela tristeza
e o lugar da morte é pior que a própria morte.

....
110. O trecho descritivo em que Teseu fala da paisagem infernal e das primeiras sombras ali encontradas revela influência de Ovídio e Virgílio. A paisagem tem pontos de contato com a que Ovídio descreve nas *Metamorfoses* (4, 432-43; 10, 1, 10 ss.); as referências às divindades que correspondem a personificações – o Sono, a Fome, o Pudor, o Medo, o Pavor, a Dor, o Luto, a Guerra e a Velhice –, algumas das quais já haviam sido mencionadas por Juno, no Prólogo, evocam Hesíodo (*Theog.* 226 ss.), bem como o trecho da *Eneida* (6, 274-284) em que também há referências a figuras semelhantes, presentes no vestíbulo do Inferno: o Luto, os Cuidados, a Doença, o Medo, a Fome, a Miséria, a Morte, o Trabalho, o Sono, a Guerra e a Discórdia.
111. Anfitrião se refere a plantações de trigo e uva.

ANFITRIÃO
Que dizer sobre aquele que rege esses lugares
[opacos com seu cetro?
Assentado em que espécie de palácio domina ele
[seu leve povo?

TESEU
No recôndito escuro do Tártaro há um local que um
[espesso
nevoeiro unifica por meio das pesadas sombras.   710
Ali, de uma única fonte brotam dois rios distintos:
um é a imagem da tranquilidade (por ele juram os
[deuses)[112],
descendo à sagrada lagoa estígia, com suas águas
[silenciosas;
o outro, porém, bravio, se arrasta com grande
[alvoroço,
e revolve rochedos em suas ondas: é o Aqueronte,
[impossível   715
de ser navegado. O hostil palácio de Dite é cercado
pelos dois rios e a casa enorme está protegida
por um bosque umbroso. Ali, numa vasta caverna
erguem-se os umbrais do tirano; é este o caminho
[para as sombras,
é esta a porta do reino. Um espaço plano se estende
[nas cercanias,   720
onde, sentando-se, com o rosto soberbo, a funesta
[majestade
do deus separa as almas recém-chegadas.

....
112. Teseu se refere ao alagado formado pelo rio Estige, o rio "pelo qual os deuses juram".

Torva é sua fronte que, no entanto, apresenta a
[mesma aparência
da dos irmãos e de sua família tão grandiosa:
[seu rosto
é o de Júpiter, mas daquele que fulmina; o próprio
725 [soberano
consiste em grande parte da truculência do reino:
tudo aquilo que é temido teme seu aspecto.

ANFITRIÃO
É verdadeiro o boato de que nos Infernos
o que é justo é concedido, embora tardiamente, e de
[que os culpados,
esquecidos de seu crime, recebem as penas merecidas?
Quem é esse reitor da verdade e árbitro da
730 [equanimidade?

TESEU
Não é apenas um o inquisidor que, sentado em
[elevado trono,
distribui julgamentos tardios aos temerosos réus.
Encarrega-se de um foro Minos, de Gnossos; de
[outro, Radamanto;
a este aqui, quem dá assistência é o sogro da nereida
[Tétis[113].
Cada um é responsabilizado por aquilo que fez.
735 [O crime se volta contra
seu autor e o culpado é esmagado por seu próprio
[exemplo:

....
113. Acrescentamos o epíteto *nereida* ao nome de Tétis (*Thétis*) para evitar confusão com o nome da deusa Tétis (*Téthys*). O sogro da nereida é Éaco, pai do mortal Peleu e juiz do Inferno.

vi governantes sanguinários serem aprisionados num
[cárcere
e o dorso de um tirano imoderado ser açoitado por
[mão
plebeia. Todo aquele que é poderoso com
[moderação
e, senhor da vida, conserva suas mãos inocentes,   740
e governa indulgente seu império sem sangue,
e poupa os espíritos, depois de percorrer por muito
[tempo
o duradouro espaço de uma existência ditosa,
dirige-se feliz ou ao céu ou aos amenos recantos do
[bosque elísio
como um futuro juiz. Abstende-vos de sangue
[humano, quem quer   745
que sejais que exerceis o poder. Vossos crimes são
[taxados
com uma taxa maior[114].

ANFITRIÃO
                  É um local preciso que retém
os culpados enclausurados? E, como corre a
[informação,
cruéis suplícios domam os ímpios em seus vínculos
[eternos?

TESEU
Ixião, desconjuntado, é arrastado por uma rápida roda;   750
uma rocha enorme se assenta sobre a nuca de Sísifo;
no meio de um rio, um ancião, com a garganta seca,

....
114. Sêneca se vale da oportunidade para fazer uma de suas costumeiras reflexões sobre os governantes e o poder.

755
procura atingir as ondas: o líquido umedece
[seu queixo
e quando, já muitas vezes decepcionado, nutre uma
[esperança,
a água morre em sua boca, os frutos ignoram sua
[fome[115].
Tício oferece a um pássaro eternas refeições
e as Danaides transportam tonéis falsamente cheios[116];
vagueiam enfurecidas as ímpias filhas de Cadmo
e uma ávida ave aterroriza as mesas de Fineu[117].

....

115. Depois de ter aludido aos suplícios de Ixião e Sísifo – o primeiro, condenado a ser desconjuntado em uma roda, por ter tentado violentar Juno; o segundo, a rolar eternamente uma enorme pedra montanha acima, por ter acusado Júpiter de raptar Egina, filha de Asopo –, Teseu fala de um ancião, cuja garganta está seca. Trata-se de Tântalo, famoso prisioneiro do Tártaro, condenado a fome e sede eternas como castigo pelo sacrilégio que cometera ao oferecer aos deuses, num festim, a carne de seu filho Pélops.

116. Continuando seu relato, Teseu se refere a Tício e às Danaides. Tício era um gigante, filho de Júpiter, que tentou violentar Latona e foi lançado ao Inferno por seu próprio pai; lá duas serpentes ou duas águias roíam constantemente seu fígado, que voltava a renascer. As Danaides também cumpriam punições por toda a eternidade. Ver nota 96.

117. Na sequência, Teseu se refere às filhas de Cadmo e a Fineu. De seu casamento com Harmonia, Cadmo teve quatro filhas: Agave, Ino, Autônoe e Sêmele, das quais as duas primeiras podem ser consideradas criminosas. Agave se tornou tristemente famosa por ter assassinado o próprio filho, durante um acesso de loucura (cf. EUR. *Bac.*). Ino se casou com Atamante, que tinha dois filhos de um primeiro casamento com Néfele: Hele e Frixo. Com ciúmes dos dois jovens, Ino convenceu as mulheres de Tebas a plantar trigo torrado e, quando a seara não vingou, Atamante mandou que se consultasse o oráculo de Delfos para saber a razão do insucesso. Ino subornou os mensageiros que trouxeram a resposta, para que dissessem ao rei que Frixo deveria ser sacrificado a fim de que a fartura voltasse à cidade, mas Néfele enviou ao filho um carneiro voador de velo de ouro, que arrebatou os dois irmãos e os levou pelos ares, na direção da Cólquida. Frixo conseguiu chegar a seu destino, mas Hele que o acompanhava caiu no mar e se afogou (cf. APD. *Bibl.* 1, 9, 1; 16, 21). Enlouquecida por Juno, Ino matou seu filho Melicertes, colocando-o em um caldeirão com água fervente. Quanto a Fineu, era um rei da Trácia, dotado de

ANFITRIÃO
Relata-me agora a nobre luta de meu filho. 760
Traz ele um presente do tio benévolo ou um espólio?

TESEU
Um rochedo sinistro domina os vaus preguiçosos
onde as ondulações estagnam, a água se paralisa,
                                     [sem energia.
Um velho esquálido, horrendo por seu aspecto e
                                     [por suas vestes,
vigia esse rio e transporta os manes apavorados. 765
Pende-lhe uma barba revolta, um nó lhe segura
o manto deformado, são macilentas suas faces
                                     [encovadas;
como barqueiro, ele conduz a embarcação com
                                     [uma longa vara.
Aproximando da margem o barco vazio de carga,
ele se dirigia às sombras; Alcides exige a travessia, 770
cedendo-lhe passagem a multidão. O aterrorizante
                                     [Caronte exclama:
"Para onde vais, atrevido? Refreia esses passos
                                     [apressados."
O filho de Alcmena não permitiu nenhuma protelação;
domina o barqueiro, coagindo-o com a própria vara,
e sobe na embarcação. O barco, com capacidade
                                     [para muita gente, 775
oscilou com uma única pessoa; ele se assenta e a
                                   [embarcação, mais pesada,

....
poderes divinatórios, que preferiu a longevidade à visão, tornando-se cego. O Sol, para castigá-lo por sua pretensão – pois que ele pretendia conhecer os desígnios dos deuses – enviou-lhe harpias que contaminavam seus alimentos. Cf. Ov. *Met.* 7, 3 ss.

com os flancos vacilantes, bebe, dos dois lados,
[a água do Lete.
Estremecem, então, os monstros vencidos, os
[violentos centauros
e os lápitas inflamados para guerrear pelo excesso
[de vinho;
780 procurando as últimas sinuosidades da lagoa estígia,
o produto da vitória de Lerna submerge as cabeças
[ferazes[118].
Em seguida aparece a casa do ávido Dite:
ali aterroriza as sombras o feroz cão do Estige
que, sacudindo a tríplice cabeça com grande
[estrondo,
guarda o reino. Cobras lhe lambem as cabeças,
785   [conspurcadas
com sangue apodrecido, suas jubas são eriçadas
[com víboras
e uma longa serpente silva em sua cauda retorcida.
Sua fúria é igual a seu aspecto: assim que percebeu
[o movimento
de pés, ergue os pelos arrepiados pela serpente que
[vibra
e procura captar o som emitido, com a orelha
790   [levantada,
acostumado a perceber as sombras. Assim que o
[filho de Júpiter parou,
mais próximo, o cão indeciso se assentou na caverna
e se atemorizou ligeiramente. Mas eis que, com
[um latido forte,

....
118. Sêneca se vale de uma perífrase para referir-se à hidra, vencida por Hércules e sepultada no Inferno em companhia dos centauros e de seus inimigos, os lápitas.

encheu de terror os lugares silenciosos; serpentes
                                            [silvam ameaçadoras
por todas as suas articulações. O fragor do horrendo
                                            [som   795
emitido pelas três bocas amedronta também as
                                            [sombras
felizes. Alcides, nesse momento, desprende de
                                            [seu lado esquerdo
a cabeça cleônia[119], apresenta ao cão a bocarra
                                            [feroz
e cobre-se com um enorme escudo,
segurando com a mão vencedora a imensa clava.   800
Ele a revoluteia de um lado para outro, como um
                                            [chicote incessante,
e redobra os golpes. Dominado, o cão suspendeu
                                            [sua ameaça
e, exausto, baixou as cabeças conjuntamente
e se retirou da caverna. Os dois soberanos, sentados
                                            [em seus tronos,
se amedrontaram e ordenaram que o cão fosse
                                            [entregue; e quanto a mim   805
também me deram como prêmio a Alcides que
                                            [o exigia.
Então, acariciando com a mão as poderosas cabeças
                                            [do monstro,
ele as prendeu com correntes de ferro.
Deslembrado de si, o cão, guarda vigilante do reino
                                            [escuro,

....
119. Referência à cabeça do leão de Nemeia, denominada cabeça cleônia por ficar a floresta de Nemeia próxima da cidade de Cleonas, na Argólida. Quando Hércules fez uma espécie de túnica com a pele do animal por ele morto, deixou a cabeça como ornamento, o que era motivo de medo para todos que a viam.

810 baixa timidamente as orelhas e, permitindo ser
[conduzido,
reconhece-o como dono, seguindo-o com as
[bocas submissas,
e bate nos flancos com a cauda carregada de
[serpentes.
Depois de ter chegado aos limites do Tênaro e de
[um novo brilho
de uma luz desconhecida ter ferido seus olhos,
ele readquire a coragem, embora vencido, e,
815 [enfurecendo-se,
agita as pesadas correntes. Quase derrubou seu
[vencedor;
empurrou-o, curvado, para trás, e o fez mover-se
[com seus passos.
Alcides, então, olhou para minhas mãos e nós dois,
com as forças unidas, introduzimos no mundo
[superior
820 o cão aprisionado, enfurecido em sua raiva e tentando
uma batalha inútil. Assim que ele viu o clarão do dia
e distinguiu as luminosas regiões da abóbada
[brilhante,
fez-se noite, para ele[120]; ele baixou o olhar para
[o solo,
fechou os olhos e afugentou a claridade odiosa;
virou o semblante para trás e procurou a terra com
825 [todos
os pescoços; depois escondeu as cabeças sob
[a sombra
de Hércules. Uma compacta multidão, entretanto,

....
120. "Fez-se noite para ele", ou seja, a visão de Cérbero escureceu: fenômeno comum quando se sai da escuridão para a luz e vice-versa.

com alegre clamor, chega portando louro em suas
[frontes,
e canta merecidos louvores em honra do grande
[Hércules[121].

SEGUNDO ESTÁSIMO
(CORO DE TEBANOS)

CORO
Euristeu, nascido de um parto apressado, 830
o mandara penetrar nas profundezas do mundo;
faltava apenas este, na lista de seus trabalhos:
espoliar o rei do terceiro sorteio.
Ele teve a ousadia de entrar nos tenebrosos
[acessos
por onde conduz aos remotos manes 835
um caminho triste e temível, numa floresta negra,
mas frequentado pela grande multidão que ali se
[reúne[122].
Assim como o povo avança ávido pelas cidades
para os espetáculos de um novo teatro,
assim como o que se lança em direção ao Tonante
[Eleu[123] 840
quando o quinto verão chamou de volta os ritos
[sagrados,

....
121. Mudança de tom: a narrativa se interrompe cedendo espaço à descrição da chegada do coro.
122. A descrição do caminho que leva ao Inferno e da multidão que o percorre evoca novamente as palavras de Ovídio em *Met.* 4, 432-463.
123. Expressão metonímica para indicar o templo de Júpiter, em Olímpia, onde havia uma estátua do deus em ouro e marfim, esculpida por Fídias e considerada uma das sete maravilhas do mundo antigo. Cf. Prop. 3, 9, 15.

assim como, quando o tempo da longa noite
volta a estender-se e, desejando sonos tranquilos,
a equilibrada Libra retém os carros de Febo,
845   a multidão comparece aos mistérios de Ceres
e, deixando seus lares, os atenienses iniciados
se apressam rápidos para celebrar a noite,
assim, pelos campos silenciosos, se movimenta
a multidão tão grande: uma parte, retardada pela
                                                                        [velhice,
850   avança triste e saciada por longa vida;
outra parte corre, ainda na flor da idade:
virgens ainda não submetidas a leitos nupciais,
efebos com os cabelos ainda não cortados
e o infante apenas conhecedor do nome de sua mãe;
855   só a estes foi permitido, para que temessem menos,
dissipar a noite levando uma tocha;
os demais caminham tristes pela escuridão.
Qual é vosso estado de espírito, quando,
                                                                        [desaparecida
a luz, cada um sente, abatido, que sua cabeça
860   está enterrada no chão?
Permanece imutável o denso caos e as terríveis
                                                                             [trevas
e a negra cor da noite, a inércia
do mundo silencioso e as névoas vãs.
Que a senectude nos leve bem tarde para lá:
865   ninguém ali chega tarde; de lá jamais
pôde voltar aquele que uma vez ali chegou.
De que adianta apressar nosso duro destino?
Toda esta turba, errante, por vastas terras,
irá para junto dos manes e fará vela
870   para o Cocito inerte. É para ti que desabrocha
tudo que o ocaso e que o nascente veem; respeita

os que virão: é para ti, Morte, que nós nos
        [preparamos.
Podes ser vagarosa; nós nos apressamos;
a primeira hora que concedeu a vida a extermina.
O dia chega alegre a Tebas[124].   875
Tocai os altares, suplicantes;
imolai gordas vítimas;
que as moças, aos jovens misturadas,
se movimentem em solenes danças;
tendo deposto o jugo, que descansem   880
os cultivadores de um campo fértil.
Existe paz, pelas mãos de Hércules,
entre a Aurora e o Héspero[125],
e por onde o sol, dominando o meridiano,
nega sombras aos corpos[126];   885
qualquer que seja o solo, banhado
pelo amplo contorno de Tétis[127],
dominou-o o labor de Alcides.
Tendo transposto os vaus do Tártaro,
ele voltou do Inferno apaziguado;   890
já não perdura nenhum temor:
nada mais subsiste além do Inferno.
Teus cabelos desgrenhados, sacrificador,
cobre-os com o choupo preferido.

....
124. Há uma súbita mudança de tom no canto do coro. A tristeza dos versos anteriores é substituída pela alegria decorrente das festividades religiosas que vão ser realizadas. O próprio ritmo dos versos se modifica, tornando-se rápido e alegre.
125. Ou seja, entre o Oriente e o Ocidente.
126. Referência às regiões situadas na linha do Equador, onde o sol, quando a pino, impede que a projeção das sombras seja percebida.
127. Referência às regiões banhadas pelo mar, simbolizado pela figura da deusa Tétis (*Thetys*).

TERCEIRO EPISÓDIO

(HÉRCULES, ANFITRIÃO, MÉGARA, FILHOS DE MÉGARA, TESEU)

HÉRCULES

895 Derrubado por minha mão vingadora, Lico tombou
com o rosto contra a terra; em seguida todos os que
[foram
partidários do tirano também caíram, partidários no
[castigo.
Agora, vitorioso, farei oferendas sagradas a meu pai
[e aos deuses
e cultuarei os altares meritórios com vítimas
[sacrificadas.
900 Invoco-te a ti, aliada e auxiliar em meus trabalhos,
ó belicosa Palas, em cujo braço esquerdo a égide
[anuncia
ferozes ameaças com o olhar petrificante[128].
Que me assista o domador de Licurgo e do mar
[Vermelho,
trazendo a ponta do dardo coberta com verde
[tirso[129],
905 e Febo, divindade gêmea, e a irmã de Febo
– a irmã é mais hábil nas setas; Febo, na lira –
e todos os meus irmãos que habitam o céu,
irmãos não por parte de minha madrasta. Trazei

....
128. Referência ao escudo de Palas Atena que ostentava a cabeça da Medusa, cujos olhos petrificavam as pessoas. De acordo com o mito, após matar o monstro, Perseu cortou-lhe a cabeça e a ofereceu à deusa e esta a colocou em seu escudo. Cf. *Theog.* 276-286.
129. Hércules faz uma alusão a Baco, evocando os atributos do deus e uma de suas principais proezas: vencer Licurgo. Cf. Ov. *Met.* 4, 22.

para cá reses gordas e tudo o que produzem as
[searas dos indianos
e o que os árabes colhem em suas árvores de
[perfume; 910
trazei aos altares. Que um rico vapor se espalhe.
Que as folhas de álamo enfeitem nossas cabeleiras,
que um ramo de oliveira te cubra com sua folhagem
[gentil,
Teseu; minha mão adorará o Tonante;
tu cultuarás os fundadores da cidade e os silvestres 915
antros do cruel Zeto, Dirce, de nobre água,
e o lar tírio do rei adventício[130].
Oferecei incenso às chamas.

ANFITRIÃO
Filho, antes de mais nada purifica
tuas mãos que gotejam pela cruenta morte do inimigo.

HÉRCULES
Oxalá, com o sangue da cabeça odiosa, eu pudesse
[fazer 920
uma libação aos deuses; nenhum líquido mais
[agradável
tingiria os altares; não pode ser sacrificada a Júpiter
nenhuma vítima de maior grandeza e mais rica
do que um rei injusto.

ANFITRIÃO
Faz votos para que teu pai dê fim

....
130. Dirigindo-se a Teseu, Hércules se refere aos cultos que se realizarão: enquanto ele estiver adorando Júpiter, Teseu deverá homenagear os fundadores da cidade, a gruta em que Zeto vivera, a fonte de Dirce, e Cadmo, o estrangeiro tírio que fundara Tebas.

a teus trabalhos; que seja permitido, uma vez ao
925 [menos,
descanso e tranquilidade para os exaustos.

HÉRCULES
Eu próprio inventarei as preces
dignas de Júpiter e de mim. Que o céu permaneça
[em seu lugar
bem como a terra e o mar; que os astros eternos
[prossigam
em seus cursos fáceis. Que uma paz profunda
[alimente todas as gentes;
930 que de todo ferro se apodere o labor do campo inócuo
e que as espadas se escondam; que nenhuma
[tempestade violenta
perturbe o mar; que nenhum fogo seja lançado
pelo enraivecido Júpiter; que nenhum rio, alimentado
pela neve hibernal, engula os campos destruídos.
Que os venenos se tornem sem ação; que nenhuma
935 [erva poderosa
viceje com seu nocivo suco; que tiranos malvados e
[ferozes
não possam reinar; se a terra ainda tiver de produzir
[um crime,
que se apresse; e, se estiver preparando um monstro,
que seja para mim. Mas que é isto[131]? As trevas
[envolveram

....
131. O verso 939 marca o início do processo alucinatório sofrido pelo herói. Hércules se sente estranho, sem saber o que está ocorrendo. Conforme suas palavras, o dia escureceu, o sol se apagou e surge uma estranha noite. O céu se enche de estrelas e Hércules contempla as constelações zodiacais deslocadas: o Leão estival, correspondente à divinização da fera de Nemeia, salta sobre as constelações que determinam o outono e o inverno, se enraivece e ameaça o Touro da primavera, símbolo da metamorfose de Júpiter que nele se transformou para raptar Europa. É a demência que se inicia.

o meio-dia. Febo passa com o rosto escuro, 940
sem haver nuvens. Quem faz a luminosidade do dia
[fugir para trás
e a leva para o nascente? De onde vem essa noite
[desconhecida
que levanta a negra cabeça? De onde vêm tantas
[estrelas diurnas
que enchem o firmamento? Eis que nosso primeiro
[trabalho,
o leão, refulge em parte não muito pequena do céu, 945
e arde, cheio de ira, e se prepara para morder.
Já vai arrebatar alguma estrela: permanece com a boca
enorme, ameaçador, e vomita labaredas, e, agitando
[a juba,
com o pescoço ruivo, tudo que o soturno outono
e o frígido inverno arrastam no espaço gélido, ele
[transporá 950
de um só repentino impulso e se acercará do pescoço
do touro primaveril e o despedaçará.

ANFITRIÃO
Que súbito mal é este?
Por que, meu filho, volves teu rosto agitado para cá
[e para lá?
E contemplas um falso céu com teu olhar
[perturbado[132]?

HÉRCULES
A terra foi dominada, os mares túmidos ficaram sem
[ação, 955
os reinos infernais sentiram nossa força impetuosa;

....
132. Os sinais da loucura se manifestam no aspecto físico de Hércules.

o céu está imune: este é um trabalho digno de Alcides;
eu me elevarei, sublime, aos altos espaços do mundo;
que o Éter seja atingido: meu pai me promete os
                                [astros.
Que aconteceria, se ele mos negasse? A terra não
                        [retém Hércules
e o entrega finalmente aos deuses superiores.
                                   [Ademais,
toda a assembleia divina me chama e abre-me as
                                     [portas,
opondo-se apenas uma deusa. Tu me recebes e me
                                  [franqueias
a abóbada celeste? Ou devo arrombar a porta do
                                [obstinado céu?
Duvida-se ainda? Arrancarei as cadeias de Saturno
e, contra o reino tirânico de um pai ímpio,
libertarei meu avô; que os Titãs preparem guerras,
enfurecidos, sendo eu o chefe; carregarei penhascos
                                [com suas árvores,
arrancarei com minha mão as montanhas cheias de
                                  [centauros.
Com o monte já duplicado farei um caminho para os
                                    [deuses:
que Quirão veja seu Pélion sob o Ossa[133];
colocado como terceiro degrau para o céu, o
                                    [Olimpo
o alcançará ou será repelido.

....
133. Em sua alucinação, Hércules se rebela contra Júpiter e se vê lutando, em companhia dos Titãs, para chegar ao céu. Rememorando a guerra que se travou entre os deuses e os gigantes, quando estes colocaram o monte Pélion sob o Ossa e o Ossa sob o Olimpo, construindo uma escada para chegar ao céu, Hércules prossegue em seu delírio.

ANFITRIÃO
Afasta para longe
esses sentimentos nefastos. Domina os impulsos
[dementes
de um coração insano, porém grandioso. 975

HÉRCULES
Que é isso[134]? Os pestíferos gigantes movimentam
[suas armas.
Tício foge das sombras e, mostrando o peito
dilacerado e vazio, se ergue tão próximo do céu!
O Citéron oscila, a altiva Pelene treme
bem como a macedônica Tempe. Um arrancou os
[cumes 980
do Pindo; outro arrancou o Eta; Mimante se enfurece
[de forma
horrenda; agitando o chicote, a flamífera Erínia o faz
[soar
e aproxima de meu rosto, mais e mais, achas
[queimadas
em piras fúnebres; a cruel Tisífone, a cabeça protegida
por serpentes, depois de raptado o cão, 985
obstruiu a porta desguarnecida opondo-lhe o facho.
Mas eis que se esconde a prole do rei inimigo,
o nefasto sêmen de Lico: a vosso odioso pai
esta mão vos devolverá agora; que meu arco lance
[ligeiras
setas; é assim que convém que sejam arremessadas 990
as flechas de Hércules.

....
134. A partir do verso 976, Hércules, enlouquecido, fala de suas visões, misturando a guerra dos gigantes com outras lendas míticas; em seguida, vê seus filhos e os confunde com os filhos de Lico – o infanticídio e o uxoricídio se anunciam, quando o herói chegará então ao ápice da loucura.

ANFITRIÃO

Para onde se lançou a cega loucura?
Ele vergou o arco enorme aproximando-lhe as
[extremidades,
desatou a aljava: zune a flecha atirada com força.
A ponta passa pelo meio do pescoço (do menino),
995 provocando um ferimento.

HÉRCULES

Vou destruir o resto da prole
e todos os seus refúgios. Por que me retardo?
[Resta-me
uma guerra maior em Micenas para que caiam,
[derrubados
por minhas mãos, os penhascos dos ciclopes.
Que a porta se movimente, de um lado e de outro,
[despedaçado o ferrolho,
e se destruam os batentes; que o pórtico, forçado,
1000 [desabe.
O palácio se mostra à vista, todo ele! Estou vendo
[escondido, ali,
o filho do pai criminoso.

ANFITRIÃO

Eis que estendendo suas pequenas
[mãos
em direção aos joelhos (do pai), ele implora com voz
[lamentosa.
Que crime nefando, triste e medonho de se ver!
Ele agarrou com sua mão o suplicante e, enfurecido,
1005 [o fez rodopiar,
a seu redor, duas, três vezes; sua cabeça produz um
[ruído
e o teto se impregna com o cérebro espalhado.

A mísera Mégara, entretanto, protegendo o filho
[menor
junto ao seio, foge como louca de seu refúgio.

HÉRCULES
Mesmo se, fugindo, te esconderes sob a proteção do
[Tonante, 1010
minha mão te procurará, onde quer que seja, e te
[apanhará.

ANFITRIÃO
Para onde te diriges, desgraçada? Que espécie de
[fuga ou que refúgio
buscas? Nenhum lugar é de segurança quando
[Hércules lhe é hostil.
Abraça-o, antes, e com uma suave prece
procura abrandá-lo.

MÉGARA
Poupa-me agora, meu esposo, eu te
[peço. 1015
Reconhece Mégara. Este filho teu reproduz teu
[semblante
e tua aparência[135]. Vês como ele te estende as
[mãos?

HÉRCULES
Apoderei-me de minha madrasta. Segue-me! Recebe
[o castigo

....
135. Em vários momentos, nas tragédias, Sêneca se refere ao fato de os filhos serem fisicamente muito parecidos com o pai. É o que acontece, por exemplo, em *As troianas*, 461-468, quando Andrômaca fala da semelhança entre Astíanax e Heitor, ou em *Fedra*, 646-656, quando a rainha se dirige a Hipólito, relembrando os traços de Teseu.

de minhas mãos e liberta Júpiter, oprimido por um
[jugo vergonhoso.
1020 Mas, antes da mãe, que morra este pequeno monstro.

MÉGARA
Para onde te diriges, insensato? Derramarás teu
[próprio sangue?

ANFITRIÃO
Apavorado com o rosto inflamado do pai, o infante
morre antes de ser ferido; o medo arrebatou sua
[vida.
Contra a esposa, agora, é arremessada a pesada clava.
1025 Ela lhe despedaçou os ossos; ao corpo mutilado falta
a cabeça, que não está em parte alguma. Ousas ver
[isto,
ó velhice excessivamente vivaz? Se este luto te causa
[pesar,
já tens a morte pronta: oferece teu peito às flechas
ou atrai contra ti essa clava tingida com a morte dos
[nossos[136].
1030 Suprime o falso pai, indigno de teu nome,
para que ele não seja um obstáculo a tua glória.

TESEU
Por que motivo, ancião, tu vais ao encontro da morte?
Para onde te diriges, enlouquecido? Foge e,
[escondido longe daqui,
afasta este único crime das mãos de Hércules.

....
136. O monólogo de Anfitrião se inicia no verso 1022, prossegue num
solilóquio no qual o ancião se dirige inicialmente a si próprio (1026 ss.) e em
seguida a Hércules, pedindo-lhe para também ser morto (1030-1031).

HÉRCULES
Muito bem. A casa do vergonhoso rei caiu por terra. 1035
Dedicada a ti, esposa do grande Júpiter,
aniquilei-lhe a prole; prazerosamente, cumpri votos
dignos de ti e Argos te oferecerá outras vítimas.

ANFITRIÃO
Ainda não consumaste os sacrifícios, filho. Termina o
[ritual.
Eis aqui a vítima, junto ao altar; ela aguarda tua mão 1040
com a cerviz inclinada; eu me ofereço, vou ao teu
[encontro, sigo-te.
Mata-me. Mas, que é isso? A agudeza de meus olhos
[vacila
e a dor me enfraquece a visão? Ou vejo trêmulas
as mãos de Hércules? Seus olhos se fecham
[sonolentos;
inclinada a cabeça, seu pescoço cansado se dobra; 1045
vergando os joelhos, ele cai todo inteiro por terra,
como um freixo derrubado na floresta ou um
[pinheiro
prestes a fornecer mastros a um navio. Estás vivo ou
[te entregou à morte
a mesma loucura que enviou os teus à destruição?
É um torpor. A respiração produz movimentos
[alternados. 1050
Que lhe seja dado um tempo para descanso a fim
[de que no sono pesado
a força da doença, vencida, liberte seu peito
[oprimido. Afastai as armas,
escravos, para que, em sua loucura, ele não possa
[retomá-las.

TERCEIRO ESTÁSIMO
(CORO DE TEBANOS)

CORO

Que se lamente o Éter e o grande pai
1055 do elevado Éter, e a terra feraz,
e a onda errante do móvel oceano,
e tu, sobretudo, que derramas teus raios
pelas terras e pelas extensões do mar
e afugentas a noite com teu belo rosto,
1060 ardente Titã: semelhante a ti,
Alcides viu contigo o ocaso e o oriente
e conheceu as duas moradas tuas.
Libertai seu espírito de tão grandes monstros,
libertai-o, ó deuses, conduzi sua mente cega
1065 a um caminho melhor. E tu, Sono[137], dominador
dos males, repouso do espírito,
parte melhor da vida humana,
filho alado da maternal Astreia,
lânguido irmão da implacável Morte,
1070 tu que mesclas o falso com o verdadeiro,
certo e péssimo revelador do futuro,
paz das terras, porto da vida,
descanso da luz e companheiro da noite,
tu que vens igual para o escravo e para o rei,
1075 e obrigas a raça humana, temerosa da morte,
a familiarizar-se com a longa noite,
plácido e suave, acalenta quem está cansado,
retém-no, vencido, sob pesado entorpecimento;
que teu torpor contenha os membros indômitos

---
137. Inicia-se a invocação ao Sono, composta com características de litania.

e não abandone o coração belicoso 1080
antes que sua antiga razão retome seu curso.
Ei-lo estendido sobre a terra. Ele revolve sonhos cruéis
em sua mente combativa; ainda não foi vencida
a desgraça de um mal tão grande;
acostumado a confiar a cabeça fatigada 1085
à pesada clava, procura-lhe o peso
com sua mão vazia, estendendo o braço
num movimento inútil. E ainda não conseguiu
expulsar toda a sua agitação, assim como
a onda que, conturbada pelo forte Noto, 1090
conserva a turbulência e intumesce
quando o vento já cessou. Expulsa os insanos
vagalhões de seu espírito; que voltem ao herói
a piedade e a virtude. Ou, antes, que a mente
seja incitada pelo movimento insano; 1095
que o erro cego prossiga por onde começou;
doravante somente a loucura pode afiançar
que tu és inocente: a condição mais próxima
das mãos puras é ignorar seu sacrilégio.
Que ressoe agora o peito golpeado 1100
pelas mãos hercúleas; que a seus braços,
habituados a sustentar o universo, golpeiem
os látegos por meio da destra vingadora; que o Éter
[ouça
os profundos gemidos; que os ouça a rainha
do negro polo bem como o feroz Cérbero, 1105
que, latindo nas profundezas de seu antro,
traz os pescoços presos a grandes cadeias;
que os ecoe o Caos, com triste clamor,
bem como a onda que se estende pelo largo mar,
e o ar intermediário que, no entanto, havia 1110
sentido teus dardos.

Os peitos, atingidos por desgraças tão grandes,
não devem ser feridos por um golpe leve;
que o ecoem os três reinos, em um único gemido.
1115 Forte flecha, ornamento e arma, de seu ombro
suspensa há muito tempo, e vós,
pesadas aljavas, dai cruéis pancadas
no fero dorso; que fira seus ombros
fortes a madeira do carvalho e que o poderoso bordão,
1120 com seus duros nós, caia-lhe no peito, com seu peso.
Que suas armas chorem sofrimentos tão grandes.
Quanto a vós[138], que não fostes associados à glória
paterna, vingando-vos dos reis, com cruéis ferimentos,
que não aprendestes a flexionar os membros
1125 na palestra argiva, fortes na luta do cesto[139]
e fortes nos punhos, mas que ousastes
atirar com mão certeira a leve flecha,
retirada de uma aljava cita,
e trespassar os cervos, em plena corrida,
1130 embora não ainda o dorso de uma fera jubada,
ide aos portos do Estige, ide sombras
inofensivas,
que, no primeiro limiar da vida,
o crime e a loucura paterna abateram.
1135 Ide, meninos, infeliz descendência,
pelo triste caminho de um conhecido trabalho;
ide e visitai os reis enraivecidos.

....
138. Após descrever o agitado adormecimento de Hércules e prever seu despertar, o coro se dirige aos meninos mortos, abatidos antes que pudessem desfrutar das atividades próprias da adolescência.
139. Espécie de manopla, ou seja, de luva formada de tiras de couro, guarnecida com placas de chumbo, que envolvia as mãos dos contendores num pugilato especial. Cf. nota 91.

A loucura de Hércules (Hercules furens)

ÊXODO

(HÉRCULES, ANFITRIÃO, TESEU)

HÉRCULES
Que local é este? Que região? Que parte do mundo?
Onde estou? No oriente do sol? Ou sob o eixo
da Ursa glacial? Acaso é a última terra   1140
do mar da Hespéria, a que concede um limite ao
　　　　　　　　　　　　　　　　　　　　[oceano?
Que ares estou respirando? Que solo se acha sob
　　　　　　　　　　　　　　　　　　　[meu cansaço?
Voltamos, é certo. De onde vêm esses corpos
　　　　　　　　　　　　　　　　　　[prostrados,
que vejo, ensanguentados, diante da casa?
　　　　　　　　[Porventura minha mente
ainda não expulsou as imagens infernais? Uma
　　　　　　　　[fúnebre multidão   1145
ainda vagueia diante de meus olhos, depois de
　　　　　　　　　　　　　　　　　　[minha volta!
Tenho pejo em confessar: estou apavorado, não sei
　　　　　　　　　　　　　　　　　　　　[o que,
não sei que grande mal meu espírito pressagia.
Onde estás, meu pai? Onde está aquela esposa
　　　　　　　　　　　　　　　　　　[corajosa,
com o bando de filhos? Por que meu flanco esquerdo 1150
está privado do espólio do leão? Para onde foi o meu
　　　　　　　　　　　　　　　　　　　　[abrigo
que era também o macio coxim para o sono de
　　　　　　　　　　　　　　　　　　[Hércules?
Onde estão minhas flechas? Onde está meu arco?
　　　　　　　　　[Quem, estando eu vivo,
foi capaz de subtrair-me as armas? Quem roubou
　　　　　　　　　　　　　　　　　　　[espólios

1155   tão importantes e não se teve medo do sono de
                                              [Hércules?
         Desejo ver meu vencedor, desejo.
         Ergue-te, vencedor[140], tu que meu pai, tendo deixado
                                              [o céu,
         gerou todo novo e em cuja concepção a noite ficou
         mais longa do que a nossa. Que crime hediondo
                                              [estou vendo[141]?
         Meus filhos jazem por terra, abatidos em sangrento
1160   [assassínio,
         minha esposa está morta. Que Lico se apodera do
                                              [meu reino?
         Quem ousou maquinar um crime tão grande em Tebas,
         depois da volta de Hércules? Quem quer que sejas,
                                              [que habitas
         as paragens do Ismeno, os campos áticos, os reinos
1165   do dardânio Pélops, batidos pelos dois mares,
         vem em meu auxílio, indica-me o autor desta
                                              [hecatombe cruel.
         Que minha ira se precipite sobre todos. É meu
                                              [inimigo todo aquele
         que não me mostrar o inimigo. Tu te ocultas,
                                              [vencedor de Alcides?
         Avança. Quer desejes vingar os carros ameaçadores
1170   do trácio sanguinário[142], quer o gado de Gerião

....
140. De acordo com o aparato crítico da edição que utilizamos, há variantes nos manuscritos, nesse trecho. Leon Herrmann optou pela forma *uir tu* ("varão, tu"); no manuscrito A, aparece a forma *uictor* ("vencedor"), pela qual optamos; no Etrusco a forma que aparece é *uirtus* ("valor").
141. Hércules se dirige a si próprio, em seu solilóquio.
142. O "trácio sanguinário" é o cruel Diomedes, rei da Trácia, que costumava entregar a éguas carnívoras os estrangeiros que chegavam a seu reino. Encarregado por Euristeu de levar os animais a Micenas, Hércules matou Diomedes e, segundo uma versão da lenda, o entregou às éguas.

ou os dominadores da Líbia[143], não haverá
[retardamento algum para a luta.
Eis que me apresento nu. Tens o direito de
[ameaçar o desarmado
com minhas próprias armas. Por que Teseu e
[meu pai fogem
de meu olhar? Por que escondem seus rostos?
Refreai o pranto. Quem foi que entregou todos
[os meus, ao mesmo tempo, 1175
a uma morte violenta? Responde! Por que silencias,
[meu pai?
Fala tu, Teseu; mas com tua sinceridade, Teseu.
Um e outro, calados, cobrem o rosto envergonhado,
derramam lágrimas às escondidas. Diante de tão
[grande calamidade,
o que poderia ser motivo de vergonha? Acaso o
[tirânico dominador 1180
da cidade argiva, acaso o hostil exército do
[desaparecido
Lico nos destruiu com tamanha hecatombe[144]?
Pela glória de meus feitos eu te peço,
meu genitor, e pelo nume de teu nome, sempre
favorável a mim, fala. Quem arrasou minha casa? 1185
Diante de quem tombei como presa?

....
143. Os "dominadores da Líbia" são Atlas e Anteu. Atlas, como gigante, participou da luta contra os deuses e foi castigado por Zeus, tendo sido obrigado a carregar a abóbada celeste. Anteu também era um gigante, filho de Posêidon e de Geia; obrigava os estrangeiros a lutar com ele, matava-os e, com os despojos, ornamentava o templo do pai. Hércules o venceu, suspendendo-o e sufocando-o.
144. Hércules não sabe se atribui a morte dos meninos e de Mégara a Euristeu, o "tirânico dominador da cidade argiva", ou ao exército de Lico.

ANFITRIÃO
                Que os males se desvaneçam em
                                        [segredo.

HÉRCULES
Para que eu permaneça sem vingança?

ANFITRIÃO
                Muitas vezes a vingança é nociva.

HÉRCULES
Acaso algum covarde tolerou uma desgraça tão grande?

ANFITRIÃO
Aquele que temeu uma desgraça maior.

HÉRCULES
                Pai, que coisa maior ou mais grave
que esta poderia ser temida?

ANFITRIÃO
Como é insignificante a parte de tua desgraça que
                                            [conheces!

HÉRCULES
Tem piedade de mim, meu pai. Estendo-te mãos
                                        [suplicantes.
Mas o que é isso? Minha mão retrocede. O Crime
                                    [vagueia por aqui[145].
De onde vem este sangue? Por que aquela flecha,
                                    [tingida com o sangue

....
[145]. Hércules começa a vislumbrar a verdade e se refere ao crime que fora cometido, personificando-o.

da hidra de Lerna, está molhada pela morte do
[menino? 1195
Vejo agora que são as minhas setas. Não pergunto
[pela mão.
Quem pôde vergar o arco e que destra pôde
distender a corda que só cede a mim?
Volto-me novamente a vós. É meu este ato
[criminoso, meu pai?
Eles se calaram. É meu.

ANFITRIÃO
O luto é teu; 1200
o crime é de tua madrasta. Esta catástrofe carece de
[culpa.

HÉRCULES
Troveja irado agora, por todas as partes, ó meu
[genitor!
Deslembrado de mim, vinga com mão tardia
ao menos os teus netos. Que o céu estrelado ecoe
e que ambos os polos arremessesm chamas. 1205
Que os rochedos do Cáspio e a ave insaciável
[dilacerem
meu corpo acorrentado[146]. Por que os penhascos
[de Prometeu
estão vazios? Por que está vazio, com seu vértice
[imenso,
alimentando aves ferozes, o lado abrupto do
[Cáucaso,

---

146. Alusão à ave que diariamente dilacerava o fígado de Prometeu, acorrentado ao Cáucaso, quando ele foi castigado por Júpiter por ter ludibriado os deuses e roubado o fogo do céu para dá-lo aos homens.

destituído de florestas? Que as Simplégades[147], que o
[mar da Cítia abraça
de um lado e de outro, destrocem nas águas
[profundas as minhas mãos atadas,
e quando, revogado seu turno, elas se encontrarem
[e atirarem lascas de pedras
para o céu ao serem unidos os rochedos, dos dois
[lados, no meio do mar,
que eu permaneça como uma inquieto obstáculo
[para esses montes.
Por que, tendo juntado lenhos, acumulando-os em
[uma pilha amontoada,
não queimo meu corpo, respingado de sangue
[límpio? É dessa forma
que será feito; é dessa forma: levarei Hércules
[de volta ao Inferno.

ANFITRIÃO
Sua mente, ainda não libertada do agitado tumulto,
mudou seus ímpetos, o que a loucura tem como
[característica:
agora ele se enfurece contra si próprio.

HÉRCULES
Funestos territórios das Fúrias,
cárcere dos Infernos e plaga destinada
à multidão culpada... Se algum exílio se oculta
além do Érebo, desconhecido de Cérbero e de mim,

....
147. As Simplégades são ilhotas rochosas situadas na entrada do Ponto Euxino; de acordo com a lenda, eram flutuantes e se chocavam quando pessoas ou navios passavam entre elas, destroçando-os. Do choque escapavam lascas de pedra que subiam até os céus. Hércules almeja permanecer eternamente entre as ilhotas como punição.

esconde-me lá, ó Terra! Irei até os últimos limites   1225
do Tártaro e ali permanecerei. Ó coração por demais
                                                    [feroz!
Quem poderá chorar-vos dignamente, ó meus filhos,
                                               [dispersados
por toda a casa? Este semblante, endurecido pela
                                                 [desgraça,
não sabe derramar lágrimas. Dai-me aqui o arco,
dai-me aqui as setas, dai-me aqui o enorme bordão.   1230
Quebrarei minhas flechas por ti; por ti, menino,
                                                 [destruirei
o arco[148]; a pesada clava arderá em homenagem
a vossas sombras; a própria aljava, cheia de setas
de Lerna, irá para vossas piras: que minhas armas
sofram o castigo. Quanto a vós, mãos de minha
                                                [madrasta,   1235
infaustas para minhas flechas, eu também vos
                                                [queimarei.

ANFITRIÃO
Quem, em algum momento, deu o nome de crime
                                              [a um erro?

HÉRCULES
Muitas vezes um grande erro tomou o lugar de um
                                                 [crime.

ANFITRIÃO
Agora é necessário ser Hércules. Suporta esta
                                   [avalanche de desgraças.

....
148. Hércules se dirige aos filhos mortos.

HÉRCULES
Meu pudor não se acabou, extinto pela loucura,
[de modo
a que eu possa afugentar os povos, com meu
[semblante ímpio.
Minhas armas, Teseu, minhas armas, subtraídas
[de mim, eu exijo
que me sejam devolvidas com presteza; se minha
[mente está sã,
entregai as flechas a minhas mãos; se a loucura
[permanece,
pai, retrocede: eu encontrarei o caminho da morte.

ANFITRIÃO
Pelos sagrados cultos de nossa raça, pelo direito de
[meu nome,
um e outro, quer tu me chames de provedor,
quer de pai, e por meus cabelos brancos, venerados
[pelos que são
piedosos, poupa minha velhice solitária, eu te peço,
e meus anos fatigados. Único suporte de uma casa
[abatida,
única luz para quem está esmagado pelas desgraças,
conserva-te a ti mesmo. De ti não chegou até mim
nenhum fruto de teus trabalhos; sempre temi ou o
[mar incerto
ou os monstros; em todo o orbe, qualquer rei cruel
que enlouquece, fazendo o mal a suas mãos ou aos
[altares,
é temido por mim. Pai de alguém eternamente
[ausente,
peço-te o desfrute de ti, o contato contigo e a
[contemplação de ti.

A loucura de Hércules (Hercules furens)

HÉRCULES
Nada existe pelo que eu deva deter meu espírito por
 [mais tempo
nesta luz e aqui me demore; já perdi juntos todos
 [os meus bens:
mente, armas, fama, esposa, filhos, mãos,   1260
até a loucura. Ninguém poderia curar meu espírito
maculado. Com a morte o crime pode ser sanado.

ANFITRIÃO
Tu fazes teu pai perecer.

HÉRCULES
 Para que não o faça, eu me matarei.

ANFITRIÃO
Diante de teu genitor?

HÉRCULES
 Eu o ensinei a contemplar o crime.

ANFITRIÃO
Vendo os feitos que devem ser lembrados por todos,   1265
pede-lhe, antes, perdão para teu único crime.

HÉRCULES
Concederá perdão a si o mesmo quem não o
 [concedeu a ninguém?
Foi a mandado que fiz o que deve ser louvado;
 [apenas isto é meu.
Socorre-me, meu pai. Quer a piedade te mova,
ou meu triste fado, ou a violada dignidade   1270
de meu valor, traz minhas armas. Que a Fortuna
seja vencida por minha mão.

TESEU
        Os pedidos paternos são bastante
eficazes, sem dúvida; comove-te, todavia, também,
com meu pranto. Ergue-te e destrói as coisas adversas
com teu ímpeto usual. Reassume agora teu ânimo
incomparável diante de qualquer desgraça. Agora é
                                  [preciso que ajas
com grande valor. Impede Hércules de encolerizar-se.

HÉRCULES
Se eu viver, terei cometido crimes; se eu morrer,
                                  [te-los-ei suportado.
Apresso-me para purificar as terras – já há muito que
um monstro ímpio e cruel, tão selvagem como feroz,
vagueia a meu redor. Anda, minha mão; tenta levar a
                                              [termo
uma grande obra, maior do que os doze trabalhos.
Tu te paralisas, cobarde, forte apenas para com
                                      [meninos
e mães temerosas? Se minhas armas não me forem
                                             [restituídas,
arrancarei toda a floresta do trácio Pindo
e os bosques de Baco, e ou queimarei comigo
os cumes do Citéron, ou todos os tetos com as casas
e com seus donos; receberei sobre meu corpo
os templos tebanos com todos os deuses
e serei sepultado na cidade revirada; e, se em meus
                                             [fortes ombros,
como leve peso, as muralhas derrubadas caírem,
e, coberto pelas sete portas, eu não for
                             [suficientemente esmagado,
toda a carga que se assenta sobre a parte média
                                               [do mundo
e o separa dos deuses eu a virarei sobre minha cabeça.

ANFITRIÃO
Devolve-lhe as armas.

HÉRCULES
Tuas palavras são dignas do pai de
[Hércules. 1295
Eis aqui meu filho, que tombou trespassado por esta
[ponta.

ANFITRIÃO
Essa flecha foi Juno quem a lançou, por meio de tuas
[mãos.

HÉRCULES
Eu a utilizarei, agora.

ANFITRIÃO
Vê como meu desgraçado coração
palpita com medo e causa dor a meu peito angustiado.

HÉRCULES
A flecha já está pronta.

ANFITRIÃO
Eis que agora cometerás um crime 1300
querendo e sabendo.

HÉRCULES
Explica-te. Que ordenas que seja feito?

ANFITRIÃO
Não pedimos nada. Nossa dor está em lugar seguro.
Só tu podes conservar meu filho para mim;
arrancá-lo nem tu o poderás. Escapei do medo maior;
não podes fazer-me desgraçado; podes fazer-me feliz. 1305

Decide, pois. O que decidires, que saibas que tua
                                                    [causa
e tua fama estão em situação embaraçosa e incerta:
ou vives ou matas. Sinto, nos lábios, meu sopro fraco
e fatigado pela velhice e não menos fatigado
1310   pelas desgraças. Alguém concede a vida a seu pai
tão vagarosamente? Não suportarei um retardamento
                                                    [maior;
enfiarei em meu peito o ferro letal, enterrando-o.
É aqui, é aqui que jazerá o crime do Hércules são.

HÉRCULES
Poupa-me, meu pai; poupa-me. Chama de volta a
                                                    [tua mão.
1315   Sucumbe, coragem; aceita a ordem de um pai.
Que este trabalho se junte também aos demais
                                    [trabalhos de Hércules:
vivamos. Levanta do solo os membros aflitos
de meu pai, Teseu. Minha mão criminosa se esquiva
dos contatos piedosos.

ANFITRIÃO
                Aperto com prazer esta mão;
1320   nela irei apoiado; levando-a a meu peito doente,
expulsarei meus sofrimentos.

HÉRCULES
                Que local buscarei como prófugo?
Onde me esconderei? Em que terra me sepultarei?
Que Tânais, que Nilo, que Tigre violento
em suas ondas pérsicas, que Reno feroz,
1325   que Tejo, que túrbido arrasta as riquezas ibéricas[149],

---

149. Referência ao ouro que se dizia encontrar-se no Tejo.

poderá purificar minha mão? Ainda que a gélida
[Meótis
derrame o mar ártico sobre mim
e Tétis, toda ela, corra por minhas mãos, o crime
[nelas
se impregnará profundamente. A que terras te retirarás
como um ímpio? Dirigir-te-ás ao oriente ou ao ocaso? 1330
Conhecido em todos os lugares perdi um lugar para
[o exílio.
O mundo me recusa, os astros percorrem oblíquos
órbitas desviadas, o próprio Titã contemplou Cérbero
com melhores olhos. Ó companheiro fiel,
Teseu, procura-me um esconderijo distante, oculto, 1335
já que sempre, como árbitro de crimes alheios,
amas os culpados. Agradece a teus méritos em vez de
agradecer aos nossos. Leva-me de volta ao Inferno,
[eu te peço,
reconduzindo-me às sombras; restitui-me, submetido
[a tuas
cadeias. Aquele lugar me esconderá. 1340
Mas ele também me conhece!

TESEU
Nossa terra te espera[150].
Foi lá que Gradivo[151] reconduziu às armas sua mão
absolvida de um crime. Ela te chama, Alcides;
é a terra que costuma inocentar os deuses.

....
150. Teseu se refere a Atenas, onde ele é rei.
151. Gradivo, epíteto do deus Marte (Ares), é uma palavra de origem obscura, mas provavelmente itálica. Tito Lívio (1, 20, 4) se refere a Marte Gradivo (*Mars Gradiuus*), quando menciona os doze sálios, sacerdotes instituídos por Numa Pompílio para servirem ao deus. Teseu alude à absolvição de Ares em Atenas, quando, após ter sido acusado de homicídio, o deus foi julgado pelo Areópago, assim denominado em sua homenagem (*Áreios págos* = outeiro de Ares). Sêneca considera o Areópago como "o mais justo dos tribunais" (*Tranq.* 5, 1).

AS TROIANAS
(*Troades*)

Apresentação

As troianas, como texto dramático, é provavelmente a tragédia de Sêneca mais bem construída[1]. Explorando a "saga troiana", decantada em verso e prosa em todas as épocas, configura-se como verdadeiro libelo contra a crueldade e a futilidade da guerra[2] e ilustra, ao mesmo tempo, o sentimento de esmagamento, inerente à tragédia, e a angústia humana decorrente da incapacidade do homem em traçar o seu destino.

A estrutura externa de As troianas é convencional, atendendo à preceituação de Aristóteles (Poet. 12, 65). O texto se constitui de um prólogo, três episódios e um êxodo, seguida cada uma dessas partes de um canto coral (um párodo e três estásimos). Há, entretanto, várias novidades na composição de As troianas, o que faz com que a tragédia seja, sob certos aspectos, diferente das outras peças de Sêneca.

A ação é bipartida. Tomando como modelos principais duas tragédias de Eurípides, Hécuba e As troianas, praticando portanto a contaminatio, tão comum nas co-

---
1. Cf. CARDOSO, 1976, pp. 78 ss.
2. Cf. DUCKWORTH, G. E. (org.). The Complete Roman Drama. New York: Randon House, 1942, p. 508.

médias latinas, e valendo-se em menor escala de outras fontes, tais como a *Andrômaca* e a *Ifigênia em Aulis*, do mesmo autor, a *Eneida* de Virgílio e as *Metamorfoses* de Ovídio, Sêneca apresenta em sua peça um "ponto de partida" para o início e o desenvolvimento da ação (o sorteio das escravas entre os próceres gregos, fato que se sucedeu à conquista e à destruição de Troia) e dois grandes "motivos" trágicos: o assassínio de Políxena, filha de Hécuba e Príamo, e o de Astíanax, filho de Andrômaca e Heitor. O ponto de partida é enunciado no Prólogo por Hécuba, a rainha de Troia. O primeiro "motivo", inspirado na *Hécuba* euripidiana, é anunciado no início do primeiro episódio quando um arauto grego descreve a "aparição" do fantasma de Aquiles e menciona a exigência por ele feita: o sacrifício de Políxena. O segundo é apresentado no final desse mesmo episódio, quando Calcante, o porta-voz de Apolo, chamado por Agamêmnon para revelar a determinação dos deuses no tocante à exigência de Aquiles, mostra que são necessárias duas mortes para que os gregos obtenham ventos e possam retornar à pátria: a da virgem e a do menino.

Após as palavras de Calcante, a ação se bifurca. O segundo episódio é consagrado a Astíanax: Andrômaca sonha com Heitor, seu esposo morto, e esconde o filho no túmulo do pai, mas Ulisses descobre o ardil e leva o menino para o sacrifício. O terceiro é dedicado a Políxena: Helena lhe oferece trajes festivos e simula estar preparando a jovem para casar-se com Pirro, mas o embuste é descoberto e Políxena é arrastada para cumprir a exigência de seu pretendente. No êxodo, as duas ramificações da ação voltam a unir-se quando um mensageiro relata às mulheres de Troia, em dois monólogos simétricos, as circunstâncias que envolveram a morte das duas vítimas.

À primeira vista, a unidade da ação poderia parecer prejudicada, mas, na verdade, não há tal problema[3]. Sêneca focaliza dois aspectos da guerra bastante próximos e Hécuba, na condição de mãe e avó das vítimas, procede à ligação entre eles, garantindo a unidade.

A "curva" da ação, definida pela presença de cinco etapas no desenrolar do enredo (situação inicial, intensificação, clímax, retardamento e desfecho), apresenta peculiaridades em *As troianas*. O prólogo corresponde à situação inicial, evidentemente. Hécuba, ao recitá-lo, faz uma sinopse do que ocorrera – Troia caíra e os heróis haviam morrido – e ressalta que "tudo isso, entretanto, não é suficiente para os deuses" (*Tro.* 56-57): as mulheres deveriam submeter-se a um sorteio para serem entregues aos chefes gregos. O conflito se instaura, portanto, desde o início[4]. O párodo, num processo particular – pois que, em geral, nas tragédias de Sêneca, os cânticos não se vinculam diretamente à ação –, em lugar de apresentar-se como um cântico independente, opera como um prolongamento do prólogo recitado por Hécuba. A rainha, ao terminar a recitação, não sai de cena: assume as funções de corifeu – exemplo único em Sêneca –, dialoga com as mulheres de Troia que compõem o coro e comanda uma

---
3. Cf. DUCKWORTH, 1942, p. 507.

4. Paulo Mendonça, em estudo realizado sobre o gênero trágico, focaliza uma classe especial de tragédias que não seguem o esquema "equilíbrio, rompimento, volta ao equilíbrio", mas apresentam uma situação desequilibrada desde o início. A tragicidade de tais peças decorre da contemplação da situação precária e a tragédia se desenrola com o único objetivo de retratar essa situação. Há um conflito crônico e os "reforços de teatralidade consistem em pequenas crises momentâneas, esforços malogrados de arrebatamento, pungentes exatamente por malograrem, por não conseguirem romper a estabilidade injusta da ordem preponderante". Cf. MENDONÇA, P. *A tragédia* – hipóteses e contradições surgidas na procura de uma definição. São Paulo: Anhembi, 1953, pp. 96 ss.

emocionada lamentação na qual se lembram os mortos ilustres – sobretudo Príamo e Heitor – e se enfatiza a questão da liberdade decorrente da morte. O primeiro episódio, quando se configura a intensificação da ação, é dividido em duas partes distintas. Na primeira, um arauto se dirige a pessoas que o interpelam[5] e descreve a aparição de Aquiles; na segunda, Pirro e Agamêmnon discutem a exigência do herói morto e Calcante é chamado para elucidar a questão. Após o primeiro episódio há o cântico de praxe, o primeiro estásimo. Independente da ação, mostra-nos o caráter universal e absoluto do coro. As troianas se indagam sobre a existência ou não de uma vida no mundo das sombras, após a morte, e chegam à conclusão melancólica de que os mortais voltarão ao nada ao exalarem o último suspiro. O cântico é nitidamente epicurista e foi objeto de crítica, no passado, tanto por seu caráter, considerado anacrônico, quanto por apresentar uma posição aparentemente contraditória com a crença na aparição de espíritos de mortos. A questão não se encerra, porém, com essas reflexões. Mais do que extemporâneo ou incoerente, o primeiro estásimo revela, de forma pungente, a total desesperança das mulheres de Troia, sem nenhuma possibilidade de sonho futuro[6].

O segundo episódio, no qual se inicia o clímax, é patético e violento. Andrômaca, a figura central nesse trecho

....
5. Tradicionalmente se considera que a fala do arauto grego é dirigida às troianas, que teriam permanecido em cena após o párodo. Filippo Amoroso, porém, valendo-se de interessante argumentação, propõe uma interpretação segundo a qual o arauto se dirige aos soldados gregos, entre os quais estariam Agamêmnon e Pirro. Cf. AMOROSO, F., 1981, pp. 81-96.
6. Cf. CARDOSO, Z. A. "A presença da morte em *As troianas* de Sêneca". *Classica*, 7/8, 1996, pp. 153-64.

da peça, passa por três situações distintas que correspondem às três partes em que se pode dividir o episódio. Inicialmente, ao revelar um sonho que tivera, ela demonstra certa esperança no salvamento do filho e o oculta no túmulo de Heitor, seguindo os conselhos do esposo morto, visto no sonho, e do ancião que a reconfortara; em seguida, instada por Ulisses, passa por um momento de hesitação, sem saber se deve revelar o esconderijo do menino ou permitir a demolição do túmulo de Heitor; finalmente, para poupar as cinzas do esposo, entrega o filho ao inimigo e se abandona ao mais profundo sofrimento. A despedida da mãe e o arrastamento de Astíanax correspondem ao início de uma situação/clímax, que prossegue no terceiro episódio e só termina no momento em que Políxena é levada por Pirro. É impossível definir o ponto culminante da tragédia. Há dois pontos igualmente altos que determinam a existência de um patamar crítico, substituindo o clímax propriamente dito.

O segundo estásimo interrompe por um momento essa situação, correspondendo à introdução de uma pausa lamuriosa e monótona em que as troianas se perguntam para onde irão e fazem conjeturas sobre os futuros domicílios que as aguardam. Considerado como amplificação dos versos 189-191 de *As troianas* de Eurípides, cantados pelo corifeu[7], o cântico senequiano consiste basicamente em uma série de interrogações encadeadas, nas quais as cativas enumeram mais de trinta cidades, regiões ou ilhas da Grécia para onde poderiam ser levadas, sem se esquecerem de seus atributos, muitas vezes totalmente destituídos de importância. É possível, porém, que haja uma

....
7. "Quem me levará? Um homem de Argos? Um homem de Ftia? Irei para uma ilha, desesperada de deixar Troia?"

intenção a nortear a elaboração de versos tão pobres e monótonos, por parte de um autor que foi muitas vezes censurado por praticar justamente o oposto, por abusar do requinte verbal: talvez a pobreza e a monotonia sejam um recurso para simbolizar o estado de espírito das troianas, prestes a partir, despojadas de tudo, estioladas, inermes e sem ação[8]. Nesse caso, o coro estaria desempenhando o que Roland Caillois[9] considera como um de seus papéis: personificar a inatividade, a impotência em mudar o curso do mundo e a angústia decorrente simultaneamente da inação e da percepção do espetáculo de um futuro que se constroi à sua revelia.

Como o segundo episódio, o terceiro também pode ser dividido em três partes: na primeira, inspirada na *Ifigênia em Áulis*, de Eurípides, Helena simula ter vindo buscar Políxena para o casamento com Pirro; na segunda, a rainha de Esparta confessa a real finalidade de sua presença entre as troianas; na terceira, Políxena é levada para a morte. A ação se torna descendente e a tragédia se encaminha para o desfecho.

Terminado o terceiro episódio, inicia-se o último canto coral, o terceiro estásimo. Trabalhado no plano sonoro com grande sofisticação, permeado de assonâncias, ecos e aliterações – o que se perde, evidentemente, na tradução – e ponteado de rápidas evocações a lendas mitológicas, o cântico é filosófico e sentimental: as mulheres de Troia falam do conforto mútuo que existe no sofrimento coletivo e, de antemão, aludem às futuras lembranças da pátria.

....
8. Cf. CARDOSO, 1976, p. 225.
9. Cf. CAILLOIS, R. "La tragédie et le principe de la personnalité". In: JACQUOT, J. (org.). *Le théâtre tragique*. Études réunies et présentées par J. JACQUOT. 3. ed. Paris: CNRS, 1970, p. 473.

O êxodo corresponde à descrição da catástrofe e ao desfecho. Um mensageiro relata o duplo homicídio em dois monólogos, construídos com certo paralelismo. Reúnem-se as ramificações em que se havia bipartido a linha da ação: os dois assuntos anunciados juntos e desenvolvidos de forma distinta são levados a uma conclusão comum. Hécuba se lamenta mais uma vez e o mensageiro incita as mulheres a partir.

As personagens de *As troianas*, embora em número excessivo para uma única peça, são trabalhadas com cuidado, em sua maioria.

Hécuba parece ser a protagonista, embora nessa tragédia não se evidencie de forma patente tal função. É uma figura bem construída, revelando em todas as suas palavras a majestade, o orgulho ferido, a soberba que se superpõe à própria destruição, e podendo ser considerada como a personificação da realeza. Desde o início do prólogo, podemos considerá-la personagem-símbolo: como Troia, que se transforma numa nuvem de fumaça, elevando-se para o alto, Hécuba é a ruína que se mantém ereta. Voltada para o passado, onde está sua glória de rainha, as alegrias da maternidade e a felicidade extinta, Hécuba recheia seu discurso de alusões (6-50). Mesmo escrava – escrava que se envergonha de seu senhor (989-990) –, a rainha impregna suas palavras de um tom majestoso, dirigindo-se às troianas no imperativo e ditando ordens (84-97; 129-130; 141-144)), desafiando Ulisses, Pirro e os gregos em geral (993; 1000; 1165), invectivando e pronunciando imprecações (994-996; 1005-1008).

A linguagem de Hécuba é solene, pomposa, rica em figuras de harmonia, tais como aliterações (3-4; 30-31) e repetições (59-60; 100), em interrogações, sobretudo retóricas, encerrando conteúdo exclamativo ou respostas implícitas (63; 981-991; 1168-1171), em exortações (33 ss.), antíteses (55-56), ironias (1165-1168), em figuras, enfim, das mais variadas categorias.

O estudo pormenorizado do discurso de Hécuba[10] revela o método de Sêneca na elaboração das personagens. As figuras são construídas sobretudo a partir de seus próprios discursos. Não se conhece Hécuba apenas pelo que ela diz, mas também por "como" diz o que tem a dizer. A construção da frase, em todos os seus aspectos, tem importância estrutural para a composição do caráter.

Diferentemente de Hécuba, Andrômaca é o protótipo da mulher-esposa-e-mãe. Essa condição, feminina por excelência, determina suas características, seus sentimentos paradoxais, o medo e a coragem, a insolência e a ternura, e, ainda, o masoquismo, a astúcia, a ironia amarga, a rebeldia. Seu discurso, bastante variado no tocante à composição, revela, momento a momento, a oscilação desses sentimentos. Dialogando com o ancião que procura confortá-la, mostra-se temerosa e esperançosa (409-523); falando com Ulisses, revela a extensão de seu poder de dialética e, ao mesmo tempo, sua impotência diante da situação-dilema que enfrenta (524-756); despedindo-se de Astíanax, derrama-se em doçuras e mergulha numa tristeza irremediável (766-701); contrapondo-se a Helena, sua agressividade extravasa arrogância e sarcasmo (828--937); ouvindo o relato do mensageiro, explode em revolta e dor (1104-1109).

Andrômaca é instintiva, primitiva, apaixonada, movida por sentimentos exaltados e profundos que se sinteti-

....
10. Cf. CARDOSO, Z. A. "O discurso senequiano e a caracterização da personagem trágica". *Língua e Literatura* (Revista dos Departamentos de Letras da FFLCH-USP), 20, 1992/1993, pp. 35-48.

zam no amor que devota ao marido morto e ao filho ameaçado. Constitui-se, com a precisão de contornos que lhe delimitam o caráter e com os traços pessoais fortemente delineados, numa das mais impressionantes criações da galeria de mulheres senequianas.

Helena, a terceira figurante feminina de *As troianas*, é composta de forma bastante curiosa. Embora desempenhe um papel de pequenas proporções, é a personagem-chave do terceiro episódio. As características principais de sua personalidade podem ser depreendidas desde sua entrada em cena: Helena tem consciência de que é fonte de desgraças e de que seu destino é provocar dores, sangue e crimes, causar infelicidade aos que ama e fingir (861-867). Embora, em seu primeiro monólogo, dê inicialmente a impressão de que repudia seus atos, assume, em seguida, uma posição diversa e procura desculpar-se (870--871). Mente com segurança, não hesita em cumprir ordens torpes e se defende das acusações, com lógica e ponderação. Apesar de sua irresponsabilidade e falsidade, de seu comprometimento com a causa grega e do papel vil que desempenha na tragédia, Helena não é uma figura antipática: a imagem que nos é apresentada é a de uma bela mulher, humana, sofredora, incompreendida e infeliz.

Quanto às personagens masculinas, Agamêmnon, o rei dos reis, a pessoa de cuja vontade depende a consumação ou não da catástrofe, é uma figura de segundo plano. Aparece pouco e pouco revela de seu caráter. Aparentemente ponderado e equilibrado, pronto a doutrinar com base em princípios estoicos, mostra-se, na verdade, fraco e dominável. Ao discutir com Pirro, fundamenta sua dialética numa argumentação inicialmente segura, construindo seu discurso com o auxílio de "frases feitas" vazadas em máximas estoicas (250-291), mas, após toda uma série de afirmações sobre o poder, a vitória, os deveres dos vencedores, a inconstância da grandeza, seu discurso assume um tom individualista e pessoal. Agamêmnon passa a agredir o jovem, respondendo a suas provocações em nível de igualdade, e, com isso, se deixa vencer, perdendo a autoridade e a própria majestade (339-352). Sem conseguir dominar a situação criada por Pirro, transfere a capacidade de decidir para Calcante e o deixa dizer a última palavra.

Como Agamêmnon, também Pirro é figura de segundo plano. Caracteriza-se como um adolescente preocupado com a autoafirmação, orgulhoso, insolente, inteligente, cruel, desejoso de fazer valer sua vontade, de impor-se como personalidade e de mostrar-se à altura do heroísmo de Aquiles.

Ulisses, a terceira figura trágica masculina, se reveste das características esperadas: malícia, astúcia, crueldade, que se revelam tanto nas palavras que dirige a outras personagens como em seus solilóquios. É o homem das mil artimanhas, impassível e impiedoso, esperto, capaz de vencer os próprios deuses (569-570); é o príncipe de Ítaca, acostumado a pressionar (573), a ameaçar (575), a desconfiar (607-608), a fingir (613-614). Suas próprias palavras o definem, quando se espanta com a atitude que tomara e se exorta a si próprio: "Apela, então, para a astúcia, ó minha alma, para as mentiras, os dolos, apela para Ulisses todo inteiro, agora!" (613-614).

Hécuba e Andrômaca são figuras trágicas pacientes, como o são também Astíanax e Políxena, personagens praticamente mudas conquanto desempenhem papel fundamental para o desenvolvimento da trama; Agamêmnon, Pirro e Helena são figuras trágicas agentes, assim como

Ulisses, capaz de descobrir todos os meios para chegar ao que deseja. Das demais personagens que figuram na tragédia, situando-se no espaço exterior ao "círculo trágico", não há muito a ser dito. O arauto é apenas uma figura despersonalizada que descreve a visão que acabara de ter; Calcante tem papel pequeno, embora decisivo: limita-se a interpretar a determinação divina, exigindo a morte de Políxena e Astíanax; o ancião e o mensageiro desempenham funções comuns, ocorrentes em muitas tragédias. O ancião – como as "amas", frequentes na literatura greco-latina – corresponde a um desdobramento de Andrômaca, a um *alter ego*; é simultaneamente o confidente e o conselheiro, apto a fazer valer sua autoridade e seu bom senso, decorrentes da experiência de vida e da idade avançada. O mensageiro, tendo como atribuição principal o relato dos pormenores da catástrofe, impede a visualização de cenas de crime e horror, consideradas como contrárias à conveniência.

O tratamento dado por Sêneca à ação e às personagens merece, sem dúvida, uma análise cuidadosa; mas é na elaboração do discurso que o teatrólogo se esmera, revelando-se discípulo atento das escolas de retórica de seu tempo. Mostrando características diferentes de uma personagem para outra, trabalhado de forma a denunciar peculiaridades de cada personalidade, o discurso de *As troianas* é uma eloquente amostra das preocupações do autor no tocante a todos os aspectos da linguagem: sonoridades, conotações particulares de vocábulos, figuras, em geral. Abundam as aliterações, as assonâncias, as repetições enfáticas; metáforas, sinédoques, metonímias, catacreses, comparações, são encontradas a todo momento; a frase e o período exibem as mais variadas figuras de construção e de pensamento. O ritmo é cuidado, sobretudo nos cânticos corais, quando são utilizados metros líricos de grande suavidade e beleza.

Um tom filosófico perpassa todo o texto, extravasando-se nas *sententiae* e nas próprias ideias expostas: Hécuba, no párodo, canta a liberdade dos mortos; Agamêmnon, no primeiro episódio, discute questões ligadas às concepções de realeza e poder; o coro das mulheres, no primeiro estásimo, expressa suas dúvidas no tocante à pós-morte. Tendências estoicas se mesclam a princípios epicuristas, ilustrando o ecletismo filosófico reinante em Roma.

A leitura atenta de *As troianas* revelará ao leitor as qualidades literárias do texto e o cuidado de Sêneca ao compor uma obra poética, baseada, evidentemente, em modelos gregos, mas deles suficientemente afastada para atestar a originalidade criativa de seu autor.

AS TROIANAS
(*Troades*)

PERSONAGENS

HÉCUBA (rainha de Troia)
UM ARAUTO (Taltíbio?)
PIRRO (filho de Aquiles)
AGAMÊMNON (rei de Micenas)
CALCANTE (sacerdote de Apolo)
ANDRÔMACA (nora de Hécuba, esposa de Heitor)
UM ANCIÃO
ASTÍANAX (filho de Andrômaca)
ULISSES (rei de Ítaca)
HELENA (rainha de Esparta)
POLÍXENA (filha de Hécuba)
UM MENSAGEIRO

CORO
Troianas

FIGURANTES
Soldados gregos

CENÁRIO
Proximidades de Troia

PRÓLOGO
(HÉCUBA, CORO DE TROIANAS)

HÉCUBA[11]
Todo aquele que confia em seu trono e reina,
 [poderoso,
num grande palácio, e não teve receio dos
 [deuses inconstantes
e entregou o espírito crédulo a coisas alegres,
que me veja a mim e a ti, Troia[12]! Nunca a Sorte
 [apresentou

....
11. Rainha de Troia e viúva de Príamo, Hécuba é conhecida por sua fecundidade: foi mãe de 14 filhos, segundo Apolodoro: Heitor, Páris, Creúsa, Laodiceu, Políxena, Cassandra, Deífobo, Heleno, Pamão, Polites, Antifos, Hipônoos, Polidoro e Troilo (cf. APD. *Bibl.* 3, 12, 5 ss.). Outros estudiosos do tema falam em cinquenta filhos. Por ocasião da destruição de Troia quase todos estavam mortos, desaparecidos ou ausentes.
12. Troia foi assim chamada em homenagem a seu fundador, Tros, neto de Dárdano, filho de Júpiter e Electra, segundo a lenda (ver adiante nota 19). Considerada como cidade lendária durante muito tempo, foi identificada pelo arqueólogo alemão Heinrich Schliemann, em finais do século XIX, quando, ao fazer o levantamento arqueológico da colina de Hissarlick, na Anatólia, ele ali descobriu nove cidades superpostas. A segunda dessas cidades, considerada a *Troia de Homero*, teria sido construída por volta de 2500 a.C.; entre as ruínas, foi encontrado o chamado *Tesouro de Príamo*, constituído de valores e joias, hoje no Museu Pushkine, em Moscou. Grande parte do material arqueológico das escavações está no Museu Arqueológico de Istambul. Cf. LLOYD, S. *Early*

provas maiores de como os soberanos se assentam
[sobre
tão frágil base! Caiu por terra, desmoronado,
[o baluarte
da Ásia poderosa, a obra magnífica dos deuses[13]!
Em seu socorro vieram tanto aqueles que sorvem
o gélido Tânais[14] que se abre em sete bocas
como os que, recebendo o novo dia antes dos
[demais[15],
veem o cálido Tigre confundir-se com o mar
[avermelhado;
veio também, com suas legiões de mulheres sem
[homens, aquela

....

Anatolia. Harmondsworth: Pelican, 1956; HAMMOND, N. G. L. *History of Greece to 322 b.C.* Oxford: Clarendon Press, 1959; SCHLIEMANN, H. *Ítaca, Peloponeso e Troia*. São Paulo: Ars Poetica, 1993; *Le trésor de Troie*. Les fouilles d'Heinrich Schliemann. Ministère de la Culture de la Fédération de Russie. Musée d'État des Beaux Arts Poushkine. Leonardo Arte, 1996.

13. Conforme a lenda, Apolo havia participado do trabalho de construção das muralhas de Troia, a pedido de Laomedonte, rei de Pérgamo que, no entanto, se recusou a dar-lhe a recompensa prometida: certa quantidade de ouro, segundo Ovídio, ou cabeças do rebanho real, conforme Higino. Na construção da muralha, Apolo foi auxiliado por Posêidon, que cumpria, em Troia, a pena que lhe fora imposta por Zeus quando tentara rebelar-se contra o rei dos deuses: servir a Laomedonte durante um ano. Os deuses não realizaram a obra sozinhos, tendo sido ajudados por homens, fato que explica a vulnerabilidade da muralha (cf. VIRG. *Aen.* 3, 36; Ov. *Met.* 11, 194-207; HYG. *Fab.* 31 e 89; VIRG. *G.* 1, 502; e *Il.* 1, 396-406).

14. O rio Tânais, atualmente rio Don, atravessava a região habitada pelos citas. É possível que Sêneca o tenha confundido com o Istro, ou Danúbio, uma vez que os aliados dos troianos, conforme a tradição, foram os trácios, comandados por Reso, e não os citas. A mesma confusão pode ser observada nas *Questões Naturais* (SEN. *Nat.* 6, 7). A referência às "sete bocas" do rio, contudo, mostra que Hécuba, nesse momento, talvez o identifique com o Nilo.

15. Referência aos povos do Oriente que se aliaram aos troianos. Conforme a relação homérica, além dos que habitavam as circunvizinhanças da cidade, vieram em auxílio de Troia paflagônios, mísios, frígios, ascânios, meônios, cários e lícios (cf. *Il.* 2, 816-877).

que se achega à orla do Ponto, contemplando os
[citas errantes, como vizinha[16].
Ela foi abatida pelo ferro[17]. Pérgamo caiu sobre
[si próprio.
Queimados os tetos, eis que as muralhas – altaneiro
[ornamento – 15
jazem amontoadas no chão! As chamas cercam o
[palácio do rei
e toda a casa de Assáraco lança fumaça ao longe.
Mas o fogo não afasta as mãos cobiçosas do vencedor.
Mesmo ardendo, Troia é pilhada. O céu não se
[mostra
sob o fumo ondulante; o dia sombrio, como que
[escurecido por densa 20
nuvem, se envolve em negrume por causa da
[fuligem ilíaca.
O vencedor se ergue encolerizado e mede com
[os olhos Ílio[18]
dominado; embora enraivecido, desculpa finalmente
[os dez anos.
Mas também se amedronta com a cidade devastada
e, conquanto a veja vencida, não consegue crer 25

....
16. Alusão às amazonas que, segundo a lenda, habitavam a orla do Ponto Euxino, a região do Ponto, fronteira à Cítia (cf. SEN. *Aga.* 2-3). Ver nota 72 de *A loucura de Hércules*.
17. Procurou-se conservar, na tradução, a ambiguidade do texto latino. Não se explicita se o sujeito da oração é *a amazona* ou *Troia*.
18. Ílio – epíteto de Troia – deve seu nome a Ilo, um dos quatro filhos de Dárdano. De acordo com a lenda, Ilo vencera uma competição esportiva na Frígia, recebendo como prêmio cinquenta escravos e uma vaca malhada, que, quando parasse, deveria indicar o lugar da edificação de uma futura cidade. O animal parou ao chegar à colina de Ate e Ilo ali iniciou a construção. Tempos depois encontrou diante de sua tenda uma prova de que o lugar estava certo: uma estátua de madeira – o Paládio – representando a deusa Atena e enviada por Zeus para ser cultuada em um templo (cf. APD. *Bibl.* 20, 215 ss.).

que possa ter sido abatida por ele. O destruidor
[saqueia os despojos
dardânios[19]; seus mil navios não comportam o
[espólio.
Tomo por testemunha o poder dos deuses, contrário
[a mim,
as cinzas da pátria, a ti, rei dos frígios[20]
30   a quem Troia ocultou, recoberto por todo o seu reino[21],
e a teus manes[22], [Heitor[23]] – enquanto permaneceste
[de pé, Ílio também
....

19. Filho de Zeus e de Electra, uma das filhas do gigante Atlas, Dárdano nasceu na Samotrácia e, após o dilúvio, se dirigiu à Tróade, onde vivia o rei Teucro. Tendo sido muito bem recebido pelo rei, Dárdano edificou uma cidade, Dardânia, nome que passou a designar a Tróade, após a morte de Teucro. Um dos filhos de Dárdano, Ilo (ver nota anterior), fundou Ílio (cf. VIRG. *Aen.* 3, 167 ss.); um de seus netos, Tros, construiu Troia. Os troianos, por tais razões, são também chamados *teucros, dardânios* e *ilíacos* ou *ilíades*.

20. Hécuba se dirige a seu falecido esposo, Príamo. Embora a Frígia seja a região em que Troia se situava, nos textos poéticos, por sinédoque, é comum identificar-se o espaço maior com a cidade.

21. Segundo uma previsão, mencionada na *Ilíada*, o cadáver de Príamo seria devorado por cães (cf. *Il.* 22, 66 ss.). Hécuba, entretanto, no texto senequiano, inicialmente se refere ao fato de Troia ter coberto o corpo do rei, provavelmente com cinzas ou poeira (v. 30); mais adiante, diz que "Príamo carece de sepulcro" (v. 55). O coro, ao lamentar a morte do rei, lembra que "o corpo mutilado jaz sobre as praias do Sigeu" (v. 141).

22. Hécuba se dirige aos manes de Heitor. Conforme as crenças itálicas, os *manes* eram as almas dos mortos, divinizadas. Cultuados pelas famílias, recebiam ofertas de vinho, flores, leite e mel, sendo-lhes consagradas festas anuais, denominadas *parentalia* (cf. Cic. *Phil.* 1, 13). Sêneca pratica um sincretismo religioso, referindo-se aos *manes* em ambiente troiano.

23. Filho de Príamo e Hécuba, Heitor era o mais importante guerreiro de Troia. Quando ele matou Pátroclo, Aquiles, que se retirara da guerra, depois de se haver desentendido com Agamêmnon, voltou ao campo de batalha para vingar o amigo. Matou Heitor e arrastou seu cadáver atado a um carro de guerra, em torno das muralhas. Segundo a tradição homérica (*Il.* 24), retomada por Eurípides e adotada por Ênio (Cic. *Tusc.* 1, 105) e por Sêneca, Príamo comprou o cadáver do filho para dar-lhe sepultura condigna.

permaneceu! – e a vós, grei numerosa de filhos meus,
sombras menores! Tudo que aconteceu de funesto,
as coisas más que a Fébada[24] enlouquecida com a
                              [boca delirante
predisse – pois que o deus a impedira de ser
                              [acreditada –   35
eu, Hécuba, as vi antes, quando estava grávida[25].
                              [E não silenciei meu medo.
E fui, antes de Cassandra, uma profetisa vã!
Não foi o astucioso Ítaco[26], nem o companheiro
                                  [noturno

....

24. Cassandra, filha de Príamo e Hécuba, recebeu de Apolo (Febo) o dom da profecia, tornando-se sua sacerdotisa: daí o epíteto de *Fébada*. Não correspondendo, entretanto, ao amor que o deus lhe devotava, ele, em represália, lhe tirou a credibilidade. Como sacerdotisa de Apolo, Cassandra deveria permanecer virgem, cometendo sacrilégio aquele que a tocasse. Sua condição, todavia, não a impediu de ser violentada por Ajax, filho de Oileu, nem de ser destinada a Agamêmnon, no sorteio das mulheres. Ambos foram duramente castigados por Apolo, em decorrência dos sacrilégios cometidos.

25. Grávida de Páris, Hécuba sonhou que dava à luz uma tocha acesa que, após haver incendiado o palácio real, inflamou toda a cidade. Ésacos, filho de Príamo, chamado a interpretar o sonho, aconselhou os pais a eliminarem a criança. Hécuba não concordou com a recomendação e mandou que o recém-nascido fosse exposto no monte Ida. Páris foi recolhido e criado por pastores da região e, ao chegar à maturidade, figurou como juiz, num concurso de beleza de que participaram Juno, Minerva e Vênus (Hera, Atena e Afrodite). Premiando esta última, foi por ela "recompensado", apaixonando-se por Helena, rainha de Esparta e esposa de Menelau. Páris raptou Helena e esse fato deu origem à guerra de Troia (cf. APD. *Bibl.* 3, 2, 5 ss.; HYG. *Fab.* 91; 92; 107; 110; 113; VIRG. *Aen.* 7, 319 ss.; Ov. *Her.* 16; *Met.* 12, 298 ss.).

26. Hécuba designa Ulisses pelo epíteto *Ítaco*, por ser ele o rei de Ítaca, uma das ilhas cefalênias. Ulisses se celebrizou por sua astúcia e pelas artimanhas de que se valeu durante a guerra de Troia. O "companheiro noturno" de Ulisses é o herói etólio Diomedes, homônimo do rei da Trácia morto por Hércules (ver nota 67 de *A loucura de Hércules*). Os dois guerreiros mataram Reso – ele também rei da Trácia – na noite de sua chegada a Troia. Um oráculo predissera que,

do Ítaco, nem o mentiroso Sínon[27], quem espalhou
[as chamas entre vós:
vem de mim este fogo. Ardeis por causa da tocha
[que gerei.
Mas por que gemes as ruínas da cidade derrubada,
ó velhice, que já viveste demais? Lança teu olhar,
[desventurada,
para as dores recentes. Troia já é uma desgraça antiga.
Vi a execrável atrocidade do assassínio de um rei,
e – crime ainda maior! – cometido junto aos próprios
[altares,
quando o eácida[28], cruel no manejo das armas,
[virando para trás,
com a mão esquerda, a cabeça real agarrada pelos
[cabelos retorcidos,
enterrou o ferro odioso em uma ferida profunda.
Como o rei tivesse recebido sem resistência esse ferro
profundamente introduzido, a espada saiu enxuta
[do seu velho pescoço.

....

se os cavalos de Reso bebessem a água do Xanto e pastassem a relva de Troia, esta se tornaria inexpugnável. Assim, enquanto Diomedes pôs fim à vida do rei, Ulisses roubou os animais, para sacrificá-los, mas se apoderou também dos de Dares, Équemos e Eneias (cf. VIRG. *Aen.* 1, 469; *Il.* 5, 25; 163; 263; 10, 433 ss.).

27. Primo de Ulisses, Sínon desempenhou importante função na guerra de Troia. Quando os gregos construíram o cavalo de madeira e simularam uma partida, Sínon se disfarçou em prisioneiro e, valendo-se de mentiras, persuadiu os troianos a receberem na cidade o "presente" deixado pelos inimigos: o cavalo oco e cheio de soldados que destruíram e saquearam a cidade (cf. VIRG. *Aen.* 2, 57 ss.).

28. Designando Pirro por *eácida* (descendente de Éaco), Hécuba se refere ao sacrilégio cometido pelo jovem ao assassinar Príamo junto aos altares dos deuses, considerados sagrados e, portanto, intangíveis. De acordo com a versão virgiliana (*Aen.* 3, 523), após a tomada de Troia, Príamo, Hécuba e seus filhos se dirigiram aos altares do palácio real para se porem em segurança. Quando Príamo se propôs sair, Hécuba o exortou a ficar, dizendo-lhe: "Este altar defenderá a todos." Pirro, porém, não hesitou em cometer um sacrilégio, apunhalando o velho rei.

Nem tocando o último limiar de uma vida mortal
[pôde o ancião
desestimulá-lo de cometer um crime tão atroz;
não o puderam os deuses, testemunhas da desgraça,
[nem os sagrados
objetos de um reino caído. Príamo, o pai de tantos
[reis,
carece de um sepulcro e não tem direito a uma
[pira 55
em uma Troia em chamas! Tudo isso, entretanto,
[não é suficiente
para os deuses: eis que uma urna sorteia ao acaso,
[escolhendo senhores
para as filhas e noras de Príamo! A quem deverei
[seguir, como presa vil?
Um toma para si a esposa de Heitor; outro escolhe
a mulher de Heleno; outro, a de Antenor. 60
Não falta quem deseje teu leito, Cassandra. Teme-se,
[contudo,
o sorteio de minha pessoa: só eu causo medo aos
[dânaos[29]!
Cessam as vossas lamentações? Ó povo meu, ó
[escravas,
lacerai o peito com as mãos, chorai e fazei algo
digno de Troia. Que possa sem demora ressoar 65
o Ida fatal, palco de um julgamento desastrado!

....
29. A lenda de Dânao se vincula ao ciclo dos heróis do norte da África. De acordo com ela, Dânao recebera o reino da Líbia como presente de seu pai, Belo, filho de Posêidon. Tendo cinquenta filhas, as Danaides, e atemorizado com os cinquenta filhos de seu irmão Egito, fugiu para a Grécia, fundou a cidade de Argos e recebeu o poder das mãos do rei Gelanor. Os epítetos *dânaos*, *danaides* e *argivos* designam, por extensão, os gregos em geral.

PÁRODO

(CORO DE TROIANAS E HÉCUBA)

CORO
Não é a um povo ignorante e desconhecedor de
                         [lágrimas
que ordenas que chore: foi o que fizemos por anos
contínuos, desde que o estrangeiro frígio
70   tocou a Amiclas grega[30] e o pinheiro
consagrado à mãe Cibele
fendeu o mar[31].
O Ida embranqueceu dez vezes com as neves
e dez vezes foi despojado para as nossas piras;
75   o segador temeroso, nos campos do Sigeu,
cortou sua décima seara,
sem que nenhum dia fosse isento de dor.
Mas um motivo novo incita nosso pranto.
Entregai-vos às lamentações! Levanta, ó rainha,
80   tua mão desventurada! Nós, o povo humilde,
seguiremos a senhora. Não somos indóceis
às lágrimas.

HÉCUBA
Companheiras fiéis de minha dor,
soltai a cabeleira! Que os cabelos caiam

----

30. *Estrangeiro frígio* é a perífrase utilizada pelo coro para designar Páris; Amiclas, cidade da Lacônia, é qualificada pela especificação *grega*, por haver uma cidade homônima no Lácio.

31. É comum, na poesia clássica, a utilização da palavra *pinheiro* por *navio*, com emprego de sinédoque. Os navios troianos eram construídos com madeira de pinheiros do monte Ida, consagrado a Cibele, a grande deusa frígia, daí a expressão *pinheiro consagrado à mãe Cibele*.

pelos ombros aflitos, sujos da cinza quente 85
de Troia³². Que a multidão desnude os braços.
Após ter deixado cair vossas vestes,
atai as dobras, e que vossos corpos
se mostrem até o ventre. Para que casamento
velas o peito, ó pudor escravo? 90
Que um nó cinja as túnicas soltas
que se desimpeçam vossas mãos furiosas, para os
                                          [golpes
das pancadas incessantes. Esses preparativos me
                                          [agradam,
sim, me agradam. Reconheço a turba troiana.
Que recomecem novamente as velhas lamentações, 95
mas superai o habitual costume de chorar:
choramos Heitor!

CORO
Todas nós soltamos as cabeleiras,
já desfeitas por muitos funerais.
Os cabelos soltos estão livres de presilhas 100
e a cinza ardente se espalha em nossos rostos. 101
Enche tuas mãos. 101 bis
Isto é o que se pode levar de Troia.
As vestes caem de nossos ombros desnudados
e, presas por baixo, só cobrem nossos ventres;
os seios nus instigam agora nossas mãos. 105

<HÉCUBA>
Agora, agora, ó sofrimento, mostra a tua força!
Que as praias do Reteu ressoem com o pranto

----
32. Cobrir os cabelos com cinza era sinal de luto no mundo mediterrâneo. A frase de Hécuba evoca as cinzas de Troia; o calor dessas cinzas lembra a proximidade da catástrofe.

e Eco[33], habitante dos montes escavados,
não repita, breve, como costuma, as últimas
110 palavras: que nos devolva todos
os gemidos de Troia! Que os ouçam
o mar e o céu! Sede cruéis, ó mãos!
Golpeai os peitos com violentos murros.
Não me satisfaço com o som habitual:
115 choramos Heitor.

<CORO>
Por ti, Heitor, nossas mãos laceram nossos braços,
por ti laceram os ombros ensanguentados;
por ti nossas mãos esmurram as cabeças,
por ti nossos seios se mostram feridos
120 por destras de mães. Que as cicatrizes reabertas,
quaisquer que tenhamos feito por tua morte,
produzam muito sangue e o deixem escorrer.
Baluarte da pátria, retardamento dos fados,
tu eras o sustentáculo para os frígios fatigados,
125 tu eras a fortaleza e em teus ombros
por dez anos a pátria se apoiou.
Caiu contigo e o último dia de Heitor
foi também o último da pátria.

HÉCUBA
Entregai-vos ao pranto. Derramai vossas lágrimas
130 por Príamo. Heitor já as teve o suficiente.

....
33. Eco era uma ninfa dos bosques. Castigada por Juno, porque procurava distrair a deusa com histórias, enquanto Júpiter se entregava a aventuras amorosas, foi condenada a apenas repetir as últimas palavras que ouvisse, sem jamais poder iniciar uma conversação. Apaixonada por Narciso e impossibilitada de dirigir a palavra ao jovem, deixou-se morrer. Seus ossos se transformaram em pedras que reproduzem os sons (cf. Ov. *Met.* 3, 356 ss.).

CORO
Aceita, rei da Frígia, nossas lamentações,
aceita nosso choro, ó ancião duas vezes dominado.
Quando foste rei, Troia nada sofreu apenas uma
[vez:
suportou que por duas vezes os muros dardânios
fossem feridos pelo ferro grego; e suportou duas
[vezes   135
as flechas de Hércules[34]. Depois de arrancados
os filhos de Hécuba e a progênie dos reis,
tu, o pai, pões termo aos derradeiros funerais,
imolado como vítima ao grande Júpiter;
e, como um corpo mutilado, pesas sobre as praias
[do Sigeu.   140

HÉCUBA
Derramai vossas lágrimas por outro!
A morte de meu Príamo não deve ser chorada,
ó mulheres de Ílio. "Feliz Príamo!",
dizei juntas. Livre, ele se dirige

....
34. Conforme a lenda, quando Laomedonte, filho de Ilo, era rei de Troia, grassou na cidade terrível epidemia, como punição pelo perjúrio do rei: Laomedonte não dera a Apolo a recompensa prometida, por ocasião do auxílio prestado durante a construção da muralha. A conselho do oráculo, para debelar a epidemia, a princesa Hesíone foi oferecida aos deuses como sacrifício. Amarrada a um rochedo, aguardava que um dragão viesse devorá-la, quando Hércules ofereceu seus serviços ao rei. Matou o dragão e libertou Hesíone. Laomedonte, todavia, se negou a entregar ao herói a recompensa prometida. Hércules, em represália, comandando seis navios gregos, cercou a cidade, tomou-a de assalto, matou Laomedonte, escravizou seus filhos e deu Hesíone a seu amigo Telamão. Troia só escapou de ser totalmente destruída porque o pequeno Príamo, único herdeiro do trono, suplicou pela clemência do filho de Alcmena, obtendo-a. Por ocasião da guerra de Troia, as flechas de Hércules, herdadas por Filoctetes, voltaram à cidade e foram desferidas contra seus muros (cf. *Od.* 8, 219).

145　　às profundezas dos manes e não trará jamais
　　　　o jugo helênico sobre a vencida cerviz[35].
　　　　Ele não vê os dois Atridas
　　　　nem contempla o mentiroso Ulisses.
　　　　Não exibirá, como presa do triunfo argólico,
150　　o pescoço dobrado sob os troféus;
　　　　não trará as mãos acostumadas aos cetros
　　　　atadas atrás das costas e não se tornará
　　　　um espetáculo pomposo para a alegre Micenas,
　　　　seguindo o carro de Agamêmnon e levando
　　　　nos pulsos algemas de ouro[36].

CORO
155　　　　　　　　　　Feliz Príamo!,
　　　　dizemos nós todas. Partindo, levou consigo
　　　　seu reino. Agora, nas sombras tranquilas
　　　　do bosque do Elísio, vagueia feliz
　　　　e entre as almas piedosas
160　　procura Heitor. Feliz Príamo!
　　　　Feliz todo aquele que, morrendo na guerra,
　　　　vê todas as coisas morrerem consigo.

....
35. Sêneca explora neste passo um dos princípios da doutrina estoica, segundo a qual a morte corresponde a uma forma de libertação. Em outras obras do autor encontramos referências ao mesmo princípio. Na *Consolação a Márcia*, por exemplo, dirigindo-se a uma dama romana que perdera um filho, Sêneca afirma: "Teu filho ultrapassou os limites dentro dos quais se é escravo; uma grande e infinita paz o acolheu" (Sen. *Marc.* 19, 6).

36. Na Antiguidade, por ocasião do retorno do exército vencedor à pátria, os vencidos eram introduzidos na cidade sob o jugo; o rei, para ser reconhecido, portava algemas de ouro. Em Roma, tais desfiles se denominavam "*triumphi*" e neles se homenageava o general vitorioso (cf. T. Liv. 10, 46, 2).

PRIMEIRO EPISÓDIO

Cena I
(ARAUTO E O SOLDADOS GREGOS [?][37])

ARAUTO
Oh! Que longa demora para os gregos, sempre no
[porto,
quer desejem partir para a guerra[38], ou regressar
[à pátria.

SOLDADOS GREGOS [?]
Fala-nos! Que motivo retardaria os dânaos e suas naus?   165
Que deus lhes fecharia os caminhos do retorno?

ARAUTO
Minha alma se enche de pavor, um horrível tremor
[agita-me os membros.
Os grandes prodígios dificilmente merecem
[confiança como as coisas
verdadeiras. Mas eu vi! Sim, eu vi. O sol nascente
[já tocava
os mais altos cumes e o dia vencera a noite, quando
[a terra,   170

....
37. Embora Léon Herrmann, que estabeleceu o texto por nós utilizado para a tradução, julgue que as palavras do arauto foram endereçadas às troianas – o que é, de resto, a posição tradicional –, seguimos a orientação de F. Amoroso (1981, pp. 81-96), que considera terem sido elas dirigidas aos soldados gregos. A controvérsia persiste, todavia.

38. Alusão à partida dos gregos para Troia, quando a longa estiagem, em Áulis, obrigou Agamêmnon, a conselho de Calcante, a sacrificar sua filha Ifigênia para que houvesse ventos propícios e os navios pudessem pôr-se a caminho. A tragédia de Eurípides, *Ifigênia em Áulis*, explora esse aspecto do mito.

сacudida, convulsionando-se com um súbito rugido
[surdo,
revolveu todas as suas entranhas, desde as mais
[íntimas profundezas.
As árvores agitaram as copas; o bosque excelso
e a floresta sagrada ressoaram com imenso fragor;
desprenderam-se rochas do Ida, solapadas as
175 [elevações.
E não foi só a terra que tremeu; também o mar
[percebeu
que seu Aquiles[39] estava presente e alastrou suas
[vagas.
Então o vale fendido escancarou uma caverna
[enorme
e a fauce hiante do Érebo abriu, na terra rachada,
[um caminho
180 acessível às regiões superiores, e aplainou a elevação.
Saiu para fora a sombra imensa do chefe tessálico[40],
tal como quando, preludiando teu destino, Troia,
abateu os exércitos da Trácia; ou como quando
[derrubou
o jovem filho de Netuno[41], reluzente pela alva cabeleira;

....

39. Referência ao parentesco de Aquiles com o mar, por ser filho de Tétis, uma das Nereidas. Do casamento de Tétis com Nereu, um ser mortal, nasceram vários filhos que acabaram sendo mortos pela mãe uma vez que Tétis, ansiosa por imortalizá-los, os colocou no fogo. Apenas Aquiles foi salvo, por ter sido imerso no Estige e não no fogo. Mas como Tétis segurou o menino pelos tornozelos, esses pontos se tornaram vulneráveis e a imortalidade, por conseguinte, não foi obtida (cf. *Il.* 1, 348; 2, 681-694; APD. *Bibl.* 3, 13, 6).

40. Conforme a crença dos antigos povos mediterrâneos, os fantasmas dos mortos, quando apareciam aos vivos, apresentavam altura superior à que tinham em vida (cf. VIRG. *Aen.* 2, 772 e SEN. *Thy.* 671).

41. Referência a Cicno, considerado por Sêneca como filho de Netuno. Conforme a lenda, Cicno, que era dotado de bela cabeleira prateada, se aliara a Príamo durante a guerra de Troia. Rei de Colonas, na Tróade, chefiava pode-

ou como quando, enfurecido na batalha pela
    [violência de Marte,   185
obstruiu os rios com cadáveres, e o Xanto,
    [procurando uma passagem,
uma vez que tinha sido retardado, saiu para fora
    [do leito ensanguentado;
ou como quando, vencedor, se ergueu no carro
    [soberbo,
e segurou as rédeas, arrastando Heitor e Troia.
O som de sua voz enraivecida encheu toda a praia: 190
"Ide-vos, ide-vos, indolentes! Levai as honras devidas
a meus manes! Desancorai as naves ingratas, vós que
    [ides partir
por nossos mares! A Grécia não pagou com poucas
    [coisas
a ira de Aquiles[42]: pagará com coisas ainda maiores.
Que Políxena, oferecida como esposa a minhas cinzas,   195
seja sacrificada pela mão de Pirro e regue meu
    [túmulo!"
Tendo dito tais palavras com voz estrondosa, fendeu
    [a claridade

....

roso exército, o que não o impediu de ser morto por Aquiles. Após a morte foi metamorfoseado em cisne (cf. Hyg. *Fab.* 157; 272 e Ov. *Met.* 12, 72 ss.). Não confundir o aliado de Príamo com Cicno, filho de Marte, vencido por Hércules. Ver nota 94 de *A loucura de Hércules.*

42. Alusão à querela que houve entre Agamêmnon e Aquiles durante a guerra de Troia. O rei de Micenas, após a tomada de Crisa, se apoderara da jovem Criseide, filha de um sacerdote de Apolo, Crises, e a tornara sua amante. A pedido do pai ultrajado, Apolo castigou os gregos com uma chuva de setas certeiras que atingiam animais e homens e provocavam uma espécie de peste. Obrigado pelos soldados a devolver a jovem a Crises, Agamêmnon exigiu que lhe fosse entregue a bela Briseide, presa de guerra de Aquiles. Ofendido e enraivecido com esse fato, Aquiles se retirou do campo de luta, o que ocasionou sucessivas derrotas ao contingente grego. A ira de Aquiles é o tema/base da *Ilíada*.

e, dirigindo-se à morada de Dite, mergulhou na
      [enorme caverna
e a fechou, unindo-se a terra. O oceano
      [estende-se imóvel
com a calmaria. O vento suspendeu as ameaças
e o mar tranquilo murmura numa ondulação suave.
Nas profundezas, o coro dos Tritões[43] entoa os
      [cânticos do himeneu.

Cena II
(PIRRO E AGAMÊMNON)

PIRRO
Ao confiares às águas as velas túmidas, pronto para
      [o retorno,
te esqueceste de Aquiles, por cuja mão – dele só! –
      [foi Troia derrubada!
Se houve uma pequena demora para ela tombar,
      [depois que ele partiu,
foi porque permaneceu de pé, incerta quanto ao
      [lugar sobre o qual cairia!
Mesmo que desejes dar o que está sendo exigido
      [e te apresses,
estarás atrasado em dar. Todos os chefes já
      [receberam
seu prêmio. Que recompensa menor poderia ser
      [conferida

---
43. Referindo-se ao coro dos Tritões, Sêneca partilha da opinião segundo a qual havia uma série de divindades com esse nome, que faziam parte do cortejo de Posêidon. A tradição, entretanto, considera Tritão como uma divindade marinha única (cf. Hes. *Theog.* 930 ss.).

a um valor tão grande? Ou merece pouco aquele
[que, 210
tendo sido aconselhado a abandonar a guerra e,
[permanecendo inativo,
a prolongar a existência em uma longa velhice e
[ultrapassar a idade
do velho de Pilos, desprezou o ardil da mãe, as
[vestes falsas
e demonstrou sua virilidade atirando-se às armas[44]?
Télefo, tirano de um reino inóspito, no momento 215
em que lhe negou a entrada na Mísia selvagem,
banhou com o sangue real a mão inexperiente
e percebeu que a mesma mão era forte e suave[45].
Tebas caiu. Eecião, vencido, viu seus reinos
serem tomados. A pequena Lirnesso, construída numa 220
grande montanha, foi abatida por desgraça
[semelhante.
Jaz em ruínas a terra enobrecida por causa de Briseide,
a jovem capturada, bem como Crisa, motivo do
[litígio entre os reis;

....

44. Segundo a lenda, quando Aquiles era menino, Calcante profetizou que Troia só seria vencida se o filho de Tétis participasse da guerra, mas que tal participação lhe custaria a vida. Tétis, amedrontada, ocultou-o na ilha de Ciros, onde, disfarçado de donzela, o adolescente passou a viver entre as filhas do rei Licomedes. Encarregado de encontrá-lo, Ulisses se valeu de uma artimanha. Dirigiu-se à ilha, levando presentes femininos, para serem distribuídos às moças, e acrescentou a eles uma lança e um escudo. Na hora da distribuição fez com que fosse soada uma trombeta marcial. Aquiles supôs que estivesse havendo um ataque e se atirou às armas. Ulisses o reconheceu, levando-o para Troia. Aceitando o encargo, Aquiles fez a opção que lhe fora facultada: escolher entre uma vida gloriosa e curta ou obscura e longa.

45. Télefo era filho de Hércules e rei da Mísia. Durante uma invasão grega, foi ferido por Aquiles que, condoído, curou-lhe o ferimento, aplicando sobre ele ferrugem retirada da ponta da lança, pois aprendera rudimentos de medicina com seu preceptor, o centauro Quirão (cf. HYG. *Fab.* 99).

e também Tênedos, conhecida por sua fama[46], e Siros,
a que nutre os rebanhos da Trácia, fecunda em ricas
   [pastagens,
e Lesbos, que divide as águas do Egeu, e Cila, que
   [é cara a Febo.
E o que aconteceu com as terras que o Caico alaga
quando arrasta massas de água, com o degelo da
   [primavera?
Um tão grande extermínio de povos, um medo tão
   [grande,
tantas cidades destruídas, como por imenso furacão,
seriam a glória e o supremo galardão de um outro:
é a rotina de Aquiles. Foi assim que meu pai veio
   [para cá
e realizou tão importantes guerras enquanto
   [preparava a guerra.
Para que eu silencie seus outros merecimentos, só
   [Heitor
não teria sido suficiente? Meu pai venceu Ílio;
vós a destruístes. Agrada-me prosseguir com os
   [ínclitos louvores
e os célebres feitos de meu ilustre genitor.
Heitor tombou morto ante os olhos de seu pai;
Mêmnon – por cuja morte a mãe, com o rosto
   [empalidecido,
fez avançar um triste dia[47] –, ante os do tio.

....

46. Tênedos, ilha fronteira a Troia, foi o local para onde os gregos se retiraram quando simularam que partiam de Troia deixando aos troianos, como presente, o célebre cavalo de madeira (cf. Virg. *Aen.* 2, 21 ss.).

47. Mêmnon era filho de Titono, irmão de Príamo, e de Eos, a Aurora. Como rei dos etíopes, aliou-se ao tio, na guerra de Troia, e defrontou-se com Aquiles, que o matou. Aurora, desesperada, empalideceu, retardando o dia, e chorou copiosamente, dando origem ao orvalho (cf. *Od.* 4, 187 ss., e Ov. *Met.* 13, 576 ss.).

O vencedor, entretanto, se horrorizou com o
    [exemplo da própria obra:
Aquiles tomou consciência de que os filhos de
    [uma deusa também morrem!
Caiu, em seguida, a cruel amazona[48], a última causa
    [de medo.
Tu deves a Aquiles, se julgas dignamente seu
    [merecimento,
mesmo que ele peça uma virgem de Micenas ou
    [de Argos.   245
Há ainda alguma dúvida? Desaprovas agora
    [subitamente este desejo e julgas
ser cruel imolar a filha de Príamo ao filho de Peleu?
    [Mas a tua filha, ó pai,
imolaste-a a Helena! Peço-te coisas costumeiras e já
    [feitas.

AGAMÊMNON
É um defeito dos moços não poder dominar os
    [ímpetos.   250
O primeiro ardor da mocidade arrasta os outros;
o ardor paterno arrasta Pirro. Tempos atrás eu
    [suportei tranquilo
o temperamento rude e as ameaças do orgulhoso
    [eácida.
Quanto maior for teu poder, mais deves suportar
    [pacientemente.
Por que desejas respingar com um assassínio a nobre
    [sombra   255

....
48. Pentesileia, rainha das amazonas, aliou-se a Príamo após a morte de Heitor, e participou da guerra de Troia, com um contingente de companheiras. Aquiles a matou, atravessando-lhe o seio com uma lança, mas, ao vê-la tombar, por ela se apaixonou perdidamente (cf. VIRG. *Aen.* 1, 491 ss. e 662).

de um chefe ilustre? É preciso que se saiba, em
                        [primeiro lugar,
o que o vencedor deve fazer e o vencido sofrer.
Ninguém mantém por muito tempo um poder
                        [violento:
o poder moderado é duradouro. Embora a Fortuna
                        [enalteça
a força humana e a ponha no ponto mais elevado,
é preciso que aquele que é feliz se modere tanto
                        [mais
e tema as adversidades incertas, desconfiando dos
                        [deuses
que favorecem excessivamente. Aprendi, vencendo,
                        [que as grandes coisas
podem ser destruídas em um momento. Troia nos
                        [torna orgulhosos
e por demais arrogantes? Nós, os dânaos, estamos
                        [no mesmo lugar
de onde ela caiu. Eu o confesso: orgulhoso do poder,
e violento, eu me conduzi, outrora, além da medida.
Afastou a minha arrogância o mesmo motivo
que poderia ter dado coragem a outros: o favor da
                        [Fortuna.
Tu me tornas soberbo, Príamo? Tu me tornas temeroso.
Poderia eu pensar que os cetros são algo mais que
                        [uma palavra,
revestida de um brilho inútil, e que minha cabeleira
                        [se ornamenta
com algo mais que um falso grilhão? Um rápido
                        [revés roubará tudo isso
e talvez não com mil navios ou em dez anos!
Não é a todos que a Fortuna ameaça com tanta
                        [lentidão!

Sim, eu o confesso – seria preciso que isto fosse dito
[por tua paz,
ó terra argiva! –, eu quis que os frígios fossem
[esmagados
e vencidos. Mas oxalá eu tivesse impedido que
[derrubassem
e arrasassem a cidade. Entretanto, não pôde ser
[refreada a fúria,
o inimigo inflamado e a vitória unida à noite. 280
Tudo que pôde parecer indigno ou selvagem,
a quem quer que seja, o ódio o fez,
e as trevas nas quais se excita o próprio furor,
e a espada vencedora cuja avidez se torna insaciável
[desde que ela
se ensanguente uma única vez! Que permaneça tudo
[que pode subsistir 285
de Troia destruída! A cobrança dos castigos foi
[suficiente
e mais do que suficiente. Não permitirei que uma
[virgem real morra
e seja oferecida como prêmio a um túmulo e regue
[com sangue
as cinzas e que chamem de casamento ao crime atroz
[de um assassínio.
A culpa de todos voltar-se-á contra mim. 290
Quem não impede um crime, quando pode, o ordena.

PIRRO
Então os manes de Aquiles não receberão nenhuma
[recompensa?

AGAMÊMNON
Receberão e todos o celebrarão com louvores

  e as terras desconhecidas ouvirão seu grande nome.
  Pois se as cinzas devem ser reconfortadas com
295   [sangue derramado,
  os rebanhos da Frígia, de gordas cervizes, serão
          [imolados
  e o sangue correrá sem que mãe alguma precise
          [chorar.
  Que costume é este e em que tempos um ser
        [humano é sacrificado
  a outro ser humano em exéquias? Poupa hostilidade
           [e ódio
  a teu pai, para quem exiges a homenagem de um
300   [sacrifício.

PIRRO
  Ó tirano de reis, orgulhoso quando a estabilidade
         [das coisas
  favoráveis exalta os teus sentimentos, covarde
         [quando o medo
  levanta a sua voz! Trazes outra vez o coração
         [incendiado
  pelo amor costumeiro de uma por nova paixão[49]?
  Carregarás sozinho, tantas vezes, o espólio de todos
305   [nós[50]?
  Com esta mão, eu oferecerei a Aquiles a sua vítima.
  Se a negas e a reténs, oferecer-lhe-ei uma vítima
         [ainda maior

....
  49. Aludindo ao antigo amor de Agamêmnon por Criseide, considerada por ele preferível a Clitemnestra, Pirro insinua possível paixão do rei de Micenas por Políxena (cf. *Il*. 1, 113).
  50. A devolução de Criseide ao pai seria feita mediante farto resgate a ser distribuído entre os soldados gregos. Por negar-se a devolver a jovem, Agamêmnon impediu-os de fazer jus ao prêmio prometido (cf. *Il*. 1, 109 ss.).

e digna de que Pirro a ofereça. Há já muito tempo
que minha mão se abstém de uma morte real.
Príamo exige um par.

AGAMÊMNON
      Com efeito! Não nego 310
ser essa a maior proeza de Pirro na guerra:
Príamo, jaz trespassado por tua espada cruel –
o suplicante de teu pai[51]!

PIRRO
      Sei que os próprios inimigos
foram suplicantes de meu pai. Príamo, todavia,
suplicou estando presente; tu, aterrorizado por
                        [grande medo 315
e não tendo coragem de pedir, lhe enviaste as
                        [súplicas de Ajax
e do Ítaco, enquanto ficavas protegido, temendo
                        [o inimigo[52].

AGAMÊMNON
Teu pai, porém, nessa ocasião, não tinha medo, eu
                        [concordo,
e no meio da hecatombe da Grécia e dos navios
                        [queimados,

....
51. Alusão à entrevista ocorrida entre Aquiles e Príamo, relatada no canto 24 da *Ilíada*. Príamo, na condição de suplicante, comprou de Aquiles o corpo de Heitor, a fim de dar-lhe sepultura condigna, pagando em ouro o peso do filho. Aos suplicantes eram garantidos direitos de liberdade e vida.
52. Pirro se refere ao fato de Agamêmnon ter enviado emissários a Aquiles, levando-lhe presentes e suplicando-lhe que voltasse ao cenário da guerra (cf. *Il*. 9), uma vez que, em virtude da querela com ele, Aquiles se retirara com os soldados da Tessália para as embarcações.

estendia-se indolente, esquecido da guerra e dos
[exércitos,
tocando com o delicado plectro a cítara harmoniosa[53].

PIRRO
Foi nessa ocasião que o valoroso Heitor,
[desprezando as tuas armas,
teve medo do canto de Aquiles; e no meio de um
[pavor tão grande
havia profunda paz nos navios da Tessália.

AGAMÊMNON
Nesses mesmos navios tessálicos, indiscutivelmente,
a paz foi também profunda para o pai de Heitor.

PIRRO
É próprio de um rei altivo conceder a vida a outro rei.

AGAMÊMNON
Por que então a tua mão arrancou a vida de um rei?

PIRRO
Muitas vezes um ser misericordioso concede a morte
[em lugar da vida.

AGAMÊMNON
E agora é um ser misericordioso que exige uma virgem
[para um túmulo?

....
53. Conforme a lenda, por ocasião do casamento de Cadmo e Harmonia, irmã de Dárdano, os deuses lhes ofereceram presentes entre os quais estava uma cítara ofertada por Hermes. Dárdano levou o instrumento para Lirnesso e Aquiles dela se apropriou quando saqueou a cidade (*Il.* 9, 186 ss., e Diod. Sic. 5, 49).

PIRRO
E agora julgas que é um crime serem imoladas as
[virgens?

AGAMÊMNON
É necessário que um rei ponha a pátria acima dos
[filhos.

PIRRO
Nenhuma lei poupa o vencido ou impede que seja
[castigado.

AGAMÊMNON
O que a lei não proíbe que seja feito, proíbe-o a
[honra.

PIRRO
É permitido ao vencedor fazer o que desejar. 335

AGAMÊMNON
É preciso que deseje o mínimo quem pode desejar
[muito.

PIRRO
São estas as palavras que atiras aos que Pirro libertou
[do jugo
após terem sido oprimidos durante dez anos, por
[uma pesada tirania[54]?

---

54. Pondo fim à guerra de Troia, com o assassínio de Príamo, Pirro desfez o pacto estabelecido entre os gregos, segundo o qual estes deveriam submeter-se à autoridade de Agamêmnon durante os anos de luta.

AGAMÊMNON
É Ciros que te confere este orgulho?

PIRRO
    Ciros não tem irmãos unidos pelo crime[55].

AGAMÊMNON
Está enclausurada nas ondas!

PIRRO
    Pois somos parentes do mar.
Quanto à nobre casa de Atreu e Tieste, eu a conheço
[muito bem.

AGAMÊMNON
Tu, que foste concebido pelo estupro clandestino de
[uma virgem!
Filho de Aquiles, mas de quando ele ainda não era
[homem[56]!

....
55. Agamêmnon faz uma insinuação à insignificância de Ciros, ilha do mar Egeu, sem grande importância e praticamente isolada: o discurso filosófico, empregado até então, cede lugar a invectivas de caráter pessoal. Pirro, por sua vez, alude aos crimes cometidos por Atreu e Tiestes, filhos de Pélops e Hipodâmia. Conforme uma das versões da lenda, Atreu e Tiestes, ainda adolescentes e ajudados pela mãe, mataram Crisipo, filho de Pélops e da ninfa Axíoque. Expulsos da pátria pelo pai, refugiaram-se em Micenas, onde se tornaram herdeiros políticos de Euristeu. A vida de Atreu e Tiestes é uma sucessão de lutas pelo poder, de traições (Tiestes se torna amante de Aérope, esposa de Atreu) e assassínios terríveis (Atreu mata os sobrinhos, assa-os e os serve a Tiestes num banquete; a macabra história é o assunto da tragédia *Tiestes*, de Sêneca).

56. Enquanto esteve escondido em Ciros, disfarçado de donzela, Aquiles teve uma ligação amorosa com Deidamia, filha de Licomedes, sendo Pirro, ou Neoptólemo, o fruto dessa ligação.

PIRRO
Daquele Aquiles que, por seu nascimento, possui o
[universo,
dividido por todo o reino dos celícolas: 345
a água, por Tétis; as sombras, por Éaco; o céu,
[por Júpiter⁵⁷.

AGAMÊMNON
Daquele Aquiles que tombou ferido pela mão de Páris!

PIRRO
Aquele a quem nenhum dos deuses ousou atacar
[frente a frente!

AGAMÊMNON
Na verdade, eu poderia reprimir tuas palavras e
[dominar
tua audácia com um castigo, mas minha espada sabe
[perdoar   350
até mesmo os cativos. Que antes se chame Calcante,
o intérprete dos deuses: se os destinos o exigirem,
[eu cederei.

Cena III
(PIRRO, AGAMÊMNON E CALCANTE)

AGAMÊMNON
Ó tu, que desataste as amarras da armada pelasga

....
57. Conforme a lenda (*Il.* 15, 187), o universo foi partilhado entre os filhos de Cronos, após a vitória dos deuses sobre os titãs, cabendo a Zeus o céu, a Posêidon o mar e a Hades o Inferno. Pirro se refere à tríplice herança de Aquiles, que era filho de Tétis, descendente do Oceano, portanto, e neto de Éaco, filho de Zeus e um dos juízes do Inferno.

e a demora da guerra, que tornas acessível o polo
[pela tua arte,
355 a quem o segredo das vísceras, a quem o fragor do céu
e a estrela que arrasta atrás de si um longo caminho
[de fogo
mostram os sinais do destino[58], tu, cujas palavras me
[significaram
tão alto custo, dize-nos, Calcante, o que o deus ordena
e orienta-nos com os teus conselhos.

CALCANTE
Os fados autorizam a partida dos dânaos pelo preço
360 [a que estão
habituados: a virgem deve ser imolada sobre a
[sepultura do chefe
tessálico, mas com o cerimonial com que costumam
[casar-se
as jovens téssalas, da Jônia ou de Micenas; que Pirro
conduza a esposa até seu pai: assim ela lhe será
[concedida
365 conforme o ritual. Entretanto não é este
o único motivo que retém nossos navios. É reclamado,
[Políxena,
um sangue mais nobre que o teu sangue.
Quem os destinos exigem que seja atirado da
[torre mais alta
e sofra a morte é o neto de Príamo, o filho de Heitor.
Então, que a nossa armada encha o mar com as suas
370 [mil velas.

....
58. Referindo-se aos segredos de acessibilidade do polo, às vísceras e à interpretação dos sinais dos astros, Sêneca atribui a Calcante poderes dos feiticeiros comuns, dos harúspices e dos adivinhos babilônicos, praticando, portanto, um sincretismo.

PRIMEIRO ESTÁSIMO
(CORO DE TROIANAS)

CORO
É verdade que as almas vivem, depois de enterrados
os corpos? Ou será uma fábula que ilude os temerosos?
Quando um cônjuge pôs a mão sobre
os olhos do outro,
o último dia lhe roubou o sol
e a urna fúnebre recebeu suas cinzas, 375
será que de nada vale entregar a alma ao funeral
mas que resta aos infelizes viver por mais tempo ainda?
Ou morremos inteiramente e nada sobra de nós
quando, com o último suspiro, nosso espírito
se perde no ar, misturado às névoas, 380
e a tocha sotoposta nos toca os flancos nus?
Tudo que o sol contempla ao nascer, tudo que
                     [contempla
ao morrer, tudo que o mar, com suas ondas azuis,
banha duas vezes, avançando e refluindo,
o tempo arrebatará com a velocidade de Pégaso. 385
Do mesmo modo que as doze constelações[59]
giram num turbilhão, do mesmo modo que o senhor
                     [dos astros
apressa os séculos a volverem, do mesmo modo que
                     [Hécate
se apressa em percorrer sua órbita oblíqua[60],

....
    59. O autor se refere às constelações zodiacais que, segundo a crença, por se encontrarem na "linha equatorial" do universo, eram obrigadas a girar com maior rapidez que as boreais.
    60. No texto a lua é designada por Hécate, divindade ligada ao mundo das sombras e frequentemente identificada com Diana. Cf. VIRG. *Aen.* 4, 507-509; 6, 35; 69, 7, 518; TIB. 1, 1, 12; 3, 12; PROP. 2, 28B, 59-60; SEN. *Phae.* 409, 12.

390   nós todos buscamos nossa morte. E quem atingiu
      os lagos, pelos quais os deuses juram, não mais existirá
      em parte alguma. Como a fumaça do fogo ardente
      se desvanece, embora escura por um momento,
      como a força de Bóreas, o vento do norte, dissipa
395   as nuvens, que há pouco vimos pesadas, assim também
      se evapora o sopro pelo qual somos regidos.
      Depois da morte nada mais existe e nada é a própria
                                                    [morte,
      a meta suprema de uma corrida veloz.
      Que os gananciosos aí deixem a esperança; os tímidos,
400   o medo. O tempo guloso nos devora bem como o caos.
      A morte é indivisível: destroi o corpo
      e não poupa a alma. O Tênaro, reino sob um
                                                    [senhor
      inflexível, e Cérbero, guardião que bloqueia
      o limiar de uma entrada não fácil,
405   são sons vazios e palavras inofensivas,
      miragens iguais às do sonho agitado.
      Queres saber em que lugar jazerás após a morte?
      No lugar em que jazem os que não nasceram.

SEGUNDO EPISÓDIO

Cena I
(ANDRÔMACA, UM ANCIÃO, ASTÍANAX)

ANDRÔMACA
      Por que, triste povo da Frígia, arrancais os cabelos
      e, depois de terdes ferido o pobre peito, banhais as
410   [faces

com o pranto derramado? São suaves as dores que
    [sofremos
se elas podem ser choradas. Ílio tombou há pouco
    [para vós,
mas há já muito tempo, para mim: tombou quando o
    [cruel filho de Peleu
arrastou meus membros[61], com seu carro veloz, e o
    [eixo, vergando
ao peso de Heitor, chegou a gemer em soturno
    [lamento.   415
Esmagada e destruída, desde esse instante, tudo que
    [aconteceu depois
eu suporto entorpecida pela desgraça, enrigecida,
    [sem sentimentos.
Arrebatada aos dânaos, eu já teria seguido meu esposo
se este menino não me retivesse: é ele quem domina
    [meu espírito
e me impede de morrer; ele ainda me obriga a pedir
    [alguma coisa 420
aos deuses, acrescenta mais tempo à minha dor.
Ele me tirou o maior proveito do sofrimento:
não ter medo de nada. Foi-me arrancada qualquer
    [condição
para as coisas boas; os males ainda têm caminhos
    [por onde venham.
É muito triste temer quando nada mais se espera! 425

....
61. Relembrando o fato de Aquiles ter arrastado o cadáver de Heitor em torno das muralhas de Troia, Andrômaca se considera como vítima do castigo infligido ao marido. Para ela, a identificação dos esposos é total e o sofrimento de ambos foi igualmente partilhado, donde a expressão *meus membros*. A sinédoque utilizada (*membros* por *corpo*) evoca a ideia de mutilação e dilaceramento.

ANCIÃO
Que novo medo te oprime, quando já estavas tão aflita?

ANDRÔMACA
De uma grande infelicidade pode nascer uma
　　　　　　　[infelicidade ainda maior.
A desgraça de Troia destruída ainda não terminou.

ANCIÃO
E que novas calamidades a divindade poderia
　　　　　　　[inventar, ainda que quisesse?

ANDRÔMACA
430　As barreiras do profundo Estige e as escuras cavernas
estão abertas, para que o medo não abandone os
　　　　　　　[vencidos;
os inimigos escondidos no âmago do Inferno saem.
Existe algum caminho de retorno, acessível somente
　　　　　　　[aos gregos?
É certo que a morte é igual para todos; perturba e
　　　　　　　[agita os frígios
435　este medo comum; mas quanto a meu espírito
aterroriza-o especialmente o sonho de uma noite
　　　　　　　[horrenda.

ANCIÃO
Que visões tiveste? Fala-me de teu medo.

ANDRÔMACA
A noite revitalizadora ultrapassara quase duas partes
　　　　　　　[de seu percurso[62]

---
62. Considerando-se de doze horas a duração média da noite, dois terços corresponderiam às primeiras oito horas. Como a noite convencionalmente se

e as sete estrelas[63] haviam feito voltar seu carro
  [luminoso;
uma tranquilidade desconhecida, entretanto, tomou
  [conta de minha alma aflita   440
e um rápido sono deslizou sobre minhas pálpebras
  [cansadas
– se é que é sono aquele torpor da mente fatigada –,
quando, de súbito, eis que Heitor apareceu ante
  [meus olhos.
Não como outrora, quando, fazendo guerra aos
  [argivos,
ameaçava os navios com as tochas do Ida; nem como
  [quando,   445
enfurecendo-se com os gregos pela grande
  [mortandade,
arrancou despojos verdadeiros de um falso Aquiles[64].
Seu semblante não mostrava o olhar ardente:
apresentava-se, ao contrário, cansado e vencido,
  [abatido pelo choro
e semelhante ao de um ser alquebrado, coberto pela
  [cabeleira desgrenhada[65].   450

....
inicia às dezoito horas, Andrômaca teria tido o sonho-visão aproximadamente às duas horas da madrugada.

63. As sete estrelas mencionadas por Andrômaca formam a constelação das Plêiades. Ver nota 27 de *A loucura de Hércules*.

64. Quando Heitor matou Pátroclo, o guerreiro grego estava vestido com as roupas de Aquiles e portava as armas do amigo. Heitor o despojou de seus pertences, conforme o costume (cf. *Il*. 15 e 16).

65. Na *Ilíada* há referências aos cabelos longos e bem tratados de Heitor (*Il*. 22, 402), mas são as obras pós-homéricas que lhe atribuem um corte e um penteado especial, a *nymphíous hektoreíous*, de que fala Lícofron (Lyc. *Alex*. 1133). Tratava-se de uma cabeleira abundante, caindo em cachos até as espáduas, mas cortada baixo na fronte e na parte anterior do crânio. A imagem que aparece a Andrômaca é semelhante à que surge em sonhos a Eneias, quando este vê também um Heitor triste e choroso, com barba esquálida e muito diferente do herói troiano (cf. Virg. *Aen*. 2, 274-280).

Alegro-me, contudo, por tê-lo visto. Então, sacudindo
[a cabeça,
ele me disse: – "Dissipa teu sono, esposa fiel, e toma
[o teu filho.
É preciso que ele se esconda. Há apenas um meio de
[salvação:
para de chorar. Choras porque Troia caiu?
455 Oxalá toda ela estivesse por terra! Apressa-te, porém.
Oculta, em qualquer lugar que seja, a pequenina
[estirpe de nossa casa."
Um gélido arrepio e um violento tremor sacudiram-me
[o sono.
Amedrontada, olhando para um lado e para o outro,
esquecida de meu filho e infeliz, procurei Heitor:
460 a sombra falaz desvaneceu-se através de meus abraços.
Ó meu filho, descendência legítima de um grande pai,
única esperança para os frígios, única esperança para
[uma casa aflita,
rebento excessivamente ilustre de um velho sangue,
excessivamente semelhante ao pai: meu Heitor tinha
465 estes traços; era igual no modo de andar,
igual na postura; tinha as mesmas mãos fortes, os
[mesmos ombros
altivos; da mesma forma, se mostrava ameaçador,
[com a fronte torva,
atirando para trás a cabeleira solta, com um meneio
[do pescoço.
Ó meu filho, que nasceste tarde para os frígios e
[cedo para mim!
470 Haverá, por acaso, um tempo, um dia feliz,
em que, defensor e vingador do solo troiano,
reedifiques Troia ressuscitada, reúnas os cidadãos
[dispersados

pela fuga e devolvas o antigo nome à pátria
e aos frígios? Mas, lembrada de meu destino,
tenho medo de augúrios tão grandiosos! O que é
       [suficiente aos cativos 475
é que vivamos. Ai de mim! Que lugar será seguro
para o meu temor? Em que abrigo eu te esconderei?
A cidadela poderosa pela riqueza e pelas muralhas
       [dos deuses,
célebre entre todos os povos e digna de inveja,
é agora um amontoado de cinzas. Tudo foi lançado
       [à terra pelo fogo 480
e não sobrou, da cidade devastada, nem ao menos
       [um lugar
em que se possa ocultar uma criança. Que local
       [escolherei como esconderijo?
Existe ainda, é certo, o enorme túmulo sagrado de
       [meu querido esposo,
venerável ao inimigo. Aquele que o gerou – rei pródigo
para com seu luto – construiu esse túmulo com
       [muita riqueza, 485
num imenso monumento. O melhor é que eu o
       [confie ao pai.
Um frio suor escorre-me por todos os membros;
desventurada, eu temo o presságio do fúnebre lugar.

ANCIÃO
Este único motivo salvou a muitos da morte:
serem dados por mortos.

ANDRÔMACA
   Apenas um pouco de esperança subsiste. 490
Um peso imenso o oprime: sua grande nobreza.
Para que ninguém o traia...

ANCIÃO
    ... Afasta as testemunhas de teu ardil.

ANDRÔMACA
    E se o inimigo o reclamar?

ANCIÃO
    Morreu na cidade destruída.

ANDRÔMACA
    De que adiantará ter-se escondido se vai ser
                                           [capturado?

ANCIÃO
495   Só são ferozes os primeiros ímpetos do vencedor.

ANDRÔMACA
    Por que não se pode esconder algo sem que se tenha
                                               [tanto medo?

ANCIÃO
    Que o desgraçado ocupe um abrigo; quem está em
                                        [segurança, que o escolha.

ANDRÔMACA
    Que lugar, que local recuado, inacessível,
    te porá a salvo? Quem trará socorro aos temerosos?
500   Quem te protegerá? Quem sempre o fez. Estende agora,
    Heitor, a tua proteção por sobre os teus. Encobre o
                                             [ardil de uma esposa
    piedosa; acolhe com tua cinza fiel aquele que haverá
                                                    [de vencer.
    Entra no túmulo, meu filho. Por que recuas

e desprezas o esconderijo, olhando-o de través?
[Conheço a tua índole.
Envergonha-te o temer. Afasta os pensamentos
[grandiosos   505
e a lembrança de tua antiga coragem; aceita o que a
[desgraça te deu.
Vamos! Vê que povo somos nós, os que sobrevivemos:
um túmulo, um menino, uma escrava. É preciso
[ceder aos males.
Anda! Tem a audácia de entrar na santa morada de
[teu pai sepultado!
Se o destino ajudar os infelizes, terás a salvação; se o
[destino te negar   510
a vida, terás um sepulcro.

ANCIÃO
                As paredes do túmulo ocultarão
teu ato, mas, para que teu medo não o denuncie,
vai para longe daqui, afasta-te em sentido oposto.

ANDRÔMACA
Quem está amedrontado costuma ter menos medo se
[está por perto.   515
Mas, se é necessário, vamo-nos daqui para outro lugar.

ANCIÃO
Domina por um momento teus lábios e reprime teu
[pranto:
o rei dos cefalenos[66] dirige para cá seu passo odioso.

....
66. As ilhas de Ítaca, Dulíquio e Zacinto formam o arquipélago das Cefalênias; Ulisses, por ser rei de Ítaca, é considerado pelo ancião o *rei dos cefalenos*, uma vez que *cefalenos* era um nome genérico, designativo dos habitantes
do arquipélago. Mais tarde, passou a designar os habitantes da ilha Cefalênia,
hoje Cefalônia.

ANDRÔMACA
Abre-te, terra. E tu, ó meu esposo, fende o solo,
520 convulso até as últimas cavernas, e esconde
este depósito meu no seio profundo do Estige.
Ulisses aproxima-se e vem realmente com seu rosto
[e seus passos
fingidos. Trama alguma artimanha em sua mente astuta.

Cena II
(ANDRÔMACA, ULISSES, SOLDADOS GREGOS)

ULISSES
Ministro de um oráculo cruel, peço-te isto em
[primeiro lugar:
que não creias serem minhas as palavras, embora
525 [sejam ditas
por minha boca. É a opinião de todos os próceres
gregos que o descendente de Heitor os impede de
[retornar
aos lares, já tão tardiamente. Os destinos o reclamam.
A inquieta desconfiança de uma paz incerta sempre
[dominará
530 os gregos; o temor sempre os obrigará a olhar para trás
e não permitirá que as armas sejam depostas
enquanto o teu filho der ânimo aos frígios
[vencidos,
Andrômaca.

ANDRÔMACA
É vosso adivinho, Calcante, quem prediz
[essas coisas?

ULISSES
E se Calcante, o adivinho, as calasse,
Heitor, por cuja estirpe me horrorizo, as diria. 535
As sementes de boa raça elevam-se conforme a sua
[origem.
Assim, o pequeno membro de um grande rebanho,
ainda sem ter a pele rasgada pelos primeiros chifres,
repentinamente, com a cerviz levantada e a fronte
[altiva,
conduz a grei paterna e comanda o gado. 540
Assim se levanta o tenro broto de um tronco cortado
e, em pouco tempo, igual ao genitor, eleva-se para o
[alto,
oferece sombras à terra e a folhagem ao céu.
Assim, apenas a abandonamos, a cinza de um
[grande fogo
readquire o vigor. O sofrimento é, sem dúvida, um
[injusto 545
julgador de causas. Se, contudo, fizeres uma avaliação
contigo mesma, compreenderás por que, após dez
[invernos
e igual número de verões, o velho soldado teme
outras mortes, bem como Troia, jamais
[completamente abatida.
É uma causa importante que amedronta os dânaos: 550
o futuro Heitor. Liberta os gregos do medo.
É este o único motivo que paralisa os navios, imóveis;
por causa dele a armada está retida. Não me julgues
[cruel
porque, determinado pela sorte, eu exijo o filho de
[Heitor.
Eu exigiria Orestes. Suporta o que o próprio
[vencedor suportou. 555

ANDRÔMACA
Oxalá, meu filho, estivesses realmente em minhas
[mãos!
Eu saberia que desgraça ou que região te reteria, a ti
que foste arrancado de mim! Eu nunca abandonaria
[os deveres
maternais, nem que meu peito fosse trespassado por
[setas
inimigas ou minhas mãos apertadas por algemas
[cortantes;
nem que fossem meus flancos cercados por ardentes
[labaredas.
Ó meu filho, que lugar te retém neste momento? Que
[sorte?
Percorres errante as campinas por ínvios caminhos?
Ou o imenso braseiro da pátria devorou teus membros?
Será que o vencedor cruel se divertiu a derramar
teu sangue? Ou porventura, despedaçado pela
[mordida de uma fera
enorme, serves de pasto às aves do Ida?

ULISSES
Basta de palavras fingidas. Não te é fácil
enganar Ulisses. Vencemos as artimanhas de mães,
ainda que deusas. Abandona esses planos inúteis.
Onde está o teu filho?

ANDRÔMACA
Onde está Heitor? Onde estão todos os frígios?
Onde está Príamo? Tu procuras um; eu procuro todos.

ULISSES
Falarás obrigada o que te negas a falar
[espontaneamente.

ANDRÔMACA
Quem pode, deve e deseja morrer está em segurança.

ULISSES
A morte próxima destrói palavras grandiosas. 575

ANDRÔMACA
Se desejas forçar Andrômaca pelo medo, Ulisses,
ameaça-a com a vida, pois meu desejo é morrer.

ULISSES
Com chicotadas, com fogo, talvez com a tortura, a dor
te obrigará a falar contra a vontade aquilo que
[escondes.
Arrancará do fundo do teu peito os segredos ocultos. 580
A necessidade costuma poder mais do que a piedade.

ANDRÔMACA
Ameaça-me com chamas, com ferimentos, com as
[terríveis formas
de um suplício horrendo e ainda com a fome, a sede
[cruel,
as diversas doenças, o ferro mergulhado nas vísceras
[queimadas,
o flagelo de um cárcere fechado, com tudo aquilo 585
com que o vencedor temeroso ouse ameaçar.

ULISSES
É uma tola esperança esconder o que vais entregar
[sem tardança.

ANDRÔMACA
A mãe corajosa não admite nenhum temor.

ULISSES
O mesmo amor que te faz permanecer obstinada
ensina os gregos a velar pelos filhos pequeninos.
Depois de guerras tão longas, depois de dez anos,
eu temeria menos as ameaças que Calcante faz,
se as temesse por mim: tu preparas guerras para
[Telêmaco.

ANDRÔMACA
Contrafeita, Ulisses, eu darei uma alegria aos gregos:
ela tem de ser dada. Liberta, ó minha dor, os prantos
[que reprimes!
Alegrai-vos, Atridas! E tu, como costumas, leva
[notícias felizes
aos pelasgos: o filho de Heitor se foi!

ULISSES
Por meio de que juramento provas aos gregos que
[isso é verdade?

ANDRÔMACA
Desta forma: que me atinja o máximo com que o
[vencedor possa ameaçar-me,
que os destinos me destruam com uma morte oportuna
e fácil e me enterrem no meu solo
e que a terra da pátria comprima levemente Heitor
se ele, meu filho, está privado de luz. Ele jaz entre os
[mortos.
Posto no túmulo, recebeu o que é devido aos que já
[morreram[67].

....
67. Por meio de um jogo de palavras, Andrômaca não falta à verdade e não pronuncia um juramento falso.

ULISSES
Foram cumpridos os destinos. A estirpe de Heitor está
[destruída. 605
Cheio de alegria, levarei aos dânaos a notícia de uma
[paz duradoura.
Que fazes, Ulisses[68]? Os danaides creem em ti.
Tu crês em quem? Em uma mãe? Mas que mãe pode
[mentir sobre
esse fato e não tem medo do presságio de uma
[morte abominável?
Aqueles que não temem nada mais ainda temem os
[presságios. 610
Ela submeteu sua palavra a um juramento.
Se perjura, o que pode temer de mais grave?
Apela, então, para a astúcia, ó minha alma, para as
[mentiras, os dolos,
apela para Ulisses todo inteiro, agora! A verdade não
[se esconde nunca.
Observa a mãe. Ela se inquieta, chora, geme, 615
movimenta-se com ansiedade de um lado para outro,
tenta escutar com o ouvido atento as palavras ditas.
Mais teme alguma coisa do que se aflige. É
[necessário usar de engenho[69].
A outras mães se deve consolar, quando em luto.
A ti, desventurada, é preciso felicitar, já que perdeste
[o teu filho 620
a quem se destinava uma morte cruel: seria atirado
da última torre que resta das muralhas derrubadas.

....
68. Após acreditar, por um momento, nas palavras de Andrômaca, Ulisses, o "homem das mil astúcias", cai em si e desconfia dos recursos utilizados pela mulher, expressando seus sentimentos em solilóquio.
69. Após o solilóquio, Ulisses se dirige a Andrômaca.

ANDRÔMACA
A coragem abandona meus membros. Eles tremem,
                              [desfalecem,
e meu sangue se paralisa, vencido por um frio glacial.

ULISSES
Ela estremeceu! É por aqui, por este ponto que deve
                              [ser atacada.
O tremor denuncia a mãe. Reativarei seu medo[70].
Ide, ide, céleres. Trazei à força, para junto de nós,
o inimigo escondido pela fraude materna,
o último flagelo do nome pelasgo, onde quer que ele
                              [esteja[71].
Ótimo! Já foi descoberto[72]! Anda, apressa-te, traze-o.
Por que olhas e tremes? Ele certamente já está morto.

ANDRÔMACA
Oxalá eu temesse! O medo é um hábito antigo.
O coração dificilmente esquece o que aprendeu por
                              [muito tempo.

ULISSES
Uma vez que o menino antecipou o sacrifício
                              [expiatório
reservado aos muros e, arrebatado por um destino
                              [melhor,
não pôde satisfazer ao adivinho, Calcante diz isto:
que os navios que vão partir só podem ser purificados
se as cinzas de Heitor, espalhadas, aplacarem as ondas

---

70. Ulisses continua a falar em solilóquio.
71. Ulisses se dirige aos soldados, nessa fala.
72. Ulisses se dirige a Andrômaca.

e se o túmulo for arrasado por inteiro, até os alicerces.
Uma vez que o menino se subtraiu à morte exigida, 640
minhas mãos devem mover-se contra este
            [monumento sagrado.

ANDRÔMACA
Que fazer? Um duplo temor divide minha alma.
De um lado, o meu filho; de outro as cinzas do
            [esposo querido.
Que parte vencerá a outra? Eu tomo por testemunhas
            [os deuses impiedosos
e também os deuses verdadeiros, os manes de meu
            [esposo. 645
Nada, ó Heitor, me agrada em meu filho,
a não ser tu. Que ele viva, para que possa
devolver-me teus traços. As cinzas, tiradas do túmulo,
afundarão no mar? Permitirei que os ossos
            [desconjuntados
sejam espalhados pelas grandes ondas? É preferível
            [que o menino 650
sofra a morte. Mas poderás, na condição de mãe,
            [vê-lo entregue
a uma execução abominável? Poderás vê-lo rolar,
            [precipitado
do alto da muralha? Poderei, suportarei, sofrerei,
desde que meu Heitor não seja lançado às ondas,
            [após a morte,
pelas mãos do vencedor. Este aqui pode sofrer o seu
            [castigo, 655
mas o outro, a morte já o pôs em segurança.
Por que hesitas? Decide sobre quem arrancarás ao
            [suplício.
Ingrata, estás em dúvida? Teu Heitor está lá.

Erras: dos dois lados está Heitor. Este, na posse dos
[sentidos,
talvez seja o futuro vingador do pai desaparecido.
Os dois não podem ser poupados. Que farás, então[73]?
Salva dos dois, ó minha alma, aquele que os gregos
[temem.

ULISSES
Cumprirei a exigência do oráculo. Demolirei o
[túmulo de alto a baixo.

ANDRÔMACA
O túmulo que vendestes!

ULISSES
Eu o farei. Derrubarei o sepulcro,
do alto desta colina.

ANDRÔMACA
Invoco o testemunho dos céus
e o testemunho de Aquiles. Pirro, defende o presente
de teu pai.

ULISSES
O túmulo cairá por terra
imediatamente.

ANDRÔMACA
Este crime ainda não fora ousado
pelos gregos. Violastes os templos, mesmo quando
[os deuses

---

73. A série de interrogações encadeadas que Andrômaca dirige a si própria mostra o conflito interior da esposa e da mãe.

vos eram favoráveis⁷⁴, mas vossa fúria respeitara os
                                                [túmulos. 670
Eu resistirei. Oferecerei às mãos armadas minhas
                                               [mãos inermes.
O ódio me dará forças! Qual feroz amazona
que derrota as tropas argólicas, ou qual mênade
que aterroriza as florestas com seus passos
                                               [delirantes,
possuída pelo deus, e, fora de si, armada com uma
                                               [lança, 675
provoca ferimentos e não percebe, eu me lançarei
                                               [no meio deles
e, defendendo o sepulcro, tombarei como
                                               [companheira das cinzas.

ULISSES⁷⁵
Hesitais? Um fraco choro de mulher
e uma fúria inútil vos comovem? Cumpri minhas
                                               [ordens
sem demora.

ANDRÔMACA
                Abatei-me primeiro com o vosso ferro⁷⁶. 680
Ai de mim, sou afastada por eles! Rompe os
                                             [obstáculos da morte,
Heitor! Levanta a terra! Para dominares Ulisses,
és suficiente, mesmo como sombra. Ele brandiu as
                                               [armas

....
74. Alusão à violação de Cassandra perpetrada por Ajax ou, talvez, à morte de Troilo que, conforme Lícofron (Lyc. *Alex*. 307-313), fora assassinado no templo de Apolo Timbreu, perto de Troia.
75. Ulisses se dirige aos soldados.
76. Andrômaca também se dirige aos soldados e, em seguida, a Heitor.

com a mão! Está lançando chamas[77]! Vedes Heitor,
[gregos?
Ou só eu o vejo?

ULISSES
Destruirei o túmulo completamente,
685   [até os alicerces.

ANDRÔMACA
Que fazes? Prosternas numa única morte teu filho
e teu esposo? Talvez possas aplacar os gregos
com uma súplica. A massa enorme do túmulo
vai esmagar o menino ali escondido! Que o infeliz
antes pereça em algum outro lugar para que o pai
690   [não mate o filho
e o filho não pese sobre o pai! Junto a teus joelhos
[eu caio
súplice, Ulisses, e ponho sobre teus pés
a minha destra que não conheceu os pés de pessoa
[alguma.
Tem compaixão desta mãe e aceita as súplicas
[piedosas plácido
e paciente. Assim como os deuses te puseram num
695   [lugar
mais alto, oprime os vencidos com mais brandura:
tudo que se oferece ao pobre infeliz é oferecido à
[Sorte.
Dessa forma, que o leito de tua santa esposa possa
[rever-te
e que Laertes prolongue seus anos até que te receba

....
77. A fim de atemorizar os soldados gregos, Andrômaca simula estar vendo o espectro de Heitor.

de volta; que teu jovem filho te acolha 700
e, ultrapassando vossos votos, com sua bela índole,
supere o avô em idade e o pai em talento.
Tem compaixão desta mãe! Ele é o único lenitivo
para a minha aflição!

ULISSES
Mostra teu filho e depois suplica.

ANDRÔMACA[78]
Sai de teu esconderijo. 705
frágil ardil de uma pobre mãe!

Cena III
(ANDRÔMACA, ASTÍANAX E ULISSES)

ANDRÔMACA
Aqui está, aqui está Ulisses,
o terror de mil navios! Abaixa as mãos
e, prosternado, adora os pés do senhor,
com a mão suplicante! Não julgues que seja
                          [vergonhoso 710
o que a Fortuna impõe aos desgraçados.
Arranca de tua memória a lembrança dos
                          [antepassados reais
e as leis do grande ancião, famosas
em todas as terras. Esquece Heitor,
porta-te como escravo e, com o joelho
                          [dobrado, 715
se ainda não podes sentir tuas dores,

---
78. Andrômaca chama por Astíanax.

imita o choro de tua mãe!
Troia já viu antes as lágrimas
de uma criança real; Príamo, quando pequeno,
assim afastou as ameaças do cruel Alcides.
Aquele herói violento, a cuja grande força
todas as feras cederam, que, tendo transposto
o limiar do Inferno,
desvendou o caminho sombrio, esse herói
foi vencido pelas lágrimas do pequeno inimigo
e lhe disse: – "Segura, como rei, as rédeas,
e senta-te, altivo, no trono de teu pai.
Sustenta, porém, o cetro, com mais lealdade."
Foi isto ser vencido por aquele vencedor!
Aprende a ter a ira suave de Hércules.
Ou será que só te agradam as armas de
                         [Hércules?
Jaz a teus pés, igual ao outro suplicante,
um suplicante que te pede a vida.
O reino de Troia, que a Fortuna o leve
não importa para onde!

ULISSES
É claro que a dor de uma mãe desesperada me
                                     [comove,
mas me comovem mais as mães pelasgas
para cujo grande luto este menino cresce.

ANDRÔMACA
Ele reedificará estas ruínas, estas ruínas da cidade
reduzida a cinzas? Estas mãos reerguerão Troia?
Troia não tem nenhuma esperança, se é essa a que
                                                [tem.
Nós, os troianos, não tombamos por terra para
                                          [podermos ser

motivo de medo a quem quer que seja. Seu pai lhe
[legou coragem?
Mas ele próprio foi arrastado! E até ele, seu pai,
[depois da destruição
de Troia, teria perdido o ânimo que tão grandes
[males abalam. 745
Se se exige um castigo – que castigo maior pode ser
[exigido? –,
que ele suporte o jugo da escravidão sobre a nobre
[cerviz;
que lhe seja permitido servir. Alguém nega isto a um
[rei?

ULISSES
Ulisses não to negaria, mas Calcante o nega.

ANDRÔMACA
Ó maquinador de astúcias e artífice de crimes, 750
por cujo valor bélico ninguém morreu,
mas por cujas artimanhas e mentiras, de mente
[maléfica,
jazem até mesmo pelasgos[79]! Responsabilizas o
[adivinho
e os deuses inocentes? Este é um crime de teu coração.
Soldado noturno[80], corajoso para matar uma criança, 755
finalmente ousas fazer algo sozinho e durante o dia
[claro!

....
79. Andrômaca se refere provavelmente à morte de Palamedes, que desmascarou Ulisses no momento em que este se fingia de louco, para esquivar-se a uma missão. Ulisses tomou-se de ódio por Palamedes e causou-lhe a morte, sobre a qual existem várias versões diferentes.
80. Alusão às atividades noturnas de Ulisses: o roubo dos cavalos de Reso e o incêndio de Troia.

ULISSES
O valor de Ulisses é suficientemente conhecido
[pelos gregos
e excessivamente conhecido pelos frígios. Não há
[tempo para passar o dia
com palavras inúteis. A armada está recolhendo as
[âncoras.

ANDRÔMACA
Concede-me um rápido momento, enquanto, como
[mãe,
rendo um último dever a meu filho e, num último
[abraço,
sacio minha dor faminta.

ULISSES
Oxalá fosse possível ter compaixão
de ti. Dar-te-emos, porém, a única coisa que é possível:
um momento, um pequeno retardamento. Por tua
[vontade,
vais enchê-lo de lágrimas; o pranto alivia a dor.

ANDRÔMACA
Ó doce testemunho de meu amor, glória de uma
[casa caída,
derradeiro funeral de Troia! Ó temor dos gregos,
ó esperança inútil de tua mãe, para quem eu,
[demente,
almejava os louvores guerreiros do pai, a idade do avô!
Um deus destruiu meus augúrios!
Não segurarás, poderoso, o cetro de Ílio
no palácio real, não concederás leis a teu povo
nem submeterás nações vencidas sob teu jugo,

não abaterás a retaguarda grega nem arrastarás Pirro;
não manejarás as armas de teu pai com tuas
    [pequeninas mãos   775
nem perseguirás, audacioso, as feras espalhadas
pelos bosques imensos; e quando for estabelecido o
    [dia
do sacrifício quinquenal, não comandarás os ágeis
    [pelotões,
como criança nobre, dirigindo a cerimônia sagrada
    [dos jogos troianos;
nem honrarás os templos bárbaros com uma dança
    [antiga,   780
executada entre os altares, rápido, com os pés ágeis,
quando a trombeta recurvada tiver ressoado seus
    [ritmos acelerados.
Ó gênero de morte mais triste que a bárbara guerra!
As muralhas verão algo mais lamentável
que a morte do grande Heitor!

ULISSES
    Interrompe teu pranto, agora, mãe.   785
Uma grande dor não se impõe limites.

ANDRÔMACA
Para minhas lágrimas, Ulisses, o tempo que pedi é
    [muito curto.
Deixa que eu feche com minhas mãos os olhinhos
deste ser que ainda vive. Morres pequeno, na verdade,
mas já temível. Tua Troia te vê.   790
Anda, vai em liberdade e vê os troianos livres.

ASTÍANAX
Tem compaixão de mim, minha mãe!

ANDRÔMACA
Por que agarras minhas vestes
e te seguras à inútil proteção da mão de tua genitora,
qual frágil novilho que ao ouvir o rugido do leão
795 aproxima da mãe o flanco temeroso?
Mas assim como o leão feroz, depois de arredar a mãe,
abocanhando com uma grande dentada a presa
[menor,
a despedaça e arrasta, assim o inimigo te arrancará
de meu seio. Recebe meu beijo e minhas lágrimas,
[criança,
e os cabelos que arranquei, e, cheio de minhas
800 [lembranças,
corre para junto de teu pai! Leva também estas
[poucas palavras
da queixa de tua mãe: "Se os manes mantêm
as preocupações anteriores e se o amor não perece
[nas chamas,
permitirás que Andrômaca seja a serva de um
[homem grego,
805 cruel Heitor? Jazes inerte e fraco?
Aquiles voltou." Agora, recebe de novo meus cabelos,
recebe minhas lágrimas, tudo que restou desde a morte
infeliz de meu esposo; recebe os beijos que entregarás
a teu pai. Como consolação para tua mãe,
810 deixa esta veste: meu túmulo a tocou
bem como os manes queridos. Se alguma cinza se
[escondeu aqui,
eu a encontrarei com meus lábios.

ULISSES

                  Não há fim para este pranto.
Abreviai com maior rapidez o retardamento da
                  [armada de Argos.

SEGUNDO ESTÁSIMO
(CORO DE TROIANAS)

CORO
Que novo domicílio chama pelas escravas?
Os montes da Tessália e o Tempe sombrio?   815
Ou Ftia, a terra mais apropriada para produzir
guerreiros? Ou a pedregosa Traquine,
boa para a criação de um forte rebanho?
Ou Iolcos, dominadora do vasto mar?
A extensa Creta, das cem cidades,   820
a pequena Girtona, a estéril Trica,
ou Motona, abundante em rápidos rios,
que, escondida nas florestas do Eta,
mandou mais de uma vez os arcos infaustos
para a ruína de Troia[81]?   825
Óleno, povoada de poucos telhados,
Plêuron, inimiga da deusa virginal[82],
ou Trezena, que se encurva à beira do vasto mar?
Pélion, que foi reino do soberbo Prótoo
e é o terceiro degrau para o céu? Ali, deitado   830

....
81. Alusão às duas vezes em que Troia foi vítima das flechas de Hércules: quando o herói a atacou, para vingar-se de Laomedonte, e quando Filoctetes as utilizou.
82. Plêuron, cidade da Etólia, era odiada por Diana porque Eneu, o rei, não lhe oferecia os sacrifícios habituais.

na concavidade de um monte escavado, o corpulento
Quirão, mestre de um menino belicoso[83],
instigava-lhe a fúria com o plectro
que feria as cordas sonoras da lira,
835 cantando guerras.
Ou Caristo, rica em pedras coloridas,
ou Cálcis, que comprime a praia de um mar
sempre agitado pela rapidez do Euripo?
Talvez Calidna, dócil ao vento,
840 ou Gonoessa, que nunca está sem vento,
ou Enispa, que se amedronta com o Bóreas?
Pepareto, que se volta para as praias áticas,
ou Elêusis que se compraz com os mistérios sagrados?
Irão a Salamina, a pátria do verdadeiro Ajax[84],
845 ou a Cálidon, conhecida pela fera selvagem[85],
terras que o Titaresso banha, com suas águas
                                      [preguiçosas,
antes de lançar-se ao mar?
Irão a Bessa, a Escarfeia ou à velha Pilos,

....
83. Quirão, filho de Cronos e Fílira, era o mais famoso dos centauros. Educado por Ártemis e Apolo, foi preceptor de Jasão, Aristeu e Aquiles, a quem ensinou moral, medicina e música.
84. Ajax, filho de Telamão, era também chamado *o grande Ajax*, para que se distinguisse do herói homônimo, filho de Oileu, personagem de caráter vil, orgulhoso, vaidoso e cruel. Talvez isso justifique o adjetivo *uerus* (*verdadeiro*), empregado por Sêneca para qualificar o primeiro. O filho de Telamão, apesar de sua coragem e de sua benevolência, foi alvo de injustiças durante a guerra de Troia e enlouqueceu.
85. Segundo a lenda, Eneu, rei da Etólia, ofereceu sacrifícios a todos os deuses, após uma colheita, deixando Ártemis de lado. Enfurecida, a deusa enviou a Cálidon um feroz javali que devastou os campos e matou vários caçadores que se dispuseram a aprisioná-lo. O javali acabou sendo morto por Meléagro, filho do rei, mas a vitória do jovem custou a vida de companheiros e ocasionou uma guerra entre etólios e curetes (cf. Hyg. *Fab.* 173 e Apd. *Bibl.* I, 8, 1).

a Fáris, à Pisa de Júpiter[86], ou à Élida,
famosa por suas coroas[87]? 850
Não importa aonde a triste procela atire
as infelizes ou a que terra as entregue,
contanto que Esparta, que causou tanta desgraça
a Troia e aos aqueus, fique distante;
que fiquem distantes, também, Argos e Micenas 855
do cruel Pélops, a pequena Néritos, menor do que
Zacinto, e a pérfida Ítaca dos rochedos
        [enganadores.
Que destino te espera e que senhor te levará,
ó Hécuba, para seres vista por que terras?
No reino de quem tu morrerás[88]? 860

TERCEIRO EPISÓDIO

Cena I
(HELENA, ANDRÔMACA, POLÍXENA, HÉCUBA, TROIANAS)

HELENA
Todo casamento lúgubre, funesto,
que acarreta lamentações, morte, sangue, gemidos,
é digno dos votos de Helena. Sou coagida a causar

----

86. Pisa era uma antiga cidade da Élida, próxima do monte Olimpo; daí provavelmente o epíteto *Pisa de Júpiter*, empregado por Sêneca.

87. Possível referência aos prêmios oferecidos por ocasião dos jogos olímpicos, em Olímpia, nas proximidades de Pisa. Ambas as cidades se situavam na Élida.

88. De acordo com uma das variantes da lenda, após a queda de Troia Hécuba teria sido levada para Ítaca, para a Lícia ou para a Trácia; de acordo com outras, foi apedrejada e morta pelos gregos, antes da partida das naus, ou transformada em cadela (cf. Ov. *Met.* 13, 422 ss. e 534 ss.).

dano aos frígios, mesmo vencidos: sou obrigada, eu,
[a contar
a história de um falso casamento com Pirro, a
865 [preparar a cerimônia
e as vestimentas gregas. A irmã de Páris será
[enganada
por meu embuste e morrerá por causa de minha
[mentira.
Pois que seja lograda! Julgo mesmo que isso será
[melhor para ela.
Morrer sem medo da morte é a morte que se deve
[desejar.
870 Por que hesitar em cumprir as ordens? A culpa do crime
se volta contra o mandante[89]. Ó virgem bem-nascida
da casa dardânia, um deus mais favorável começa a
[olhar
pelos vencidos e se prepara para dotar-te
com um casamento feliz. Tal enlace nem a própria
875 Troia intacta nem Príamo te dariam,
pois quem te pede os santos juramentos de uma
[escolha legítima
é a suprema glória do povo grego, a quem
os campos tessálicos oferecem seus vastos reinos.
A grande deusa Tétis, todas as deusas do mar e a
[plácida divindade
880 da água encapelada, a nereida Tétis considerar-te-ão
como parente. Concedida a Pirro, Peleu, o sogro,
te chamará nora; e nora te chamará Nereu.
Tira essas vestes de luto, toma este trajo festivo;
esquece que és cativa, assenta esses cabelos
[desgrenhados

....
89. Helena termina o solilóquio e se dirige, em seguida, a Políxena.

e permite que tua cabeleira seja penteada por mão
[capaz. 885
A desgraça talvez te conduza a um trono mais elevado.
Foi bom, para muitas, ser escravizadas!

ANDRÔMACA
Faltava apenas esta desgraça para os frígios vencidos:
alegrarem-se! Espalhadas, as ruínas de Pérgamo ardem.
Ó tempo de casamento! Quem ousaria negar? 890
Quem se dirigiria em dúvida ao leito nupcial
que Helena aconselha? Peste, ruína, perdas
dos dois povos! Vês estes túmulos de chefes
e estes ossos nus, em desordem, que jazem
[desenterrados
pela planície? Teu casamento espalhou tudo isto. 895
Por ti correu o sangue da Ásia, correu o da Europa,
enquanto olhavas indiferente os teus maridos que
[lutavam,
incerta de teus votos[90]! Anda, prepara o casamento!
Por que se tem necessidade de tochas ou do facho
[solene?
Ou de fogo? Para estas novas núpcias, há Troia que
[se incendeia. 900
Celebrai, troianas, o casamento de Pirro,
celebrai-o condignamente: que ressoem os gemidos
[e as lamentações!

HELENA
Embora uma grande dor não aceite razões e se negue

....
90. Andrômaca alude ao fato de Helena ter assistido, do alto da muralha, ao combate singular entre Menelau e Páris, relatado na *Ilíada* (cf. *Il.* 3, 121 ss.). A fala é repassada de amarga ironia.

a deixar-se vencer e odeie amiúde
905 os próprios companheiros de seu pranto,
posso defender minha causa num tribunal hostil:
sofri penas maiores. Andrômaca chora Heitor;
e Hécuba, Príamo. Páris só pode ser chorado
por Helena às ocultas. Suportar a escravidão é duro,
[odioso,
910 pesado? Há muito tempo que sofro esse jugo,
escrava durante dez anos! Ílio está caído por terra,
os Penates foram destruídos[91]? Perder a pátria é penoso,
mas é mais penoso temê-la. O companheirismo vos
[alivia de dor
tão grande: contra mim se enfurecem o vencido e o
[vencedor.
Quem receber alguma de vós como escrava
915 [dependeu, por algum tempo,
de um sorteio incerto. Meu senhor me arrebatou sem
[nenhuma
demora, sem nenhum sorteio. Fui eu a causa da guerra
e de tantas mortes entre os teucros[92]? Julgai este fato
[com justiça:

....
91. Sêneca procede a novo sincretismo religioso e menciona os Penates em cenário troiano. Associados frequentemente ao culto de Vesta, eram eles divindades domésticas latinas, que, segundo a tradição (cf. Varr. *R*. 2), se originaram dos deuses de Troia, trazidos por Eneias ao Lácio. A referência feita por Helena à destruição dos Penates troianos se prende à crença segundo a qual os deuses abandonavam uma cidade antes que ela fosse destruída. De acordo com a narrativa de Virgílio (*Aen*. 2, 351 ss.), os deuses troianos não fugiram ao costume: deixaram a cidade e se refugiaram nos bosques do Ida, onde Eneias os encontrou, transportando-os para o Lácio.

92. De acordo com a tradição corrente, Teucro era filho do rio Escamandro e de uma ninfa do monte Ida. Estabelecendo-se na Tróade, ali fundou uma cidade e um templo, consagrando-o a Apolo. Quando Dárdano chegou a seu reino, proveniente da Samotrácia, Teucro lhe deu a filha em casamento. Por estar, portanto, ligado à família real troiana, os habitantes de Troia são também chamados *teucros* (cf. Apd. *Bibl*. 3, 12, 1 ss.; Virg. *Aen*. 1, 619 ss. e Ov. *Met*. 14, 696 ss.).

se foi vosso navio que cortou os mares de Esparta,
se fui raptada pelos remadores frígios 920
e se a deusa vencedora me deu como prêmio ao
　　　　　　　　　　　　　　　　　　[julgador,
perdoai à presa. Minha causa terá sempre um juiz
enraivecido: os julgamentos aguardam Menelau.
Agora, Andrômaca, esquecida um pouco de tuas
　　　　　　　　　　　　　　　　　　[mágoas,
procura convencer esta jovem. A custo eu consigo
　　　　　　　　　　　　　　　[reter minhas 925
lágrimas.

ANDRÔMACA
　　　　　Que desgraça tão grande é esta pela
　　　　　　　　　　　　　　　[qual Helena chora?
Por que chora ela? Dize: que perfídias, que crimes
o Ítaco maquina? A virgem vai ser lançada
do cume do Ida ou vai ser atirada do alto do rochedo
da grande muralha? Ou vai ser jogada no vasto mar, 930
por entre as pedras que o Sigeu levanta no seu
　　　　　　　　　　　　　　　　　　[flanco abrupto,
enfrentando a água com suas ondas agitadas?
Dize, fala o que escondes sob o rosto mentiroso.
Todas as desgraças juntas são mais suaves do que
　　　　　　　　　　　　　　　　[Pirro ser genro
de Príamo e de Hécuba. Fala. Revela o castigo que
　　　　　　　　　　　　　　　　　　[preparas 935
e afasta de nossas dores ao menos isto:
ser enganadas. Tu nos vês preparadas para suportar
　　　　　　　　　　　　　　　　　　[a morte.

HELENA
Oxalá o intérprete dos deuses me mandasse também
romper com a espada a espera deste dia odioso

940 ou morrer diante da sepultura de Aquiles, pela mão
[furiosa
de Pirro, como companheira de sua sina,
infeliz Políxena: Aquiles ordena que ela seja levada
para junto dele e sacrificada diante de suas cinzas
para que ele se torne seu esposo no Elísio.

ANDRÔMACA
Vê como um espírito corajoso ouve alegre a notícia
945 [de sua morte.
Ela pede os elegantes ornamentos do trajo real
e permite que mão hábil se mova entre seus cabelos.
Aquilo ela considerava morte; isto, agora, ela julga
[um casamento.
Mas a pobre mãe desfalece com a notícia do
[suplício!
950 A mente abalada vacilou. Levanta, infeliz!
Recupera o teu ânimo e reanima o espírito que
[fraqueja!
Quão tênue é o sopro que a retém com frágil vínculo!
É muito pouco o que pode tornar Hécuba feliz! Está
[respirando.
Reviveu. A morte é a primeira que abandona os
[desgraçados.

HÉCUBA
955 Aquiles ainda está vivo para a desgraça dos frígios?
Ainda luta? Oh! Como foi leve a mão de Páris!
A própria cinza, o próprio túmulo tem sede de nosso
[sangue!
Há pouco uma família feliz ladeava meus flancos:
eu me fatigava em dividir-me, como mãe, entre
[tantos beijos

e uma prole tão grande! Agora apenas esta sobrevive, 960
minha esperança, minha companheira, alívio de uma
                                  [mãe aflita,
meu lenitivo! É ela toda a descendência de Hécuba.
                                  [Por esta
única voz sou ainda chamada de mãe[93]. Ó minha
                                  [alma dura
e desgraçada! Anda, esvai-te, poupa-me ao menos
mais este luto! As lágrimas inundam minhas faces 965
e um borbotão repentino cai de meus olhos
                                  [vencidos! 966

ANDRÔMACA
Nós, Hécuba, nós, nós, Hécuba, é que devemos ser
                                  [lamentadas, 969
nós, que a armada, ao partir, dispersará aqui e ali. 970
Esta, a terra querida a cobrirá no pátrio chão.

HELENA
Mais a invejarás se conheceres a tua sina.

ANDRÔMACA
Será que alguma parcela de minha desgraça ainda
                                  [me é desconhecida?

HELENA
A urna das sortes já foi revolvida; já deu senhores às
                                  [escravas.

....
93. Quando Hécuba se refere à única filha que lhe resta, Cassandra e Heleno ainda estavam vivos. Talvez Hécuba os omita pelo fato de Cassandra ter perdido a razão e de Heleno ter-se aliado aos gregos, o que, sob certos aspectos, corresponde à perda de vida. A aparente irregularidade na numeração dos versos decorre de opção do estabelecedor do texto que utilizamos. Os versos 967 e 968 estão intercalados entre o 978 e o 979.

ANDRÔMACA
A quem fui dada como serva? Fala. A quem devo
[chamar de senhor?

HELENA
O jovem de Ciros te recebeu no primeiro sorteio.

ANDRÔMACA
Cassandra feliz, a quem a loucura exclui do sorteio
e Febo também!

HELENA
                   O chefe supremo dos reis a recebeu.

HÉCUBA
Rejubila-te, minha filha, alegra-te! Como Cassandra
                                                [desejaria
o teu casamento! Como Andrômaca o desejaria!
E há alguém que deseje que Hécuba seja
                         [considerada sua?

HELENA
Foste sorteada, como presa efêmera, ao Ítaco, que
                                    [não te queria.

HÉCUBA
Quem foi o tirânico, mesquinho e feroz sorteador
de uma urna iníqua, que deu rainhas aos reis?
Que deus tão sinistro divide as escravas?
Que árbitro cruel e opressor para as desgraçadas é este,
que não sabe escolher senhores e com a mão
                                          [impiedosa
traça um destino vergonhoso para as infelizes? Quem
                                          [é que mistura

a mãe de Heitor às armas de Aquiles[94]? Sou chamada
[para junto
de Ulisses! Agora me vejo cativa; agora me vejo tomada
por todos os males. Envergonho-me de meu senhor;
não da servidão. Levará o espólio de Heitor quem   990
levou o de Aquiles? A terra estéril e cercada de mares
[violentos
não abrigará meu túmulo. Leva-me, leva-me, Ulisses;
eu não me demoro; acompanho o meu senhor.
Mas meus fados me acompanharão: não sobrevirá no
[mar
uma bonança tranquila, os ventos se enfurecerão e
[as águas   995
e a guerra e o fogo e todas as desgraças, minhas e de
[Príamo.
Nesse meio-tempo, enquanto esses males não
[chegam, já terás
algum castigo: fui sorteada para ti! Já te roubei um
[prêmio!
Mas eis que Pirro se aproxima com passo apressado
e olhar raivoso.

Cena II
(HELENA, ANDRÔMACA, POLÍXENA, HÉCUBA,
TROIANAS E PIRRO)

HÉCUBA
Por que hesitas, Pirro? Anda!   1000

---

94. Alusão às armas de Aquiles que couberam a Ulisses, na partilha (cf. Ov. *Met.* 13, 1).

Fere meu peito com o teu ferro e reúne os sogros
do teu Aquiles! Prossegue, matador de velhos!
É este o sangue que te convém! Ele a leva, arrastada.
Maculai os deuses superiores, com um assassínio
                                  [hediondo,
maculai os manes. Que poderia eu pedir para vós?
                                  [Peço
mares dignos deste sacrifício. Que aconteça a toda a
                                  [armada
pelásgica, que aconteça aos mil navios aquilo que eu
                                  [pedirei
que aconteça ao meu navio, quando eu for levada.

TERCEIRO ESTÁSIMO

(CORO DE TROIANAS)

CORO
É bom, para quem chora, que todo o povo seja infeliz;
é bom que as pessoas todas lhe façam eco às
                                  [lamentações;
ferem mais suavemente as lágrimas e as tristezas
que a multidão compartilha, semelhante em seu sofrer.
O sofrimento é sempre maligno, sempre;
alegra-nos que a mesma sina seja distribuída a muitos,
que não sejamos os únicos a ter atraído a dor.
Ninguém se nega a sofrer a sorte que
todos sofrem.
Suprime os felizes: ninguém se julgará desventurado,
mesmo que o seja; afastai os abastados,
que têm muito ouro, afastai os que aram
seus campos férteis, com centenas de bois:

o espírito abatido do desditoso se erguerá.
Ninguém se sente infeliz se não for posto em
　　　　　　　　　　　　　　　[comparação.
Para quem está imerso em desmedida desgraça,
é bom que pessoa alguma tenha o rosto satisfeito.　　1025
Deplora e lamenta os fados
quem, cortando os oceanos, no seu barco solitário,
chegou despido de tudo ao porto almejado.
Aceita mais calmamente a má sorte e as procelas
quem viu mil embarcações tragadas pelo mar,　　　　1030
e chega à praia, trazido por uma tábua arruinada,
no momento em que Coro domina as águas,
ao juntar os vagalhões.
Frixo se lamentou por Hele ter caído
quando o guia do rebanho[95], de áureo velo　　　　　1035
brilhante, levou conjuntamente sobre o dorso
o irmão e a irmã, e no meio do mar
fez um brusco movimento. Refrearam
seus queixumes tanto Pirra como o esposo[96],
quando só viam água e nada mais do que água,　　　1040
únicos seres humanos deixados na terra.

....
95. Trata-se do carneiro voador, de velo de ouro, que surgiu em Queroneia, com a finalidade de transportar para a Cólquida, Frixo e Hele, filhos de Atamante, rei da Beócia. A conselho de Ino, sua segunda esposa, Atamante se dispusera a matar os filhos, mas Zeus os protegeu, enviando-lhes o carneiro. No meio da viagem, Hele caiu no mar, que passou a ter o seu nome – Helesponto –, e se afogou. Chegando a salvo, Frixo sacrificou o animal e ofereceu o velo de ouro ao rei Eetes (cf. APD. *Bibl.* 1, 9, 1). Ver nota 117 de *A loucura de Hércules*.

96. Pirra era filha de Pandora e de Epimeteu e esposa de Deucalião, filho de Prometeu e Clímene, reis da Tessália. Quando Zeus se decidiu a exterminar a humanidade, por suas faltas, por meio de um dilúvio, Prometeu aconselhou Deucalião a construir uma embarcação. Zeus os poupou durante os nove dias da chuva que dizimou os homens, por considerá-los justos e dignos de salvação (cf. Ov. *Met.* 1, 125-415).

A armada, ao movimentar-se, desfará nossa tristeza
e espalhará nossas lágrimas aqui e ali,
quando os marinheiros, ao receber pela tuba
1045 a ordem de soltar velas, se dirigirem ao mar alto,
ao impulso dos ventos e remos, e a praia desaparecer.
Qual será o estado de espírito das pobres desgraçadas
quando a terra diminuir e o mar crescer
e o Ida elevado esconder-se, ao longe?
1050 Então o menino falará à mãe e a mãe ao filho,
mostrando em que lugar Troia se incendeia;
e ela apontará de longe, com seu dedo:
"Lá está Ílio, onde a fumaça, no alto,
serpenteia na direção do céu e as nuvens são escuras."
1055 Por este sinal os troianos reconhecerão a pátria.

ÊXODO
(UM MENSAGEIRO, HÉCUBA, ANDRÔMACA)

MENSAGEIRO
Ó destinos implacáveis, cruéis, miserandos, horrendos!
Que crime tão terrível, tão triste, Marte viu durante
esses dez anos? O que deverei chorar primeiro, ao
[contar?
Tua desgraça? Ou, antes, a tua, anciã?

HÉCUBA
1060 Qualquer desgraça que chores, é a minha que chorarás.
A cada um, o oprime só a sua infelicidade; a mim, as
[de todos.
Tudo acabou para mim. Tudo que é de Hécuba é
[desventurado.

MENSAGEIRO
A virgem foi sacrificada, o menino foi atirado do alto
[da muralha.
Mas ambos receberam a morte com nobreza de
[espírito.

ANDRÔMACA
Fala-nos sobre essa sucessão de mortes, prossegue
[com o duplo   1065
crime. Uma grande dor se compraz em revolver
todas as suas feridas. Faze o teu relato, narra-nos tudo.

MENSAGEIRO
Só resta uma torre da grande Troia,
a que era frequentada amiúde por Príamo, do alto da
[qual,
sentado na mais elevada ameia, como árbitro da guerra   1070
ele dirigia os batalhões. Dessa torre, apertando o neto
contra o peito afetuoso, enquanto Heitor afugentava
[os gregos
que corriam aterrorizados, com ferro e fogo,
o velho mostrava ao menino a peleja do pai.
Essa torre, outrora famosa, glória da muralha,   1075
hoje um sinistro rochedo, foi cercada de todos os lados
pela multidão de chefes e de plebe. Abandonados
[os navios,
o povo todo se reuniu ali. A uns uma colina propicia
uma visão ao longe, num lugar aberto;
a outros, um alto penhasco, em cujo cimo   1080
a multidão se posta, na ponta dos pés;
um pinheiro sustenta este, um loureiro, aquele; uma
[faia, um outro;
e todas as árvores estremecem, com as pessoas que
[estão sobre elas.

	Um sobe à parte mais alta de um monte abrupto,

1085   Um sobe à parte mais alta de um monte abrupto,
        outro a um telhado meio queimado ou a uma rocha
        [pendente
        da muralha arruinada. Outro, ainda – sacrilégio! –,
        senta-se sobre o túmulo de Heitor, como um rude
        [espectador.
        Por esses espaços, repletos, com seu andar altivo,
        o Ítaco avança trazendo pela mão
1090   o netinho de Príamo; sem vacilar o menino
        sobe à elevada muralha. Quando parou,
        na parte mais alta da torre, relanceou por todos os
        [lados
        um olhar enérgico, intrépido de coragem. Qual
        [pequeno
        e jovem filhote de grande fera, ainda incapaz
1095   de ferir ferozmente com os dentes, mas que já ameaça
        e tenta dar mordidas, embora inofensivas, e se
        [enraivece no íntimo,
        assim o menino, agarrado pela mão inimiga,
        fervia de ódio, de maneira soberba. Ele comoveu o
        [povo, os chefes
        e o próprio Ulisses. Só ele não chora no meio de
        [uma multidão,
        toda inteira, que chora. E, no momento em que
1100   [Ulisses repete
        as palavras do vate fatídico e as preces e chama os
        [deuses
        cruéis para o sacrifício, ele se atira, espontaneamente,
        no meio das terras de Príamo.

ANDRÔMACA
Que colco, que cita de morada incerta cometeu

um crime igual a este[97]? Que povo das margens do
[Cáspio, 1105
desconhecedor de leis, ousou algo semelhante?
[Sangue infantil
não aspergiu os altares do cruel Busíris,
nem Diomedes ofereceu a seus rebanhos membros
[tão pequenos,
para serem devorados. Quem recolherá teus restos
e os confiará a uma sepultura?

MENSAGEIRO
Mas que restos o precipício 1110
permitiu que sobrassem? Os ossos espalhados e
[despedaçados
com a violência da queda, os traços do corpo ilustre,
o semblante e as conhecidas feições de seu nobre pai,
o peso do tombo confundiu no fundo do abismo;
o pescoço quebrou-se no choque com as pedras, a
[cabeça 1115
abriu-se, saindo o cérebro para fora. É um corpo
sem formas que jaz.

ANDRÔMACA
Também nisso ele se assemelha ao pai.

MENSAGEIRO
Quando o menino caiu, de cabeça para baixo, do
[alto da muralha,

....
97. Andrômaca alude à selvageria dos povos da Cólquida e da Cítia, bem como à dos hircanos que habitavam as margens do Cáspio. Refere-se, em seguida, a Busíris, rei do Egito que, segundo a lenda, mandava matar todos os estrangeiros que entravam em seu reino, e a Diomedes, rei da Trácia, célebre por oferecer a suas éguas, como alimento, os estrangeiros que aportavam em seu país. Ver notas 67 e 143 de *A loucura de Hércules*.

a multidão de aqueus chorou o crime que cometeu,
mas esse mesmo povo se dirigiu ao local do outro
1120 [crime,
à colina de Aquiles, em cujo lado extremo
as águas do Reteu se embatem com ondas mansas.
Um campo circunda o lado oposto e com suave
[inclinação
um vale, fechando a metade do lugar, se estende
1125 em forma de anfiteatro. Uma densa multidão
encheu toda a praia; alguns acreditam que o
[retardamento
da armada vai ser resolvido com esta morte; outros
[se alegram
porque a raça dos inimigos foi destruída; uma
[grande parte do povo,
inconsequente, abomina o crime, mas o contempla.
[Os troianos
não assistem ao funeral de um dos seus em número
1130 [menor e, pávidos
de terror, veem o último espetáculo de Troia caída.
Quando de súbito se aproximam as tochas nupciais,
[conforme o costume,
e a prônuba, filha de Tíndaro, que baixara a triste
[cabeça,
os frígios exclamam: "Que Hermíone se case dessa
[forma!
1135 Que assim a torpe Helena seja devolvida
ao marido!" O terror mantém estupefatos
os dois povos. A jovem traz os olhos baixos
pelo pudor, mas suas faces brilham, no entanto,
e sua beleza extrema resplandece mais que de
[costume,

assim como a luz do sol poente costuma ser mais doce 1140
que nunca no momento em que as estrelas aparecem
e o dia desfalecente é premido pela noite próxima.
Todo o povo se extasia e, juntos, louvam mais ainda
a virgem que vai morrer. A estes comove a beleza
[das formas:
àquele a juventude; a outros o incerto vaivém das
[coisas. 1145
A alma corajosa e indiferente à morte comove a todos.
Ela se antecede a Pirro. Os espíritos de todos
[estremecem.
Admiram-se e se enchem de piedade. Assim que ela
[alcançou
o ponto mais elevado da íngreme colina e que o
[jovem Pirro
parou diante do túmulo do pai, erigido no alto, 1150
a audaciosa virgem, cheia de virilidade, não recuou
[o passo.
Voltando-se na direção do golpe se ergueu
[destemida, com olhar intrépido.
Uma coragem tão grande fere os espíritos de todos
e — novo prodígio! — Pirro é que hesita em matar.
No momento em que a mão retirou a espada enterrada, 1155
no mesmo instante, atingida a virgem pela morte, o
[sangue irrompeu
do grande ferimento. Mas nem morrendo ela
perdeu a coragem. Caiu, como para fazer a terra pesada
para Aquiles: de bruços, num ímpeto cheio de ódio.
As duas multidões choraram. Mas os frígios emitiram 1160
um fraco gemido: foi o vencedor quem chorou mais
[alto.
Foi esta a sequência do sacrifício. O sangue
[derramado não parou

e não correu na superfície da terra. O túmulo cruel,
sem demora, sugou-o e o bebeu completamente.

HÉCUBA
Ide-vos, ide-vos, dânaos. Dirigi-vos agora, em
[segurança, a vossos lares.
A armada, com as velas infladas, singrará os mares
[almejados
com tranquilidade: a virgem e o menino morreram;
a guerra terminou. Para onde levarei as minhas
[lágrimas?
Onde rejeitarei o adiamento da morte desta anciã?
Chorarei minha filha ou meu neto? Meu esposo ou
[minha pátria?
Tudo isso ou a mim? Ó morte, só tu és meu desejo;
vens violenta para as crianças e para as virgens,
te apressas, cruel, por toda parte; temes apenas a mim,
evitas-me. Procurada durante uma noite inteira, entre
[as espadas,
as armas e as flechas ardentes, fugiste de quem te
[desejava.
Nem o inimigo, nem o desmoronamento, nem o
[fogo destruiu
meus membros: e eu estava tão perto de Príamo!

MENSAGEIRO
Dirigi-vos à praia, com passo rápido, escravas:
os navios desfraldam as velas; a armada começa a
[mover-se.

AS FENÍCIAS
(Phoenissae)

Apresentação

Duas tragédias de Sêneca focalizam a figura de Édipo: *Édipo* (*Oedipus*) e *As fenícias* (*Phoenissae*). *Édipo* é uma tragédia regular que, embora apresente algumas inovações, se aproxima bastante do modelo sofocliano pela intriga, pelo plano de composição e pela caracterização das personagens. *As fenícias*, diferentemente, é uma peça que propõe, à primeira leitura, um sem-número de indagações. Em primeiro lugar, é um texto incompleto. Não se sabe, a rigor, se se trata de uma tragédia que não chegou a ser concluída, de uma tragédia mutilada, ou de dois fragmentos pertencentes a duas peças diferentes que, juntamente com *Édipo*, formariam uma trilogia.

Reduz-se o texto a 664 versos, distribuídos em duas partes distintas que tanto poderiam ser consideradas dois episódios justapostos de uma peça única como dois episódios isolados de peças diferentes. Pela fragmentação, o texto oferece sérias dificuldades a uma análise. A peça não apresenta a divisão convencional das tragédias. Não há prólogo nem cantos corais; não se pode falar em construção, unidade e progressão de uma ação dramática, já que a curva trágica, determinada pela situação inicial, desenvolvimento, clímax, retardamento e final, simplesmente não existe. Não há catástrofe explícita, nem êxodo. Nela não se pode encontrar aquela ação "grande e completa" que Aristóteles preconizou na *Poética* (6, 27). Embora a ação, nas tragédias de Sêneca, seja geralmente estática, sem grande movimentação, e suas peças se caracterizem por inútil tentativa de restabelecimento de um equilíbrio a partir de uma situação crítica desde o início, em *As fenícias* nem isso podemos observar. São trechos de tragédia, e não uma tragédia no sentido da palavra. Qual o interesse, pois, que tão estranho texto poderia suscitar? A nosso ver, a importância da obra reside no tratamento dado ao mito em si, na caracterização das personagens, depreendida do discurso de que se valem, e na linguagem característica do século I.

A história de Édipo se situa entre as mais antigas tradições lendárias que o espírito helênico produziu. Preservada, provavelmente, por gerações e gerações, foi referida literariamente nos textos homéricos[1] e explorada em numerosas oportunidades pela poesia épica e pela dramaturgia trágica. Dá-nos a *Odisseia* um pequeno resumo da lenda[2]. Dos poemas cíclicos, inspirados nas epopeias de Homero e compostos entre os séculos VII e VI a.C., dois, pelo menos, a *Edipodia* e a *Tebaida*, atestaram a importância conferida à história de Édipo. O desenvolvimento da tragédia, no século V, se encarregou de real-

....
    1. *Od.* 11, 271 ss.; *Il.* 23, 679-680.
    2. Na *Odisseia* (11, 271 ss.), ao referir-se a sua descida ao mundo das sombras, Odisseu relata o encontro com mortas ilustres e fala da mãe de Édipo: "Vi, então, a mãe de Édipo, a bela Epicasta que, sem o saber, cometeu um crime terrível: casou-se com o próprio filho. Este, após ter assasinado o pai, tornou-se esposo da mãe. Os deuses, porém, sem demora, revelaram tudo isto aos homens. Ele reinava sobre os descendentes de Cadmo, em Tebas, acabrunhado de males, pela vontade dos deuses. Mas a rainha, arrebatada pelo sofrimento, desceu ao Hades de portas fechadas após ter-se enforcado por meio de um baraço atado ao teto do palácio" (tradução de minha responsabilidade).

çar tal importância. Ésquilo, com *Laio, Édipo* e *Os sete contra Tebas*, Sófocles, com *Édipo-Rei, Édipo em Colono* e *Antígona*, Eurípides, com *Édipo, Antígona* e *As fenícias*, revitalizaram o tema, adotando ou criando variantes da lenda, explorando-a sob ângulos diversos e dela logrando extrair incomparável força trágica.

Em Roma, a história de Édipo e de seus familiares foi relativamente pouco aproveitada no teatro trágico. No período helenístico, Névio e Ácio compuseram *"Fenícias"*, que se perderam; Júlio César, em seus arroubos literários juvenis, tomando Sófocles por modelo, compôs uma tragédia que envolvia a figura do infeliz soberano, mas o *Édipo* de César não sobreviveu. Conforme informação de Suetônio[3], a divulgação do texto da peça foi proibida por Augusto.

Dessa forma, são de Sêneca as duas tragédias latinas conhecidas que põem em foco a figura do rei de Tebas.

Em *As fenícias*, usando como fonte principal para o primeiro fragmento o *Édipo em Colono*, de Sófocles, Sêneca nos mostra a figura de um rei cego e acabrunhado, procurando ansiosamente pela morte, enquanto Antígona, em vão, tenta reanimá-lo para a vida. À chegada de um mensageiro, que traz a notícia da presença de Polinices em Tebas e da iminência da guerra com Etéocles, Édipo nega o auxílio pedido e se dispõe a esconder-se na floresta, de onde poderá ouvir os ruídos da luta fratricida prestes a travar-se.

No segundo fragmento, baseado em *As fenícias*, de Eurípides, encontramos Jocasta, ao ser informada da guerra. Instada por uma das filhas – Ismena, provavelmente –, a rainha tenta reconciliar os filhos, sem nada conseguir.

---
3. Suet. *Diu. Iul.* 56, 9.

Sêneca reproduz, nesse fragmento, a versão euripidiana da lenda. Eurípides, em *As fenícias*, recusou a tradição corrente, proveniente do texto homérico[4], segundo a qual a mãe de Édipo se enforcara ao saber do cumprimento do vaticínio de parricídio e incesto. Apresentando-nos Jocasta sobrevivendo até a luta fratricida dos filhos e suicidando-se sobre seus cadáveres, Eurípides constrói uma versão nova, baseada, ao que parece, na *Edipodia*. Neste poema, porém, a mulher que se mata sobre os corpos dos filhos é Euriganeia, a segunda esposa de Édipo, e não Jocasta, a esposa-mãe[5]. Eurípides deve ter identificado Jocasta com Euriganeia, e criado, dessa forma, a versão que será retomada por Sêneca no segundo fragmento de seu texto.

Quanto à construção das personagens na obra latina, há muita coisa a ser observada. Sêneca costuma construir figuras de grande força impressiva, ressaltando, não raro com exagero, as linhas principais que lhes definem o caráter. Confrontadas com as personagens das tragédias gregas – sóbrias e humanas –, as figuras dos textos senequianos parecem pintadas com excessivo vigor, pois que, para torná-las convincentes e poderosas, o autor não hesita em abusar dos traços. Como ocorre nas demais tragédias, as figuras de *As fenícias* são também compostas com bastante força.

Édipo é a personagem dominante do primeiro fragmento. É o exemplo do herói esmagado, aviltado, destruído, que mesmo após chegar ao ponto mais fundo do poço teme ainda coisas terríveis que talvez estejam por acontecer. É essa, aliás, a tônica dos velhos de Sêneca. Profundamente diferentes dos de Eurípides, para os quais a

----

4. Cf. MERIDIER, L.; CHAPOUTHIER, F. "Notice". In: EURIPIDE. *Hélène – Les phéniciennes*. Paris: Les Belles Lettres, 1950, pp. 13 ss.

5. Cf. PAUS. 9, 5, 5.

velhice representa a experiência e o conhecimento[6], os anciões de Sêneca têm apenas a triste esperança de que algo de pior possa vir a suceder. No caso de Édipo são dois os seus temores. De um lado, a certeza da morte conjunta dos filhos e da ruína de Tebas; de outro – e talvez aqui resida o traço original de Sêneca – o medo apavorante de que, se continuar em companhia de Antígona, novo incesto venha acrescentar-se ao primeiro, desgraçando-o mais uma vez.

A peça se abre com um longo monólogo do rei (*Phoe.* 1-50), contendo a súplica à filha, para que o deixe sozinho a fim de que ele possa encontrar a morte. Nos últimos versos está a explicação que justifica suas palavras:

> Por que arrasto vagaroso
> a vida que vivo? Já não posso cometer crime nenhum!
> Posso, sim, infeliz de mim! Previno-te: afasta-te de teu pai,
> afasta-te, virgem. Depois de minha mãe eu tenho medo de
> [tudo (47-50).[7]

Um pouco mais adiante, há nova confirmação da suspeita terrível. Édipo acabara de ouvir as palavras reconfortantes de Antígona. Extasia-se com o caráter da donzela e indaga:

> De onde vem, numa casa nefasta, este ser de escol?
> De onde vem esta virgem, tão diferente dos de sua raça?
> Voltas atrás, Fortuna. Algo de piedoso nasceu de mim!
> [(80-82).[8]

....
6. Cf. ROMILLY, J. *Le temps dans la tragédie grecque*. Paris: Vrin, 1971, pp. 127 ss.
7. *... quid segnis traho/ quod uiuo? Nullum facere iam possum scelus./ Possum, miser. Praedico, discede a patre,/ discede, uirgo: timeo post matrem omnia* (*Phoe.* 47-50).
8. *Unde in nefanda specimen egregium domo?/ Unde ista generi uirgo dissimilis suo?/ Fortuna cedis. Aliquis est ex me pius!* (*Phoe.* 80-82).

A contestação, porém, é imediata; rebatendo suas próprias observações, Édipo faz nova insinuação a um possível incesto com Antígona:

Não nasceria jamais – eu conheço bem meu destino! – se não fosse para me perder! (83-84).[9]

Embora Léon Herrmann[10] considere de mau gosto o tratamento dado por Sêneca às suspeitas de Édipo, a focalização de tal temor não deixa de ser um traço da criatividade do teatrólogo. A personalidade de Édipo, aliás, é toda ela construída com bastante originalidade. Profundamente diferente do Édipo de Sófocles – fraco e desalentado em *Édipo em Colono*, suplicando pela proteção da filha, desejando encontrar abrigo em terra estrangeira, tocante em sua humildade e em seus receios –, o Édipo de Sêneca é majestoso e dotado de grande força.

Mesmo consciente da desgraça que se abate sobre ele, continua a ser o rei, a pessoa para a qual todos se voltam, o centro. O egocentrismo o marca profundamente e nele Édipo mergulha, por assim dizer. Torturado pelo destino e por si próprio, fixa-se no seu mundo interior e nele imerge completamente. Tudo parece ter deixado de existir, de ter importância, salvo Édipo, sua desgraça, seu crime, seu desespero. "Não vejo, mas sou visto"[11] (9-10), diz ele. E essas palavras constituem uma espécie de frase-símbolo que condensa todo o seu modo de ser.

Não vê, mas é visto. Não vê o mundo de fora, mas volta-se, incessantemente, para o mundo interior. Não vê

....
9. *Non esset unquam (fata bene noui mea)/ nisi ut noceret* (*Phoe.* 83-84).
10. Cf. Sénèque, 1971, p. 101, n. 1.
11. *"Non uideo sed uideor!"* (*Phoe.* 9-10).

o futuro, mas retorna a todo momento para o passado, relembrando, com mórbido prazer, todos os fatos que constituíram sua vida acidentada e amarga[12]. Édipo é o centro. O mundo é o que lhe fica ao derredor, o Citéron deixa de ser a montanha de Baco e das Musas e passa a ser o Citéron de Édipo[13], o seu lugar[14], o lugar que "o reclama"[15]. A quantidade de adjetivos e pronomes na primeira pessoa mostra-nos claramente a importância que Édipo confere a seu próprio eu[16]. E essa importância se torna mais evidente quando ele se dirige a si como se fosse uma segunda pessoa, ou a sua alma, a sua mão, a seus olhos.

No verso 178, ele exorta seu próprio ser numa apóstrofe admoestativa: "Ouvirás a verdade, Édipo"[17]. Nos versos 44-45 é contra seu espírito pusilânime que ele dirige a imprecação; a partir do verso 155, ele invoca sua mão direita – meio certeiro de destruição – e, um pouco mais adiante, clama por seus olhos cegos: "... meus ouvidos reclamam o que me destes,/ olhos meus!" (232-233)[18].

....
12. No trecho de monólogo compreendido entre os versos 243 e 274, Édipo faz numerosas alusões a seu passado evocando a maldição que pesou sobre ele, quando ainda no ventre materno, a dor decorrente do ferimento nos pés, a exposição às feras no alto do Citéron. Relembra o cumprimento do presságio, o assassínio de Laio, o casamento com Jocasta, o nascimento dos filhos e o abandono do cetro em mãos que iriam verter sangue para poder mantê-lo. O próprio futuro se vincula ao passado, eliminando, por assim dizer, a ideia de presente.
13. *Meus Cithaeron* (*Phoe.* 13).
14. *Noster locus* (*Phoe.* 27).
15. *Me reposcit* (*Phoe.* 28).
16. *Ego uideo* – *Phoe.* 44; *aliquis est ex me pius* – 82; *funus meum* – 94; *meae penes* – 103; *regnum mei* – 104; *natus meus* – 109; *ego ipse* – 138; *me fugio* – 216; *ego... premo [...] ego... traho [...] ego... fruor [...] ego... attrecto [...] ego... concipio* – 219-224.
17. *Audies uerum, Oedipus* (*Phoe.* 178).
18. *... et aures ingerunt quicquid mihi/ donastis, oculi* (*Phoe.* 232-233).

Nessa atribuição de vida própria, vontade, determinação às partes de seu corpo, percebemos o sentimento de fragmentação, de desagregação da personalidade do rei, ocorrida no momento da revelação dos crimes que cometera. As sinédoques abundantes deixam de ser mero elemento ornamental, simples recurso de retórica, e passam a ter função estrutural como meios reveladores de um estado psicológico.

Em alguns momentos, a exemplo do que se observa nos versos 89-90, Édipo se refere a si próprio como se fora uma terceira pessoa, alguém, presente ou ausente, de quem se fala com certa pena: "... a única salvação de Édipo é não ser salvo"[19].

O egocentrismo, a autocomiseração, o horror de sua própria pessoa, o desejo de fuga são as tônicas dos procedimentos de Édipo. As interrogações e exclamações com que ponteia seu discurso não são interrogações nem exclamações. As perguntas que faz, fá-las a si próprio e não a Antígona. São perguntas retóricas para as quais não há respostas. O interlocutor é ele mesmo: "Por que reconduzes meu passo errante ao caminho certo?" (4); "Por que me demoro?" (30); "Por que arrasto vagaroso a vida que vivo?" (47-48)[20].

As exclamações não revelam surpresa nem admiração. Não se relacionam com situações imprevistas. Desnudam apenas a perplexidade de Édipo, diante de sua própria pessoa: "Como foi pouco o que fiz com esta mão!" (8)[21].

....
19. ... unica Oedipodae est salus,/ non esse saluum (Phoe. 89-90).
20. In recta quid deflectis errantem gradum? (Phoe. 4); Quid moror? (30); Quid segnis traho/ quod uiuo? (47-48).
21. Quantulum hac egi manu! (Phoe. 8).

Os momentos em que sua voz deixa entrever ternura (como quando se dirige a Antígona), piedade de si próprio (quando relembra a desgraça de que era portador ainda no ventre materno), horror (quando se recorda dos crimes passados), ironia ou fúria, nada mais são do que facetas complementares de uma mesma personalidade atormentada. Nenhuma de suas atitudes, nenhuma de suas palavras parece surpreender-nos. Não há um *crescendo* de emoções ou de paixões; não há praticamente evolução de sentimentos. É uma personagem que se define por sua configuração plana e constante. Édipo da última cena, escondido na concavidade de uma rocha ou disfarçado pela ramagem, espreitando a luta dos filhos, é o mesmo Édipo que vaza os olhos e foge para não enfrentar uma realidade cruel demais, o mesmo Édipo que procura guarida nas florestas ou em Colono, que busca ansiosamente a morte e que responde de uma forma amargamente irônica à indagação inquieta de Antígona, que deseja saber de quem o pai está fugindo:

> Fujo de mim, fujo de meu coração, consciente de todos os
> [crimes,
> fujo desta mão, e deste céu, e dos deuses.
> E fujo dos terríveis crimes que cometi, inocente (216-218).[22]

Antigona é a deuteragonista do primeiro fragmento de *As fenícias*. Sua principal característica é a dedicação sem limites que devota ao pai. Estará a seu lado para sempre. Nada a demoverá. "Nenhuma força, pai, poderá despren-

---
22. *Me fugio, fugio conscium scelerum omnium/ pectus manumque hanc fugio et hoc caelum et deos/ et dira fugio scelera quae feci innocens* (*Phoe.* 216-218).

der minha mão de teu corpo"²³: é com essas palavras que ela se introduz no diálogo, apresentando-se em cena pela primeira vez. Ela não deixará o pai, custe o que custar. Mas, ao mesmo tempo, Antígona se apresenta como uma jovem sensata, ponderada, capaz de argumentar com lógica e reflexão. Procurando demover Édipo de suas intenções de morte, relembra-lhe a coragem antiga, mostra-lhe que o suicídio é uma derrota, recorda-lhe a inocência nos crimes, fala-lhe da inoperância da fuga, dispõe-se a morrer também e, quando todos os argumentos lhe parecem inúteis, pede ao pai que procure apaziguar os filhos belicosos, que ao menos essa razão lhe seja um motivo para viver.

Completamente diferente do de Édipo, o discurso de Antígona se caracteriza pela frequência de orações declarativas, incisivas, que confirmam o caráter da jovem. Não há exclamações nem reticências, as interrogações propostas são imediatamente respondidas, sempre de forma convincente e definitiva:

> Vais pelas planícies? Eu também vou. Buscas as montanhas?
> Não te impeço; vou na tua frente (63-64).²⁴

> Queres morrer?
> A morte, pai, é teu maior desejo?
> Se morreres, eu te antecedo; se viveres, eu te sigo (74-76).²⁵

....
23. *Vis nulla, genitor, a tuo nostram manum/ corpore resoluet* (*Phoe.* 51-52).
24. *In plana tendis? Vado; praerupta appetis?/ Non obsto, sed praecedo* (*Phoe.* 63-64).
25. *Extingui cupis/ uotumque, genitor, maximum mors est tibi?/ Si moreris, antecedo; si uiuis, sequor* (*Phoe.* 74-76).

Uma bela série de interrogações encadeadas se situa entre os versos 205 e 215, ao fim da segunda fala de Antígona, quando as respostas por ela dadas às perguntas que propõe constroem o final da argumentação com que tenta convencer o pai para que ele não mais procure a morte. Destruindo antecipadamente qualquer contra-argumentação, Antígona se utiliza de argumentos pensados e racionais ou se vale daqueles que correspondem à defesa de Édipo. Entre os primeiros cumpre citar as máximas filosóficas que emprega – prática, de resto, bastante comum nos textos de Sêneca: "Não despreza a morte quem a desejou"[26]; "Aquele cujos males não podem ser maiores já está colocado em lugar seguro"[27]. Entre os últimos, merece especial atenção o argumento em que, com alguma irreverência, a filha procura ressaltar a inocência do pai: "E além de tudo, pai, proclama que não és culpado/ porque és inocente, embora contra a vontade dos deuses"[28].

Ao contrário de Édipo, que se amarra ao passado e se deleita em relembrar sua vida desgraçada, Antígona se projeta no tempo vindouro. Daí o grande número de frases em que emprega verbos no futuro do indicativo:

Nenhuma força, pai, poderá desprender minha mão
de teu corpo. Ninguém, jamais, te arrancará
a companheira (51-53);[29]

....
26. ... *Nemo contempsit mori/ qui concupiuit* (*Phoe.* 197-198).
27. *Cuius haut ultra mala/ exire possunt, in loco tuto est situs* (*Phoe.* 198--199).
28. *Et hoc magis te, genitor, insontem uoca/ quod innocens es dis quoque inuitis* (*Phoe.* 204-205).
29. *Vis nulla, genitor, a tuo nostram manum/ corpore resoluet; nemo me comitem tibi/ eripiet umquam* (*Phoe.* 51-53).

Mesmo que o proíbas, pai, eu te conduzirei
sem que estejas de acordo; dirigirei os passos de quem se
[opõe (61-62).[30]

No segundo fragmento, a figura dominante é Jocasta, a mãe desditosa, repartida entre os filhos que se preparam para morrer. Jocasta é uma curiosa personagem, em sua complexa tragicidade. Embora voltada em parte para o passado e para seu próprio ser, como Édipo, embora revele também um pouco de autocomiseração, sua primeira preocupação é com os filhos. Eles a colocam em face do dilema cruel: "Não sei o que eu deveria desejar ou decidir" (377)[31]; "Que votos posso fazer, em minha condição de mãe?" (379)[32]; "De um lado e de outro é um filho que vejo [...] o que eu desejar para um filho se tornará em mal para o outro" (380-382)[33].

A coragem e o amor materno fazem com que Jocasta se dirija aos moços e tente, de todas as formas, dissuadi-los do perverso intento. Ela usa argumentos patéticos e racionais. Oferece-se como vítima por ter gerado filhos inimigos. Pede aos soldados que a atinjam no ventre – numa espécie de punição tardia – por ali ter concebido irmãos de seu próprio esposo. Procura despertar nos jovens belicosos o sentimento da responsabilidade, mostrando-lhes que são livres no agir. Focalizando o problema da liberdade de escolha, o teatrólogo, num procedimento comum em várias de suas tragédias, opõe o livre-arbítrio

....
30. *Prohibeas, genitor, lícet:/ regam abnuentem, dirigam inuiti gradum* (*Phoe.* 61-62).
31. *Quid optem quidue decernam haut scio* (*Phoe.* 377).
32. *Vota quae faciam parens?* (*Phoe.* 379).
33. *Vtrimque natum uideo [...]/ quodcumque alteri/ optabo nato fiet alterius malo* (*Phoe.* 380-382).

do homem à fatalidade que caracteriza algumas das tragédias gregas.

Jocasta é mais uma das belas mulheres que compõem a grande galeria de tipos femininos de Sêneca; postando-se ao lado de Medeia, Fedra, Andrômaca e Hécuba, demonstra o vigor com que foi construída, mas deixa entrever também seu lado humano. Mais sensível do que Édipo, e também mais simples, menos torturada e mais objetiva, embora viva o conflito de qualquer mãe, obrigada a tomar partido entre os filhos, Jocasta é capaz de contemplar a realidade de frente, sem se valer dos expedientes de fuga empregados por Édipo.

Quanto às demais personagens presentes no texto, não se revestem elas de grande significação. A filha de Jocasta que figura no segundo fragmento não é identificada. Talvez seja Ismena, pois que é bastante diferente da Antígona do primeiro fragmento. Não apresenta ponderação e tranquilidade em suas palavras e revela veemência e paixão, ao fazer uma súplica desesperada à mãe, pedindo-lhe que seja a primeira vítima caso não consiga fazer com que os filhos cheguem a um acordo pacífico: "Oferece teu peito nu às espadas nefastas, minha mãe./ Põe termo à guerra ou perece em primeiro lugar" (405-406)[34].

Dos filhos de Édipo e Jocasta, embora sejam os responsáveis diretos pela ação que se desenrola no segundo fragmento, depreendemos as características mais do diálogo das outras personagens do que da atuação que mostram quando em cena – atuação rápida e sem grande significação.

Polinices é o jovem desconfiado de tudo, implacável para com o irmão, revoltado, inconformado com os acon-

....
34. *Nudum inter enses pectus infestos tene:/ aut solue bellum, mater, aut prima excipe* (*Phoe.* 405-406).

tecimentos, surdo às palavras maternas. Sua aparente aquiescência encobre a ironia e a revolta (591-597). Sabe-se que ele não vai ceder. No que diz respeito a Etéocles, interessa-o apenas o poder, o reino, a qualquer preço, mesmo a preço do ódio, mesmo com o sacrifício de todos. Suas palavras revelam de modo inequívoco o que pensa do ato de mandar:

> Não deseja reinar aquele que teme ser odiado.
> O deus criador do mundo pôs estas duas coisas lado a lado: o ódio e o poder. Considero que é próprio de um grande rei reprimir os ódios. O amor dos súditos impede o governante de muitas atitudes; ele tem mais poder contra os que o
> [odeiam.
> Quem deseja ser amado governa com mão fraca (654-659).[35]

A síntese de seu pensamento está em suas palavras finais: "Qualquer que seja o preço, o poder vale a pena" (664)[36].

Resta mencionar os mensageiros que aparecem tanto no primeiro como no segundo fragmento. Narradores anônimos e impessoais, sem características definidas e sem conotação trágica, os mensageiros costumam aparecer nas tragédias para relatar o que se passa fora da vista do espectador. O papel dos dois mensageiros em *As fenícias* é inexpressivo. O primeiro comunica a Édipo que Polinices se aproxima de Tebas e solicita-lhe ajuda. O segundo descreve a partida de Jocasta para o campo de

....
35. *Regnare non uult esse qui inuisus timet./ Simul ista mundi conditor posuit deus / odium atque regnum: regis hoc magni reor/ odia ipsa premere/ Multa dominantem uetat/ amor suorum; plus in iratos licet./ Qui uult amari languida regnat manu* (*Phoe*. 654-659)
36. *Imperia pretio quolibet constant bene* (*Phoe*. 664).

luta. São meros informantes, desprovidos de maior interesse dramático.

É o que se pode dizer a respeito do texto. Mas cremos que justificamos nossa primeira afirmação. *As fenícias*, embora fragmentada como peça e destituída de teatralidade, apresenta, como certas estátuas mutiladas, aspectos de grande beleza e de força expressiva. A história, pelo que depreendemos do que resta, tem alguma originalidade; a linguagem é rica e ornamentada, revelando a preocupação de Sêneca com a retórica da expressão; as personagens são construídas com cuidado e permitem-nos conhecê-las em suas características bastante pessoais. Representam um retrato novo, composto com criatividade e arte, um retrato que põe mais uma vez, ante o leitor, antigas figuras conhecidas que agora se mostram numa perspectiva especial.

AS FENÍCIAS
(*Phoenissae*)

PERSONAGENS

ÉDIPO (rei de Tebas)
ANTÍGONA (filha de Édipo e Jocasta)
MENSAGEIRO 1
JOCASTA (mãe e esposa de Édipo)
GUARDA ou MENSAGEIRO 2
UMA DAS FILHAS DE JOCASTA (Ismênia?)
POLINICES (filho de Édipo e Jocasta)
ETÉOCLES (filho de Édipo e Jocasta)

FIGURANTES
Soldados tebanos.

CENÁRIO
Proximidades de Tebas.

PRIMEIRA PARTE

Cena I
(ÉDIPO, ANTÍGONA)

ÉDIPO[37]
Condutora de um pai cego, único alívio de meu corpo
....

37. Filho de Laio e Jocasta, rei e rainha de Tebas, Édipo, ao nascer, foi condenado pelo pai à exposição no Citéron, atado por correias e com os pés trespassados por um grampo de ferro: o oráculo de Delfos profetizara, antes de seu nascimento, que ele haveria de ser o assassino do pai, se viesse a viver. O menino, porém, foi encontrado por um pastor que o entregou ao rei e à rainha de Corinto. Os soberanos lhe deram o nome de Édipo ("pés inchados") e o educaram como filho. Ao atingir a juventude, Édipo foi a Delfos, consultou o oráculo e ficou sabendo do destino que teria: mataria o pai e se casaria com a mãe. Desesperado, ele não regressou a Corinto e se dirigiu a Tebas. Ao chegar às proximidades da cidade, teve uma altercação com viajantes que vinham pela estrada e matou um ancião: era o velho Laio, que viajava com sua comitiva. Continuando o seu percurso, nas proximidades de Tebas, Édipo decifrou o enigma proposto por uma esfinge que matava as pessoas que não conseguiam resolver adivinhações por ela formuladas; em decorrência causou a morte do monstro e recebeu como prêmio, por ter livrado a cidade do flagelo, a realeza e a mão da rainha viúva: Jocasta. Tempos depois, quando já tinha quatro filhos desse casamento incestuoso – Antígona, Ismênia, Etéocles e Polinices –, Édipo veio a descobrir a verdade. Vazou então os olhos, como autopunição, e abandonou o poder e a cidade de Tebas. O assunto é explorado em numerosas obras, mas, principalmente, no *Édipo Rei*, de Sófocles, e no *Édipo*, de Sêneca.

fatigado, filha minha, que me é de tanta importância
ter gerado – ainda que dessa forma –, abandona teu
[desgraçado pai.
Por que reconduzes meu passo errante ao caminho
[certo?
Deixa que eu vagueie às tontas; sozinho, encontrarei
5 [mais facilmente
a trilha que procuro: a que me arranque desta vida
e liberte as terras e o céu da visão deste rosto nefasto.
Como foi pouco o que fiz com esta mão!
Não vejo o dia, cúmplice de minha culpa,
10 mas sou visto. Larga a mão agora presa a mim
e permite que os pés cegos sejam levados para um
[lugar de onde
possam evadir-se. Irei, irei para onde o meu Citéron
exibe os picos abruptos; para onde o célere Acteão,
depois de ter percorrido a montanha, no meio das
[rochas,
15 caiu por terra, estranha vítima de seus cães[38];
para onde, pelo bosque escuro e pela floresta do
[sombrio vale,
uma genitora conduziu suas irmãs excitadas pelo deus
e, alegrando-se com seu crime, exibiu uma cabeça
[fixada num tirso vibrante[39];

....

38. Acteão era filho de um filho de Apolo, Aristeu, e de uma das filhas de Cadmo, Autônoe. Amante da caça, frequentava o Citéron, onde foi despedaçado e morto por seus cães. Segundo uma versão da lenda, a morte de Acteão foi castigo de Zeus (Júpiter), por ter o jovem tentado seduzir Sêmele, amante do deus; de acordo com a versão mais comum, porém, foi transformado em veado por Ártemis (Diana), por tê-la visto nua, a banhar-se: após a metamorfose seus cães não o reconheceram e se lançaram sobre ele, matando-o. Cf. Ov. *Met.* 3, 138.

39. Referência a Agave, filha de Cadmo e sacerdotisa de Dioniso (Baco) que, em um acesso de loucura, matou seu filho Penteu. Ver nota 53 de *A loucura de Hércules*.

para onde correu o touro de Zeto, arrastando um corpo
dilacerado[40]; para o lugar em que, entre amoreiras
[eriçadas, 20
o sangue revela o percurso do touro cruel;
em que comprime os mares profundos o rochedo de
[Ino,
com seu elevado vértice; em que, fugindo do crime
[do esposo
e cometendo um novo crime, uma mulher se atirou
[nas águas,
para submergir com o filho[41]. Felizes aqueles 25
aos quais uma sorte melhor deu tão boas mães!
Há um outro local, nessas florestas, que me pertence
e que me reclama: a ele me dirigirei numa corrida
[rápida;
meus passos não hesitarão. Irei para lá, desassistido
de qualquer guia. Por que me demoro? Meu lar, 30
a montanha, devolve-mo, ó Citéron. Restitui-me o asilo
para que eu morra, idoso, no lugar em que devia ter
[morrido
quando recém-nascido. Resgata o suplício de outrora,
tu que sempre foste sanguinário, selvagem, cruel, feroz,
quer quando matas quer quando poupas: já há muito
[tempo 35

....
40. Referência ao castigo sofrido por Dirce, mulher de Lico, rei de Tebas, que sucedera seu irmão no trono. Como punição pela tortura infligida a Antíope, os filhos desta, Zeto e Anfião, quando se tornaram adultos, prenderam Dirce e a ataram aos chifres de um touro bravo que, desejando desvencilhar-se do fardo, a despedaçou, de encontro a rochedos. Cf. Ov. *Met.* 6, 271, e Prop. 1, 9, 10 e 3, 15, 11 ss. Ver nota 75 de *A loucura de Hércules*.

41. Referência ao castigo sofrido por Ino, filha de Cadmo, pelos males por ela causados ao enteados Frixo e Hele (ver nota 118 de *A loucura de Hércules*): enlouquecida por Juno, Ino matou seu filho Melicertes e se atirou no mar, do alto de um rochedo, com o cadáver do menino, sendo transformada em uma nereida. Cf. Ov. *Met.* 4, 539 ss.

que este cadáver é teu[42]! Cumpre agora a ordem de
[meu pai
e de minha mãe. Meu espírito deseja que o antigo
[suplício
seja retomado. Por que, minha filha, com teu
[desgraçado amor,
me reténs, submetido a ti? Por que me reténs? Meu
[pai me chama.
– Eu te sigo, meu pai, eu te sigo, tranquiliza-te[43]!
40 [Trazendo sangrento
o emblema do reino arrebatado, Laio se mostra
[enfurecido.
Eis que com as mãos hostis ele atinge e esgravata
minhas órbitas vazias. Filha, tu vês meu pai?
Eu o vejo. Cospe, finalmente, teu sopro inimigo,
45 espírito fraco, forte para uma parte de ti.
Abandona a lânguida espera de um castigo demorado
e aceita a morte total. Por que arrasto vagaroso
a vida que vivo? Já não posso cometer crime nenhum!
Posso, sim, infeliz de mim! Previno-te: afasta-te de
[teu pai,
afasta-te, virgem. Depois de minha mãe eu tenho
50 [medo de tudo.

ANTÍGONA
Nenhuma força, pai, poderá desprender minha mão
de teu corpo. Ninguém, jamais, te arrancará

....
42. Édipo faz uma alusão a sua exposição no Cítéron, quando recém-nascido, para que morresse.
43. O discurso de Édipo é fragmentado. Ele interrompe o monólogo, em que se dirigia a Antígona, para apostrofar o pai, referindo-se em seguida, em uma espécie de delírio, a uma agressão por parte de Laio, e voltando depois a falar com Antígona e consigo mesmo, em solilóquio, numa autoexortação que culmina com uma alusão a um possível futuro incesto com Antígona.

a companheira. Que meus irmãos disputem com as
[armas
a nobre casa de Lábdaco, o reino opulento.
A parte suprema do grande reino de me pai é minha: 55
é meu próprio pai. Este, não mo tirará o meu irmão
que sustém o cetro tebano no reino usurpado,
nem o outro que comanda os exércitos argólicos[44];
se Júpiter troar num mundo revolucionado
e um raio cair no meio de nosso amplexo, eu não
[soltarei 60
esta mão. Mesmo que o proíbas, pai, eu te conduzirei
sem que estejas de acordo; dirigirei os passos de
[quem se opõe.
Vais pelas planícies? Eu também vou. Buscas as
[montanhas?
Não te impeço; vou na tua frente. Faze o que desejas,
desde que eu seja a guia; o caminho escolhido, será
[para os dois: 65
sem mim não podes morrer, comigo podes.
Aqui, um alto rochedo se eleva na montanha escarpada
e contempla, ao longe, a imensidão do mar que jaz a
[seus pés.
Queres que nos dirijamos a ele? Ali, está pendente
[uma pedra nua,
mais adiante a terra se abre, rachada, numa garganta
[abrupta. 70
Queres que nos dirijamos a ela? Mais além, uma
[torrente despenca impetuosa

....
44. Antígona se refere a Etéocles, que se negara a permitir que Polinices o substituísse no governo, e a Polinices que, impedido pelo irmão de exercer o poder, arregimentara sete exércitos aliados a Argos, para sitiar Tebas. O assunto é explorado por Ésquilo em *Sete contra Tebas*.

        e leva de roldão, roídas, as partes do monte dilapidado.
        Precipitamo-nos nela? Desde que eu vá na frente,
                [vou para onde quiseres.
        Não suplico, não exorto. Queres morrer?
75   A morte, pai, é teu maior desejo?
        Se morreres, eu te antecedo; se viveres, eu te sigo.
        Dobra, no entanto, a tua mente, chama por tua
                [antiga coragem
        e domina com energia a dor que hás de vencer.
        Resiste. Diante de tantas desgraças, morrer é ser
                [vencido.

ÉDIPO
80   De onde vem, numa casa nefasta, este ser de escol?
        De onde vem esta virgem, tão diferente dos de sua
                [raça?
        Voltas atrás, Fortuna? Algo de piedoso nasceu de mim!
        Não nasceria, jamais – eu conheço bem meu destino! –,
        se não fosse para me perder! A novas leis a própria
                [natureza
85   se converterá: o rio, tumultuado, levará para a nascente
        as ondas rápidas; o brilho de Febo
        conduzirá a noite e Vésper trará o dia
        para que algo mais se acrescente a minhas misérias[45].
        Nós também seremos piedosos. A única salvação de
                [Édipo
        é não ser salvo. É preciso que meu pai ainda sem
90   [vingança
        seja vingado. Por que, ó mão inerte, te demoras

....

        45. Empregando um *adynaton* – recurso retórico muito frequente nas tragédias senequianas –, Édipo faz nova insinuação a um possível incesto com Antígona.

em exigir castigos? Até agora só deste à minha mãe
o que era exigido. Larga a mão do teu pai,
virgem corajosa. Estás prolongando meu funeral,
comandando as longas exéquias de um pai vivo.   95
Cobre com terra, enfim, meu corpo odioso;
erras, com tuas boas intenções: consideras piedade
arrastar um pai insepulto? Aquele que obriga a morrer
quem não o quer está em equivalência ao que
                [impede quem tem pressa.
Proibir de morrer a quem o deseja é matar.   100
Não, não está em equivalência; considero que a
                [segunda alternativa
é mais grave: prefiro ser condenado à morte a ser
                [dela arrancado.
Desiste de teus planos, virgem. Meu direito de vida
                [ou de morte
está em minhas mãos. Abandonei o reino por livre
                [vontade;
mantenho a regência de meu próprio eu. Se és uma
                [companheira fiel,   105
entrega a teu pai uma espada, mas que seja a espada
famosa pela morte de meu pai. Entregas? Ou meus
                [filhos a possuem
juntamente com o reino? Ela exercerá sua função
                [onde quer que seja.
Que fique lá, eu a deixo. Que meus filhos fiquem
                [com ela,
os dois. Prepara, de preferência, as chamas e uma
                [fogueira   110
enorme; eu me atirarei à pira elevada,
me abraçarei às labaredas, subirei na pilha de lenha,
libertarei meu duro coração e darei às cinzas
tudo aquilo que ainda vive em mim. Onde está o mar
                [bravio?

Tragédias

115 Leva-me a um lugar onde haja uma montanha
[abrupta, com altos rochedos,
onde o rápido Ismeno revolva suas águas
[ameaçadoras,
leva-me a um lugar onde haja feras, onde haja um
[abismo, um precipício,
se és minha guia. O que satisfaz a quem vai morrer
[é ir para lá
onde se assentava numa pedra elevada a Esfinge
[tramadora de enigmas
com sua híbrida boca⁴⁶. Conduz até lá os passos de
120 [meus pés;
deixa lá teu pai. Para que aquela morada não careça
de um monstro, põe em seu lugar um que seja maior.
[Sentado ali,
sobre a pedra, proporei o obscuro enigma de meu
[destino,
que ninguém poderá resolver. Quem quer que sejas,
que sulcas as terras possuídas pelo rei assírio⁴⁷ e,
125 [súplice, adoras

....
46. Édipo relembra a vitória que obteve sobre a Esfinge – monstro com corpo de leão e cabeça de mulher, que vivia sobre uma pedra elevada, à entrada de Tebas, propondo enigmas aos visitantes e matando-os quando não os resolviam.

47. É provável que Sêneca (ou, eventualmente, algum copista) tenha querido dizer "rei tírio", e não "assírio", pois a referência parece ter sido feita a Cadmo, filho de Agenor, que, a mando do pai, saiu de Tiro, na Fenícia, e se dirigiu à Trácia, procurando sua irmã, Europa, que havia sido raptada por Zeus (Júpiter); em Delfos, Cadmo foi aconselhado a desistir da fuga e a fundar uma cidade no lugar em que se deitasse uma novilha branca que ele encontraria no caminho. Quando o fato ocorreu, Cadmo assinalou o lugar em que seria fundada Tebas. Durante a construção da cidade, pediu a seus companheiros que buscassem água, mas a fonte estava guardada por uma serpente-dragão que atacou os homens. Cadmo procurou defendê-los e matou o réptil. Ver nota 53 de _A loucura de Hércules_. Cf. Ov. _Met._ 3, 6 ss.

o bosque famoso pela serpente de Cadmo, onde se
[esconde,
a sagrada Dirce⁴⁸; quem quer que sejas que bebes a
[água do Eurotas
e habitas Esparta, enobrecida pelos irmãos gêmeos⁴⁹,
ou que ceifas a Élida e o Parnaso, como lavrador,
ou os campos beócios de solo fértil,   130
presta-me atenção. A cruel praga de Tebas⁵⁰,
confiando palavras funestas a versos obscuros,
o que propôs semelhante a isso? O que seria tão
[inextricável?
"Genro do avô, rival de seu pai,
irmão de seus filhos e pai de seus irmãos";   135
num único parto uma avó pariu filhos para o marido
e netos para si. Quem explicaria tamanhas
[monstruosidades?
Eis que eu mesmo, que recebi o espólio da Esfinge
[vencida,
me quedarei paralisado, como um hesitante
[intérprete de meu destino.
Por que desperdiças mais palavras? Que coração
[selvagem   140
tentas amolecer com súplicas? O que existe neste
[espírito
é o desejo de exalar com a morte o sopro que luta há
[já tanto tempo
e buscar as trevas: pois para o meu crime esta noite
[profunda é pouco.

....
48. Trata-se da fonte sagrada em que se metamorfoseara Dirce, esposa de Lico, rei de Tebas (cf. Prop. 3, 15). Ver nota 75 de *A loucura de Hércules*.
49. Alusão a Castor e Pólux, filhos de Leda, rainha de Esparta. Ver nota 30 de *A loucura de Hércules*.
50. Perífrase para designar a esfinge.

| | O que eu desejo é esconder-me no Tártaro[51]
| | e, se isso existe, além mesmo do Tártaro. É de minha
| 145 | [vontade
| | fazer o que outrora deveria ter sido feito. Não posso
| | [ser impedido de morrer.
| | Tu me negarás o ferro? Fecharás os caminhos
| | [perigosos para a queda
| | e me impedirás de enfiar meu pescoço num laço
| | [estreito?
| | Afastarás as ervas que trazem a morte?
| 150 | De que servirão estes teus cuidados?
| | A morte está por toda parte: um deus cuidou disso
| | [com perfeição.
| | Alguém pode eliminar a vida de um homem
| | mas ninguém a morte. Milhares de caminhos se
| | [abrem para ela.
| | Não quero nada. O meu espírito costuma utilizar-se
| | [muito bem de minha mão,
| | mesmo nua. Vem agora, ó minha mão, com todo o
| 155 | [teu ímpeto,
| | com toda a tua dor, com todas as tuas forças.
| | Não indico um lugar único de minha pessoa para o
| | [ferimento:
| | sou culpado por inteiro. Leva a termo a morte por
| | [onde quer que vás.
| | Despedaça meu peito, arranca meu coração, capaz
| | [de tantos crimes,
| 160 | desnuda todas as sinuosidades de minhas vísceras.
| | Que minha garganta, dilacerada, ressoe, sob os
| | [golpes impetuosos,

....
   51. O Tártaro é o lugar mais obscuro e mais remoto do Inferno: ali cumprem suas penas os grandes criminosos. Cf. Virg. *Aen.* 6, 548 ss.

e que jorrem as veias rompidas por unhas que nelas
                                                           [se cravaram.
Ou, então, conduz tua ira para onde costumas: os
                                    [ferimentos reabertos
rega com muito sangue e com muito pus;
arranca por aí o espírito duro, inexpugnável.   165
E tu, meu pai, que permaneças por toda a parte,
                                          [como árbitro
de minhas penas; não acreditei que este crime tão
                                              [grande
seria jamais expiado com um castigo suficiente,
nem me contentei com esta morte,
nem me redimi com uma parte. Por ti, membro por
                                      [membro, hesitante 170
eu quis morrer. Toma o que te é devido.
Agora cumpro minhas penas: eu te ofereci uma
                                    [homenagem funerária.
Vem e enfia dentro de mim esta mão pusilânime;
mergulha-a mais; tímida, naquele momento, libou
                                          [minha cabeça
num pequeno hausto e apenas arrancou os olhos 175
desejosos de segui-la. Minha força vital ainda se prende
a mim; prende-se quando meu rosto toca
a mão que se recusa. Ouvirás a verdade, Édipo:
arrancaste teus olhos menos ousadamente
do que pretendeste. Enfia agora a mão em teu cérebro: 180
completa a morte por essa parte, por onde
                                    [começaste a morrer.

ANTÍGONA
Suplico-te que ouças, magnânimo pai, com o espírito
                                              [tranquilo,
algumas poucas palavras de tua filha desgraçada.

185 Não peço para reconduzir-te à beleza de tua casa antiga
e à poderosa condição de uma realeza de ilustre brilho;
nem para suportares com o coração calmo e plácido
os furores que não foram reprimidos com o passar
[dos tempos.
Conviria, entretanto, a um homem de tamanha força,
não permanecer sob o domínio da dor, nem fugir,
[vencido,
190 aos sofrimentos. Não é virtude, como julgas, pai,
temer a vida, mas, sim, aos males ingentes
fazer frente, sem se voltar ou retroceder.
Aquele que calcou com seus pés o destino e atirou
[longe
e suprimiu os bens da vida e tornou mais pesada sua
[desgraça,
195 aquele a quem nenhum deus é necessário,
por que razão deseja a morte, por que razão a nega?
As duas coisas são próprias do medroso: não
[despreza a morte
ninguém que a desejou. Aquele cujos males não
[podem ser maiores
já está colocado em lugar seguro.
200 Qual dos deuses, admite que o quisesse, poderia
acrescentar alguma coisa mais a tuas dores? Tu já não
[podes nada,
a não ser pensar que és digno de uma imolação.
Não és; nenhuma culpa atingiu teu coração.
E além de tudo, pai, proclama que não és culpado
porque és inocente, embora contra a vontade dos
205 [deuses.
O que te teria enraivecido, o que teria cravado
[espinhos novos
em teu sofrimento? O que te leva às moradas infernais

e delas te expulsa? O carecer da luz?
Careces. Fugir do nobre palácio de altos muros
e da pátria? A pátria pereceu para ti, que estás vivo. 210
Foges de teus filhos e de tua mãe? Da visão de todos
a Fortuna te afastou e tudo que a morte
pode tirar de alguém a vida tirou de ti.
Do tumulto do poder? A turba da Fortuna se afastou
[primeiro,
ordenada por ti. De quem tu foges, meu pai? 215

ÉDIPO
Fujo de mim, fujo de meu coração, consciente de
[todos os crimes,
fujo desta mão, e deste céu, e dos deuses.
E fujo dos terríveis crimes que cometi, inocente.
Piso eu neste solo do qual surge Ceres trazendo seus
[frutos[52]?
Respiro eu estes ares com minha boca pestilenta? 220
Sacio-me, eu, com um sorvo de água e desfruto de
[algum dom
da mãe-terra, criadora? Seguro, eu, a mão pura,
eu que sou nefasto, incestuoso, execrável?
Apreendo, eu, em meus ouvidos, alguns sons
pelos quais ouça o nome de pai ou de filho? 225
Oxalá realmente eu fosse capaz de rasgar essas vias
e pudesse, forçando as mãos, destruir tudo por onde
as vozes se escoam e o caminho se abre para as
[palavras
em uma passagem estreita: oxalá, minha filha,
que és parte de meus crimes, pai desgraçado, 230

....
52. Referência às searas de Tebas e à produção de trigo, dons que Ceres
ofereceu aos homens.

eu já tivesse fugido de tua presença! O crime
  [hediondo se agarra a mim
e recrudesce com frequência, e meus ouvidos
  [reclamam o que me destes,
olhos meus! Por que não envio a cabeça carregada
  [de trevas
às sombras eternas de Dite? Por que ainda detenho
235   meus manes aqui? Por que sobrecarrego a terra
e vagueio misturado aos que estão vivos? Que mal
  [ainda me resta?
O reino, os pais, os filhos, e também a virtude,
suprema glória de um gênio solerte, desapareceram!
A sorte nefasta me tirou todas as coisas;
240   restam as lágrimas: estas também eu arranquei de mim.
Desiste. Meu espírito não aceita nenhuma súplica
e procura um novo castigo, igual a meus crimes.
E o que poderia ser igual? Ainda infante,
a morte me foi decretada. Quem alguma vez recebeu
  [por quinhão
245   um destino tão triste? Eu ainda não havia visto o dia,
ainda não rompera o obstáculo do ventre que me
  [enclausurava
e já era temido! De alguns recém-nascidos a morte se
  [ocupou
e imediatamente os retirou da nova luz:
no meu caso, ela me antecedeu. Alguns, nas
  [entranhas maternas,
250   encontraram o fim precoce de um destino.
Por acaso também eles cometeram crimes? A mim
  [que estava escondido,
oculto, duvidoso de que viria a existir, um deus me
  [fez réu

de um crime nefando: diante de tal testemunho, meu
[pai
me condenou e trespassou meus pés com um ferro
[em brasa
e me colocou num espesso bosque para ser pasto
[das feras   255
e das aves selvagens que o funesto Citéron alimenta,
muitas vezes tingidas com sangue real.
Mas aquele que o deus condenou, o pai rejeitou
e a morte também abandonou. Eu confirmei o
[oráculo de Delfos.
Derrubei meu pai, abatido por ímpio assassínio.   260
Um ato de piedade redimirá esse crime: matei meu pai
mas amei minha mãe[53] – envergonha-me falar de
[nosso casamento
e das tochas matrimoniais. Força-te também a
[suportar essas penas
ainda que contra a vontade: fala de um crime ignoto,
[inaudito,
inusitado, com o qual os povos se horrorizam,   265
que nenhuma época negará que tenha ocorrido,
que envergonha o parricida – levei as mãos
salpicadas de sangue paterno ao leito nupcial de
[meu pai
que recebi como o prêmio principal de meu crime.
O crime contra meu pai foi leve: a meu tálamo   270
minha mãe foi conduzida, e foi fecundada para que
[o crime
não fosse de pequeno porte. A natureza não pode
[produzir

---
53. Destaque-se a ironia nas palavras de Édipo.

nenhum delito maior que esse. Se, todavia, ainda
[existisse algum,
nós geramos aqueles que poderiam cometê-lo.
[Rejeitei o prêmio
da imolação de meu pai, o cetro, e ele armou
275 [novamente
outras mãos⁵⁴. Eu conheço muito bem
o destino de meu reino: ninguém o assumirá sem
[sangue
maldito. O espírito paterno pressagia grandes males.
Já foram lançadas as sementes da futura catástrofe:
280 despreza-se a fidelidade ao pacto;
um, tendo assumido o poder, se recusa a cedê-lo;
o outro invoca o direito e os deuses testemunhas do
[tratado firmado,
e, exilado, incita às armas Argos e as cidades gregas.
Não é leve a ruína que se aproxima
285 de Tebas fatigada. Dardos, chamas, ferimentos
são iminentes e, algum mal maior do que estes, se
[existe,
para que ninguém deixe de saber que eles foram
[gerados por mim.

ANTÍGONA
Se não tens nenhuma causa para viver, meu pai,
esta única já é mais que suficiente: moderar, como
[pai, teus filhos

....
54. Édipo faz uma referência ao poder real que deveria ser compartilhado por Etéocles e Polinices; cada um, por sua vez, reinaria por um turno determinado. Etéocles, porém, se recusou a transferir o poder para o irmão quando seu tempo terminou, o que ocasionou a atitude de Polinices: solicitou auxílio ao sogro e marchou contra Tebas à testa de sete exércitos.

terrivelmente enfurecidos. Só tu podes afastar 290
as ameaças de uma guerra ímpia; só tu podes inibir
os jovens insensatos, dar paz aos cidadãos,
tranquilidade à pátria, fé a um tratado rompido.
Se te negas a vida, tu a negas a muitos.

ÉDIPO
Têm eles algum amor pelo pai ou pelo que é justo, 295
ávidos de sangue, de poder, de guerra, de mentira,
 [perversos,
criminosos, como direi, em uma palavra, meus?
Eles disputam os crimes, num todo, e, sem pesar nada,
quando a ira os conduz, precípites, os que nasceram
de um crime julgam que nada é crime. 300
Não os comove a honra de um pai aflito, nem a pátria.
O coração, enlouquecido pelo poder, os enfurece.
Sei para onde são levados, sei quantas coisas se
 [aprestam a tramar,
e é por isso que procuro o caminho de uma morte
 [próxima
e me apresso enquanto em minha casa ninguém ainda 305
é mais culpado que eu. Filha, por que choras,
abraçada a meus joelhos? Por que procuras domar
 [este ser indomável?
A Fortuna só tem este único meio para que,
invicto em relação aos outros, eu possa ser vencido:
 [somente tu podes
atenuar meus duros sentimentos, somente tu, em
 [nossa família, 310
podes ensinar o que é a piedade. Nada que eu saiba
 [que desejas é para mim

pesado ou doloroso. Dá tuas ordens, portanto.
Este Édipo que aqui está transporá a nado o mar Egeu,
se tu ordenares, Édipo receberá em seu rosto as
              [chamas que a terra
vomita do monte da Sicília, revolvendo globos de
              [fogo[55],
e se oferecerá à serpente cruel que se enfureceu com
              [o furto de Hércules
em seu bosque[56]; se tu ordenares ele dará seu fígado
              [às aves[57];
se tu ordenares, ele até viverá.

Cena II
(ÉDIPO, ANTÍGONA, UM MENSAGEIRO)

MENSAGEIRO
Temendo as armas dos dois irmãos, Tebas te chama,
a ti que te originaste na casa real como um grande
              [exemplo,
e te pede que afastes as tochas dos tetos pátrios.
Não são ameaças. A desgraça já chegou muito perto.
Pois o irmão que reclama o reino e seu turno pactuado
conduz todos o povos da Grécia para a guerra[58]:
sete exércitos cercam as muralhas tebanas.
Socorre-nos. Impede a guerra e, igualmente, o crime.

---

55. Alusão ao Etna, vulcão da Sicília.
56. Alusão à serpente que guardava os frutos de ouro do jardim das Hespérides, roubados por Hércules.
57. Referências aos castigos infligidos pelos deuses a Prometeu e Tício.
58. Referência à chegada de Polinices, à testa dos sete exércitos aliados.

ÉDIPO
Sou eu aquele que me oporia a que crimes fossem
[cometidos
e que ensinaria as mãos a absterem-se de um sangue
que lhes deveria ser caro? Sou eu o mestre do direito
[e do piedoso amor? 330
Eles procuram aproximar-se de meus exemplos;
seguem-me agora. Eu os louvo e os reconheço com
[prazer;
exorto-os a fazerem algo que seja digno do pai.
Vamos, ó minha cara progenitura, provai com feitos
[vossa índole
generosa, superai minha glória e meus louvores 335
e fazei alguma coisa pela qual vosso pai sentiria prazer
de ter vivido até agora. Fareis, eu sei.
Foi para isso que nascestes. Uma nobreza tão grande
não pode contentar-se com um crime leve, comum.
Tomai as armas, ameaçai com tochas os secretos
[altares divinos, 340
ateai fogo à seara do solo natal, revolucionai
todas as coisas, levai tudo à ruína,
espalhai os pedaços dos muros por toda parte,
[arrasai-os,
sepultai os deuses em seus templos, confundi os
[lares maculados,
que se abata nossa casa, desde os alicerces, 345
que se incendeie a cidade – que, em meu leito
[conjugal,
o fogo se inicie.

MENSAGEIRO
                    Domina esse violento ímpeto
de dor e que os males públicos te comovam.
Vem como instaurador de plácida paz para teus filhos.

ÉDIPO

350 É um velho voltado a pensamentos moderados que
                                                                      [vês?
É um amante de plácida paz que chamas para a
                                                                      [contenda?
Meu espírito se intumesce com a ira; uma dor imensa
                                                                      [se inflama
e desejo algo maior do que o que intentam o destino
e a loucura desses jovens. Uma guerra civil não é
                                                                   [ainda suficiente;
não é suficiente que um irmão se lance contra o
355   [outro irmão.
O que é preciso, para que o crime se realize
conforme nosso costume, é que ele esteja de acordo
                                                                    [com o meu leito:
dai armas à mãe. Que ninguém me arranque
destas selvas; eu me esconderei na concavidade de
                                                                    [uma rocha
abandonada ou cobrirei meu corpo oculto com uma
360   [densa folhagem.
Daqui escutarei as palavras de um vago rumor
e, o que posso, ouvirei os ruídos da guerra cruel dos
                                                                          [irmãos.

SEGUNDA PARTE

Cena I
(JOCASTA, UM MENSAGEIRO,
UMA JOVEM, FILHA DE JOCASTA)

JOCASTA
Feliz Agave! Com a mão com que cometeu
o crime horrendo, como sangrenta mênade,

ela exibiu o cadáver do filho, feito em pedaços. 365
A infeliz cometeu o delito, mas não ocultou o crime
em seu ventre. Ele foi leve em comparação com aquele
do qual sou culpada: fiz criminosos. Isso também
                      [agora é leve:
gerei criminosos. Faltava a minhas desgraças
que eu amasse a um inimigo. O inverno por três
                [vezes depôs suas neves 370
e Ceres, pela terceira vez, foi ceifada pela foice,
desde que meu filho vagueia exilado e carece de pátria
e, prófugo, pede o auxílio de reis gregos[59].
É genro de Adrasto por cujo poder é governado o mar
que divide o Istmo; em auxílio do genro 375
ele trouxe seu povo consigo, bem como sete reinos.
Não sei o que eu deveria desejar ou decidir.
Ele reivindica o reino; a causa da reivindicação é
                [boa; é má a de quem
reivindica dessa forma. Que votos posso fazer em
                [minha condição de mãe?
De um lado e de outro vejo um filho. Nada posso
                [fazer piedosamente, 380
com a piedade a salvo. O que eu desejar
para um filho se tornará em mal para o outro.
Mas, embora eu ame um e outro com sentimento igual,
é para aquele a quem a causa melhor e a sorte pior
                [arrastam
que meu coração se inclina, sempre favorável ao fraco. 385
A fortuna atrai os infelizes para os seus.

MENSAGEIRO
Rainha, enquanto gemes tuas flébeis queixas
e gastas teu tempo, o exército impetuoso se aproxima,

---
59. Referência a Polinices.

com as armas desembainhadas. O bronze já anuncia
[a guerra
e o porta-estandarte convoca a batalha com a águia
390 [tremulante.
Os reis, dispostos em ordem, preparam sete ataques;
a progênie de Cadmo[60] acorre com o mesmo estado
[de espírito;
de um lado e de outro a soldadesca avança numa
[corrida precipitada.
Acaso estás vendo? Uma negra nuvem de pó
[obscurece o dia
e o campo de batalha levanta, em direção ao céu,
395 [névoas semelhantes
à fumaça, que a terra produz, fendida pelas patas
[dos cavalos.
Se os temerosos conseguem ver a verdade,
as insígnias inimigas refulgem, a vanguarda avança
brandindo os dardos, os estandartes trazem escritos
[em ouro
400 os nomes ilustres dos chefes.
Vai, devolve o amor aos irmãos, a paz a todos
e serve de anteparo às ímpias armas colocando-te
[diante delas como mãe.

JOVEM
Anda, minha mãe, anda, acelera teu passo,
coíbe os dardos, arranca o ferro de meus irmãos,
405 interpõe teu peito nu às espadas ameaçadoras.
Ou afasta a guerra, mãe, ou acolhe-a como prime
[v

----
60. Perífrase para designar os tebanos.

JOCASTA
Irei, irei e oporei minha cabeça como um obstáculo
[às armas.
Permanecerei entre as armas. O que for atingir um
[irmão,
que atinja antes a própria mãe; o que for piedoso,
que deponha as lanças a pedido da mãe; o que não
[é piedoso, 410
que comece por mim. Conterei, em minha condição
[de anciã,
os jovens fogosos; nenhum crime hediondo ocorrerá
[sendo eu testemunha;
se algo pode ser cometido, sendo eu testemunha,
não haverá um crime apenas.

JOVEM
Os estandartes brilham, vizinhos
a estandartes opostos, o clamor dos inimigos retumba, 415
o crime está próximo. Antecipa-te, mãe, com tuas
[preces.
Eis que poderias crer que eles se comoveram com
[minhas lágrimas,
de tal forma vem vagaroso o exército com suas
[armas baixadas.

MENSAGEIRO
O exército marcha devagar, mas os chefes se apressam.

JOCASTA
Que veloz vento me arrebatará, arrastando-me 420
pelos ares celestes no turbilhão insano da procela?
Que Esfinge ou que Estinfálide, encobrindo o dia
[com negra nuvem,

me levará, voando, com suas asas ávidas[61]?
Ou, pelas altas vias do ar, que Harpia,
425   observando a fome do rei cruel, me atirará,
depois de apanhar-me, entre os dois exércitos?

Cena II
(MENSAGEIRO, FILHA DE JOCASTA)

MENSAGEIRO
Como uma louca, ela se vai; ela certamente
                              [enlouqueceu.
Qual seta veloz, atirada pela mão do parto,
ela é levada; qual barco, impulsionado pelo insano
430   vento esmagador, ela é arrebatada; qual estrela que cai,
arrancada do céu, quando, afastando-se da cúpula
                              [celeste,
irrompe com seus fogos apressados, num caminho
                              [reto,
ela foge desvairada numa corrida e se coloca, num
                              [instante,
entre os dois exércitos. Vencida pela prece materna,
435   a guerra se paralisa e de um lado e de outro
os que desejavam misturar as mãos em morte
                              [conjunta,
brandindo os dardos nas destras, mantêm-nos
                              [suspensos.

....
61. Jocasta se refere a seres míticos naturalmente maus: a Esfinge, nas portas de Tebas, propunha adivinhações aos visitantes e matava os que não conseguiam decifrá-las (*Theog*. 326 ss.); as Estinfálides – vorazes aves do lago Estínfalo – devoravam tudo que estava a seu alcance: colheitas, frutos e até seres humanos, segundo algumas versões (Apd. *Bibl*. 2, 5, 6); as Harpias eram sequestadoras de crianças e de almas.

A paz parece favorável; as espadas de todos jazem
                              [por terra
ou permanecem embainhadas; vibram apenas nas
                              [mãos dos irmãos.
A mãe ostenta, desgrenhada, a cabeleira branca,   440
implora aos rebeldes, rega o rosto com lágrimas.
Quem vacila durante tanto tempo é capaz de negar à
                              [mãe.

Cena III
(JOCASTA, POLINICES, ETÉOCLES, SOLDADOS)

JOCASTA
Lançai contra mim as armas e as chamas; que contra
                              [mim
se precipite essa juventude que vem combativa das
                              [muralhas
de Ínaco e que desce ameaçadora da cidadela   445
de Tebas. Concidadãos e inimigos ao mesmo tempo,
atacai este ventre que deu irmãos ao esposo,
dilacerai e espalhai por toda parte estes membros:
eu os gerei, a um e a outro. Pondes a espada de lado?
Ou devo dizer de quem descendeis? Dai as mãos
                              [a vossa mãe,   450
dai-as enquanto ainda são piedosas. Um engano
                              [contra a nossa vontade
nos fez culpados até agora; todos os crimes foram
                              [por culpa da Fortuna
que se colocou contra nós. Este é o primeiro sacrilégio
que nasce entre pessoas que dele têm consciência.
                              [Em vossas mãos está

o que podeis escolher, entre duas alternativas: se é a
[piedade que te agrada,
meu filho, poupa teu irmão; se foi o crime que te
[agradou, um outro
ainda maior já está preparado: vossa mãe se coloca
[de permeio.
Dai fim à guerra, portanto, ou ao retardamento da
[guerra.
A qual deles, como mãe solícita, dirigirei minhas
[palavras,
numa súplica alternada? A quem, infeliz de mim,
[abraçarei primeiro?
Sou levada a um e a outro por um sentimento igual.
Este aqui esteve ausente, mas, se tem valor o pacto
[dos irmãos,
o outro agora se afastará. Nunca mais, portanto, verei
[os dois
a não ser assim? Dá-me um abraço primeiro,
tu, que tendo suportado tantos trabalhos e tanto
[sofrimento,
vês tua mãe, cansado do longo exílio.
Aproxima-te mais, coloca na bainha essa espada
ímpia e enfia no solo a lança trêmula,
já ansiosa por ser atirada. O escudo impede
o peito materno de unir-se ao teu;
afasta-o também; liberta tua fronte da prisão
e levanta o triste capacete de tua cabeça beligerante:
volve o rosto para tua mãe. Por que voltas o semblante
e observas com olhar temeroso a mão de teu irmão?
Derramada num abraço, cobrirei todo o teu corpo
a fim de que o caminho para teu sangue se faça pelo
[meu.
Por que hesitas, cheio de dúvidas? Desconfias da
[lealdade de tua mãe?

POLINICES
Desconfio. Já de nada valem as leis da natureza.
Depois dos exemplos de meu irmão, a lealdade de
[uma mãe
não deve ser levada em conta.

JOCASTA
    Põe novamente tua mão no punho da espada,   480
aperta o capacete; que tua mão esquerda se enfie em
[teu escudo.
Enquanto teu irmão se desarma, permanece armado.
Quanto a ti, depõe tua arma, tu que és a causa
[primeira das armas.
Se tens ódio à paz, se te causa prazer enfurecer-te na
[guerra,
tua mãe te pede uma trégua exígua   485
para que, uma vez que meu filho voltou, depois de
[ter fugido,
possa ele dar-me os primeiros ou os últimos beijos.
Enquanto peço pela paz, ouvi-me, inermes: ele teme
[a ti; tu o temes.
Quanto a mim, eu temo os dois, pelos dois. Por que
[te recusas
a guardar a espada desembainhada? Alegra-te com a
[demora, qualquer   490
que seja. Desejais fazer uma guerra tal, que nela o
[melhor
é ser vencido. Temes a falsidade de um irmão odioso?
Todas as vezes que é necessário enganar ou ser
[enganado pelos seus,
é melhor que tu sofras a que cometas um crime.
Não temais, porém: vossa mãe afastará as insídias de
[um   495

e de outro lado. Eu vos comovo? Ou devo invejar
vosso pai? Vim para afastar um crime hediondo
ou para vê-lo mais de perto? Este aqui guardou o ferro,
sua lança está abaixada, as armas estão por terra,
[imóveis.
Agora, meu filho, é a ti que dirigirei as súplicas
[maternas
mas antes as lágrimas. Tenho diante de mim, depois
[de tanto tempo,
teu rosto, almejado por meus votos. Exilado do solo
[pátrio,
os penates de um rei estrangeiro te protegem,
tantas coisas diferentes, diversas, tantas desgraças te
[fizeram
viver errante; tua mãe não te levou ao quarto nupcial
como acompanhante; nem ornamentou, com suas
[mãos, tua casa
festiva, nem atou as alegres tochas com a fita
sagrada; teu sogro não te ofereceu presentes
carregados de ouro, não te deu campos nem cidades:
teu dote foi a guerra. Tu te tornaste genro de nossos
[inimigos:
afastado de tua pátria, hóspede de um lar alheio,
conseguiste coisas externas, expulso de tua casa,
exilado sem crime. Para que nada te faltasse do destino
de teu pai, também isto tens de comum com ele:
ter cometido um erro com teu casamento. Ó meu
[filho, devolvido
a mim depois de tantos sóis, ó meu filho, temor e
[esperança
de tua mãe ansiosa, cuja visão eu sempre pedi aos
[deuses,
embora teu retorno, com tua volta, houvesse de
[tirar-me

tantas coisa quanto as que me daria.
"Quando deixarei de temer por ti?" 520
disse eu. E o deus respondeu caçoando:
"É a ele que temerás." De fato, se não fosse a guerra,
eu não te teria comigo; mas se não estivesses comigo
eu não teria a guerra. Ah! Ver-te corresponde a um
                                                [triste
e duro preço, mas dá prazer a tua mãe. 525
Oxalá as armas se afastem enquanto nenhuma
                        [desgraça ocorre
e o cruel Marte nada ousa. Mas isto também é uma
                                            [desgraça:
estar tão perto. Eu me espanto e tremo, exangue,
quando vejo os dois irmãos de um lado e do outro,
sob a pressão do crime. Meus membros estremecem
                                        [com medo. 530
Eu quase estou vendo, como mãe, uma desgraça
                        [ainda maior
do que aquela que vosso desgraçado pai não pôde ver.
Mesmo que eu me liberte do medo de tão grande
                                            [crime,
que eu não mais veja nada igual, sou infeliz, todavia,
porque quase o vi. Pelos pesados trabalhos de meu
                        [útero, por dez meses, 535
pela piedade de tua ínclita irmã, eu te peço,
e pelos olhos de teu pai, que ele vazou, irado
                        [consigo mesmo,
exigindo um suplício cruel por seu erro,
embora inocente de qualquer delito:
afasta as nefandas tochas dos muros da pátria, 540
faz com que voltem para trás os estandartes do
                        [exército aguerrido:
mesmo que te retires, uma grande parte de teus crimes

já foi cometida: a pátria viu seus campos se encherem
de uma grei hostil, viu ao longe os batalhões
[refulgentes
545 pelo brilho das armas; viu os prados de Cadmo
serem percutidos pela ágil cavalaria e os chefes
[volitarem
alçados em suas rodas; viu fumegarem as tochas
[inflamadas
que reclamam nossas casas para transformarem-nas
[em cinza
e os irmãos – crime que foi novo em Tebas –
precipitarem-se, um contra o outro. Todo o exército
550 [viu isso,
todo o povo; viram-no as irmãs, uma e outra;
e eu, tua mãe, também vi. Teu pai deve a si mesmo
o não ter visto estas coisas todas. Que agora te venha
[à lembrança
Édipo, para quem, como juiz, até os castigos de um
[erro
devem ser reclamados. Não destruas com as armas,
555 [eu te peço,
tua pátria e seus penates; não arruínes Tebas, que
[desejas
governar. Que loucura é essa que toma conta de tua
[mente?
Causas a perda da pátria para tê-la? Para que seja tua
queres que não seja nada? Além do mais, agrava a
[tua causa
o fato de que destróis o próprio solo com armas
560 [ameaçadoras,
arrasas as colheitas, queimando-as, e pões todos em
[fuga
pelos campos. Ninguém devasta dessa forma o que é
[seu.

O que ordenas que seja arrebatado pelo fogo, ou
        [ceifado pela espada
deves crer que é de um outro. Que seja rei qualquer
        [dos dois:
tomai a decisão, preservando o reino. Queres atingir
        [todas estas   565
casas com fogo e com armas? Poderias abalar estas
        [muralhas
de Anfião? Mão alguma as edificou
com ruidosa máquina, levando uma pesada carga;
atraídas pelo som da voz e da cítara,
as lápides vieram por si ao alto das torres[62].   570
São essas pedras que derrubarás? Vencedor, levarás
        [daqui esses
despojos? E, vencidos, os chefes, êmulos de teu pai,
e as mães, arrancadas do próprio seio de seus lares,
um soldado cruel arrastará, colocando-lhes cadeias?
As virgens adultas, misturadas ao bando escravizado, 575
irão, como um presente de Tebas, para junto das
        [mulheres argólicas?
E eu mesma, tua mãe, com as mãos amarradas atrás
        [das costas,
serei levada, como uma presa de teu triunfo sobre teu
        [irmão?
Poderás ver teus concidadãos, atirados à morte e à
        [destruição,
aqui e ali? Poderás conduzir o inimigo em direção   580
às queridas muralhas? Poderás consumir Tebas
com sangue e chamas? Feroz, tu trazes em tua ira
um coração tão duro e cruel? E ainda não governas...

....
62. Referência às muralhas de Tebas, construídas por Zeto e Anfião. Ver nota 75 de *A loucura de Hércules*.

O que o cetro poderá fazer? Afasta esse ódio
585   insano de teu espírito, eu te peço, e retorna à piedade.

POLINICES
Para errar como um fugitivo? Para afastar-me para
[sempre da pátria
e recorrer, como hóspede, ao auxílio de gente estranha?
Que outra coisa eu sofreria se traísse minha palavra,
se perjurasse? Receberei o castigo da fraude alheia
590   enquanto ele ganha o prêmio de seus crimes?
Mandas que eu me vá. Obedeço à ordem de minha
[mãe.
Oferece-me um lugar para onde eu me dirija. Que
[meu irmão, orgulhoso,
habite meu palácio; que uma pequena choupana me
[abrigue.
Dá essa choupana ao banido. Que lhe seja permitido
[trocar o reino
por um exíguo lar. Dado como um presente a minha
595   [esposa
suportarei os duros arbítrios de um tálamo feliz
e seguirei, como um criado humilde, um sogro
[dominante?
É duro cair do reino à escravidão!

JOCASTA
Se desejas o reino, se tua mão não pode abster-se do
[cetro cruel,
são muitos os que podem ser buscados em todo o
600   [orbe,
qualquer que seja a terra que os dê[63].

....
63. Jocasta passa a aconselhar Polinices a conquistar um reino qualquer, situado na Ásia.

As fenícias (Phoenissae)

De um lado, o Tmolo levanta seus picos, familiares a
[Baco,
por onde se espraiam largas extensões com terras
[frugíferas,
e por onde o Pactolo, que arrasta os opulentos vaus,
inunda campinas com seu ouro; e entre campos não
[menos fecundos 605
o Meandro encurva suas águas errantes
e o rápido Hermo corta paragens férteis.
De outro lado está o Gárgaros, grato a Ceres, e o rico
[solo
em que o Xanto serpenteia, entumecendo-se com as
[neves do Ida.
Mais além, onde o mar Jônio abandona seu nome 610
e Sestos, oposta a Abidos, comprime suas fauces,
ou onde oferece seu lado, já mais próxima do oriente,
e Creta vê a Lícia segura por seus numerosos portos.
Procura esses reinos com tua espada; contra esses
[povos
que teu forte sogro leve suas armas; que ele submeta
[esses reinos 615
e os entregue a teu cetro. Pensa que teu pai ainda
[domina
este reino. O exílio é melhor para ti
do que este retorno; estás exilado por crime alheio;
voltarás pelo teu. É melhor que, com estas forças,
[conquistes
novos reinos, sem que estejam maculados por crime
[algum. 620
Além disso, teu próprio irmão lutará contigo,
companheiro de tuas armas. Vai e faze uma guerra tal
que teu pai e tua mãe possam formular votos
a ti, como combatente. Os reinos obtidos pelo crime

são mais penosos que todos os exílios. Pensa agora
                              [nos males da guerra,
nas dúbias vicissitudes do incerto Marte:
embora tragas contigo toda robustez da Grécia,
embora a milícia exponha suas armas em grande
                                        [extensão,
a sorte da guerra está sempre em local ambíguo.
É Marte quem decide tudo: a espada iguala os dois,
por desiguais que sejam; e a esperança e o medo
a cega Fortuna alterna. Vais em busca de um prêmio
                                         [incerto,
de um crime certo. Faze com que, com teus votos,
                              [todos os deuses
te favoreçam: teus concidadãos, hostis, cederam
e empreenderam a fuga, jazendo em funesta
                              [hecatombe,
toda a milícia cobriu os campos – mesmo que exultes,
e que ostentes, como vencedor, o espólio de teu
                                 [irmão vencido,
a palma deverá ser quebrada. De que forma vês esta
                                         [guerra,
na qual o vencedor comete um crime hediondo,
se ele se alegrar? Quando tiveres vencido aquele que
                              [desejas vencer,
chorarás, infeliz. Anda, põe de lado as infaustas
batalhas, libera tua pátria do medo
e teus pais do luto.

POLINICES
                    Para que, por seu crime e sua fraude,
meu nefando irmão não receba nenhum castigo?

JOCASTA
Não temas. Ele receberá penas, pesadas, certamente: 645
ele reinará. Esta é a pena. Se duvidas, crê em teu avô
e em teu pai: Cadmo te dirá isso
e a descendência de Cadmo. Para nenhum tebano
carregar o cetro foi algo impune; e ninguém o manteve
com a palavra rompida. Podes enumerar teu irmão 650
entre estes.

ETÉOCLES
                     Que ele me enumere. Para mim
é da maior importância jazer entre os reis. Quanto a
                                        [ti, eu te inscrevo
na turba dos exilados.

POLINICES
                     Reina, embora odiado pelos teus.

ETÉOCLES
Não deseja reinar aquele que teme ser odiado.
O deus criador do mundo pôs estas duas coisas lado
                                        [a lado: 655
o ódio e o poder. Considero que é próprio de um
                                          [grande rei
reprimir os ódios. O amor do súditos impede o
                                          [governante
de muitas atitudes; ele tem mais poder contra os que
                                          [o odeiam.
Quem deseja ser amado governa com mão fraca.

POLINICES
Os governos odiados nunca se mantêm por muito
                                              [tempo. 660

ETÉOCLES
Preceitos de governo, os reis te darão com mais
[eficiência.
Prepara-te para o exílio. Pelo poder eu quereria...

JOCASTA
... Entregar às chamas a pátria, os penates, a esposa?

ETÉOCLES
664   Qualquer que seja o preço, o reino bem o merece.

Abreviaturas utilizadas

(AUTORES E OBRAS)

Apd.	*Bibl.*	Apolodoro	– *Biblioteca mitológica*
Arist.	*Poet.*	Aristóteles	– *Poética*
Cat.		Catulo	*(Poemas)*
Cic.	*Nat.*	Cícero	– *Sobre a natureza dos deuses*
	Phil.		– *Filípicas*
	Tusc.		– *Tusculanas*
Diod. Sic.		Diodoro da Sicília	(*Biblioteca histórica*)
Dion Cass.		Dion Cassius	(*História romana*)
Eur.	*Bac.*	Eurípides	– *Bacantes*
	Elect.		– *Electra*
	Her.		– *Héracles*
	Or.		– *Orestes*
Hes.	*Theog.*	Hesíodo	– *Teogonia*
	Op.		– *Os trabalhos e os dias*
Hor.	*Ep.*	Horácio	– *Epodos*
	Epist.		– *Epístolas*
	O.		– *Odes*
	Sat.		– *Sátiras*
Hyg.	*Fab.*	Higino	– *Fábulas*
Il.			*Ilíada*
Luc.	*RN*	Lucrécio	– *Sobre a natureza*
Lyc.	*Alex.*	Licofron	– *Alexandra*
Od.			*Odisseia*

Ov.	Her.	Ovídio	– Heroides
	F.		– Fastos
	Met.		– Metamorfoses
Paus.		Pausânias (Descrição da Grécia)	
Pl.	Amp.	Plauto	– Anfitrião
Prop.		Propércio (Elegias)	
Sen.	Aga.	Sêneca	– Agamêmnon
	HF.		– A loucura de Hércules
	HO.		– Hércules no Eta
	Marc.		– Consolação a Márcia
	Med.		– Medeia
	Nat.		– Questões naturais
	Oed.		– Édipo
	Phae.		– Fedra
	Phae.		– As fenícias
	Prov.		– Sobre a providência
	Thy.		– Tiestes
	Tranq.		– Sobre a tranquilidade
	Tro.		– As troianas
Soph.	Oed.	Sófocles	– Édipo Rei
Suet.	Aug.	Suetônio	– Augusto
	Cal.		– Calígula
	Diu. Iul.		– Júlio César
	Tib.		– Tibério
Tac.	Ann.	Tácito	– Anais
T. Liv.		Tito Lívio (História romana)	
Tib.		Tibulo (Elegias)	
Varr.	R.	Varrão	– Sobre a questão agrária
Vell. Pat.		Veleio Patérculo (História romana)	
Virg.	Aen.	Virgílio	– Eneida
	G.		– Geórgicas

Referências bibliográficas

Fontes

Apolodoro. *Biblioteca mitológica*. Introd. de J. García Moreno. Madrid: Alianza, 1993.
Aristóteles. *Poética*. Trad. de E. Souza. Ed. bilíngue. São Paulo: Ars Poética, 1992.
Campos, H. *Ilíada de Homero*. São Paulo: Arx, 2002.
Catulle. *Poésies*. Texte ét. et trad. par G. Lafaye. 9ᵉ éd. rev. et corr. Paris: Les Belles Lettras, 1974.
Cícero. *Sobre la naturaleza de los dioses*. Trad. de A. Escobar. Madrid: Gredos, 1999.
Cicéron. *Tusculanes*. Texte ét. par G. Fohlen et trad. par J. Humbert. 5ᵉ éd. rev. et corr. Paris: Les Belles Lettres, 1997.
____. *Discours contre Marc Antoine* (1ᵉ a 14ᵉ Philippiques). Trad. de H. Guerle. Paris: Garnier, 1927.
Columella, L. J. M. *De l'agriculture*. Texte ét. et trad. par E. Saint-Denis. Paris: Les Belles Lettres, 1972.
Diodorus, Siculus. *Bibliotèque historique*. Texte ét. et trad. par M. Casevitz. Paris: Les Belles Lettres, 1969.
Dion, Cassius. *Histoire romaine*. Texte ét. et trad. par J. Auberger. Paris: Les Belles Lettres, 1995.
Euripide. *Hélène – Les Phéniciennes*. Paris: Les Belles Lettres, 1950.
____. *Hippolyte, Andromaque, Hécube*. Org. L. Meridier. Paris: Les Belles Lettres, 1965.
Euripides. *Troiane, Eracle*. Ed. L. Pepe. Milano: Mondadori, 1994.
____. *Orestes*. Introd., versão e notas de A. F. O. Silva. Coimbra: Inic, 1982.
____. *Electra*. Introd. e coment. de J. D. Denniston. Oxford: Charendon Press, 1987.
____. *Bacas*. Estudo e trad. de J. Torrano. São Paulo: Hucitec, 1995.

HORACE. *Oeuvres.* Étude, notice et notes par E. PLESSIS et P. LEJAY. Paris: Hachette, 1917.
HESÍODO. *Os trabalhos e os dias.* Intr., trad. e coment. de M. C. N. LAFER. São Paulo: Iluminuras, 1990.
_____. *Teogonia.* A origem dos deuses. Estudo e trad. de J. TORRANO. São Paulo: Massao Ohno & Roswitha Kempf Editores, 1981.
HOMÉRE. *Iliade.* Texte ét. et trad. par P. MAZON. Paris: Les Belles Lettres, 1949.
_____. *L'Odyssée.* Trad., introd. et notes par M. DUFOUR et J. RAISON. Paris: Garnier, 1947.
HYGINUS. *Hygini Fabulae.* Edidit P. K. MARSHALL. Stutgardiae Teubner, 1993.
LUCRÈCE. *De la nature.* Texte ét. et trad. par A. ERNOUT. Paris: Les Belles Lettres, 1971.
LYCOPHRON. *Alexandra.* Edidit L. N. MASCIALINO. Lipsiae: In aedibus B. G. Teubneri, 1964.
OVIDE. *Heroides. Lettere di eroine.* Trad. de N. GARDINI. Milano: Mondadori, 1994.
_____. *Les metamorphoses.* Texte ét. et trad. par G. LAFAYE. Paris: Les Belles Lettres, 1928.
_____. *Les fastes.* Trad. de E. RIPERT. Paris: Garnier, s/d.
PAUSANIAS. *Description de la Grèce.* Texte ét. par M. CASEVITZ. Trad. par J. Pouilloux. Paris: Les Belles Lettres, 1992.
PLAUTUS. *Amphitryon.* Texte ét. et trad. par A. ERNOUT. Paris: Les Belles Lettres, s/d.
PROPERCE. *Elégies.* Texte ét. et trad. par D. PAGANELLI. Paris: Les Belles Lettres, 1970.
SENECA. *Lettere a Lucilio.* Introd. di L. CANALI. Milano: BUR, 1998.
_____. *Tratados morales.* Introducción, versión española y notas por José M. GALLEGOS ROCAFULL. México, D.F.: Universidad Nacional Autónoma de México, 1944-46.
_____. *Quaestiones naturales.* With an English translation by Thomas H. CORCORAN London; Cambridge, Mass.: Harvard University Press, 1971-72.
SÊNECA. *Cartas consolatórias.* Trad. de C. F. M. VAN RAIJ. Campinas: Pontes, 1992.
_____. *Sobre a brevidade da vida.* Trad., notas e introd. de W. LI. São Paulo: Nova Alexandria, 1993.
_____. *Sobre a providência divina; Sobre a firmeza do homem sábio.* Trad., introd. e notas de R. C. LIMA. São Paulo: Nova Alexandria, 2000.
SÉNÈQUE. *Tragédies.* Texte ét. et trad. par L. HERRMANN. Paris: Les Belles Lettres, 1971, vol. 1.
_____. *Tragédies.* Texte ét. et trad. par L. HERRMANN. Paris: Les Belles Lettres, 1967, vol. 2.

_____. *Des bienfaits*. Texte ét. et trad. par F. PRÉCHAC. Paris: Les Belles Lettres, 1927.
SUÉTONE. *Vie des douze Césars*. Texte ét. et trad. par H. AILLOUD. Paris: Les Belles Lettres, 1954.
TACITE. *Annales*. Éd. et trad. par P. WUILLEUMIER. Paris: Les Belles Lettres, 1975.
Tibulle et les auteurs du Corpus Tibullianum. Texte ét. et trad. par M. PONCHONT. Paris: Les Belles Lettres, 1968.
TITE-LIVE. *Histoire romaine*. Trad., int. et notes par E. LASSERRE. Paris: Garnier, 1944.
VELLEIUS PATERCULUS. *Histoire romaine*. Trad., int. et notes par J. HELLEGOUARCH. Paris: Les Belles Lettres, 1982.
VIRGILE. *Oeuvres*. Int., notes et index par F. PLESSIS et P. LEJAY. Paris: Hachette, 1953.

Outras obras referenciadas

AMOROSO, F. "*Les troyennes* de Sénèque. Dramaturgie et théâtralité". In: *Théâtre et spectacles dans l'Antiquité*. Actes du Colloque de Strasbourg, 1981.
ARCELLASCHI, A. *Médée dans le théâtre latin d'Ennius à Sénèque*. Roma: École Française de Rome/Palais Farnèse, 1990.
BARDON, H. *Les empereurs et les lettres latines, d'Auguste à Hadrien*. Paris: Les Belles Lettres, 1968.
BISHOP, J. D. "The Choral Odes of Seneca's *Medea*". *Classical Journal*, 60, 1965, pp. 313-6.
BOVIS, A. *La sagesse de Sénèque*. Paris: Aubier, 1948.
BOYLE, A. J. *Roman Tragedy*. London & New York: Routledge, 2006.
CAILLOIS, R. "La tragédie et le principe de la personnalité". In: JACQUOT, J. (org.). *Le théâtre tragique*. Études réunies et présentées par J. JACQUOT. 3e. ed. Paris: CNRS, 1970.
CANDIDO, A. *Literatura e sociedade*. São Paulo: Nacional, 1967.
CARCOPINO, J. *Roma no apogeu do Império*. Trad. H. FEIST. São Paulo: Companhia das Letras/Círculo do Livro, 1990.
CARDOSO, Z. A. *A construção de* As troianas *de Sêneca*. Tese de doutoramento. São Paulo: USP-FFLCH, 1976.
_____. "O discurso senequiano e a caracterização da personagem trágica". *Língua e Literatura* (Revista dos Departamentos de Letras da FFLCH-USP), 20, 1992-1993, pp. 35-48.
_____. "A presença da morte em *As troianas* de Sêneca". *Classica*, 7/8, 1996, pp. 153-64.
_____. *Estudos sobre as tragédias de Sêneca*. São Paulo: Alameda, 2005.
CARY, M. *et al.* (orgs.). *The Oxford Classical Dictionary*. Oxford: Oxford University Press, 1950.

COUTINHO, A. *Crítica e poética*. Rio de Janeiro: Acadêmica, 1968.
CIZEK, E. *L'époque de Néron et ses controverses idéologiques*. Leiden: Brill, 1972.
DUCKWORTH, G. E. (org.). *The Complete Roman Drama*. New York: Randon House, 1942.
DUPONT, F. *Les monstres de Sénèque*. Paris: Belin, 1995.
GRIMAL, P. *Dicionário da mitologia grega e romana*. Trad. V. JABOUILLE. Lisboa: Difel, 1966.
HAMMOND, N. G. L. *History of Greece to 322 b.C*. Oxford: Clarendon Press, 1959.
HENRY, D. & E. *The Mask of Power. Seneca's Tragedies and Imperial Rome*. Warsminster, Wiltshire: Aris & Phillips, 1985.
HERRMANN, L. *Le théâtre de Sénèque*. Paris: Les Belles Lettres, 1924.
HIGHET, G. *La tradición clásica*. México: Fundo de Cultura Económica, 1954.
JACQUOT, J. (org.). *Le théâtre tragique*. Études réunies et presentées par J. JACQUOT. 3e. ed. Paris: CNRS, 1970.
LEGRAND, Ph. *La poésie alexandrine*. Paris: Payot, 1924.
Le trésor de Troie. Les fouilles d'Heinrich Schliemann. Ministère de la Culture de la Fédération de Russie. Musée d'État des Beaux Arts Poushkine. Leonardo Arte, 1996.
LLOYD, S. *Early Anatolia*. Harmondsworth: Pelican, 1956.
MANJARRÉS, J. M. *Séneca o el poder de la cultura*. Madrid: Editorial Debate, 2001.
MENDONÇA, P. *A tragédia* - hipóteses e contradições surgidas na procura de uma definição. São Paulo: Anhembi, 1953.
MERIDIER, L. & CHAPOUTHIER, F. "Notice". In: EURIPIDE. *Hélêne – Les Phéniciennes*. Paris: Les Belles Lettres, 1950.
NOUGARET, L. *Traité de métrique latine classique*. Paris: Klincksieck, 1948.
PAOLI, U. E. *Rome, its People Life and Customs*. London: Longmans, 1963.
PIGANIOL, A. *Histoire de Rome*. Paris: PUF, 1954.
ROMILLY, J. *Le temps dans la tragédie grecque*. Paris:Vrin, 1971.
SCHLIEMANN, H. *Ítaca, Peloponeso e Troia*. São Paulo: Ars Poetica, 1993.
SÉNÈQUE. *Tragédies*. Texte ét. et trad. par L. HERRMANN. 5e. éd. Paris: Les Belles Lettres, 1971, t. 1.
STEVENS, J. A. "Seneca and Horace: Allegorical Technique in Two Odes to Bacchus (Hor. *Carm* 219 and Sen. *Oed*. 403-508)". *Phoenix* 53, n. 3/4, Autumn-Winter 1999, pp. 281-307.

Glossário de antropônimos, patrônimos e topônimos

Os nomes são seguidos de sua forma latina, de breve explicação e da indicação da abreviatura da tragédia em que estão além do número da linha da tradução em português.

Abidos (*Abydos*) – Cidade da Ásia Menor (***Phoe***. 611).
Acteão (*Actaeon*) – Jovem caçador transformado em veado, por Diana, e despedaçado por seus próprios cães (***Phoe***. 13).
Adrasto (*Adrastus*) – Rei de Argos (***Phoe***. 374).
Agamêmnon (*Agamemnon*) – Filho de Atreu, irmão de Menelau e rei de Micenas; comandante das tropas gregas em Troia (***Tro***. 154).
Agave (*Agaue*) – Uma das filhas de Cadmo, mãe de Penteu (***Phoe***. 363).
Ajax (*Aiax*) – Herói grego, filho de Telamão (***Tro***. 316; 844).
Alcides (*Alcides*) – Epíteto de Hércules, neto de Alceu, o pai de Anfitrião (***HF***. 84; 107; 186; 204; 357; 398; 421; 440; 504; 509; 635; 770; 797; 806; 818; 888; 957; 1061; 1168; 1343; ***Tro***. 720).
Alcmena (*Alcmena* ou *Alcmene*) – Esposa de Anfitrião, mãe de Hércules (***HF***. 21; 527; 773).
Amiclas (*Amyclae*) – Cidade do Peloponeso (***Tro***. 70).
Andrômaca (*Andromacha*) – Viúva de Heitor (***Tro***. 533; 576; 804; 924; 968).
Anfião (*Amphion*) – Filho de Júpiter e construtor da muralha de Tebas (***HF***. 262; 268; ***Phoe***. 567).
Antenor (*Antenor*) – Chefe troiano, companheiro de Príamo (***Tro***. 60).
Anteu (*Antaeus*) – Gigante líbio, vencido por Hércules (***HF***. 482).
Aqueronte (*Acheron*) – Um dos rios do Inferno (***HF***. 715).
Aquiles (*Achilles*) – Herói grego celebrado na *Ilíada*, filho de Peleu e de Tétis (***Tro***. 177; 194; 204; 232; 244; 292; 306; 322; 343; 344; 347; 447; 666; 940; 942; 955; 987; 991; 1002; 1121; 1159).

Árcade (*Arcas*) – Filho de Júpiter e de Calisto, a ninfa transformada na constelação da Ursa; epônimo da Arcádia (*HF*. 130).
Arcádia (*Arcadia*) – Região da Grécia onde vivia o javali de Erimanto, capturado por Hércules (*HF*. 228).
Arcádico (*Arcadia*) – Da Arcádia, região da Grécia onde vivia o famoso javali de Erimanto, capturado por Hércules (*HF*. 228).
Arctos (*Arctos*) – nome de uma das concubinas de Júpiter, metamorfoseada em constelação; Ursa boreal (*HF*. 6).
Argivo (*Argiuus*) – Argivo, de Argos (*Tro*. 277)
Argólico (*Argolicus*) – De Argos (*HF*. 59; *Tro*. 149).
Argos (*Argos*) – Capital da Argólida, considerada a mais antiga das cidades da Grécia (*HF*. 1038; *Tro*. 245; 813; 855; *Phoe*. 283).
Ásia (*Asia*) – Ásia Menor (*Tro*. 7; 896).
Assáraco (*Assaracus*) – Rei de Troia, filho de Tros (*Tro*. 17).
Astreia (*Astraea*) – Filha de Zeus e de Têmis, personificação da justiça (*HF*. 1068).
Atlântidas (*Atlantides*) – Nome dado às sete filhas do gigante Atlas, transformadas em constelação; Plêiades (*HF*. 10).
Atreu (*Atreus*) – Pai de Agamêmnon e Menelau (*Tro*. 341).
Atridas (*Atridae*) – Atridas, filhos de Atreu, ou seja, Agamêmnon e Menelau (*Tro*. 147; 596).
Áugias (*Augias*) – Rei da Élida, possuidor de um estábulo imundo, que Hércules foi encarregado de limpar. De Áugias (*Augeus*) – forma adjetiva (*HF*. 247).
Aurora (*Aurora* ou *Eos*) – Divindade que personifica a aurora e, por extensão, o Oriente (*HF*. 883).
Baco (*Bacchus*) – Epíteto de Dioniso, filho de Júpiter e de Sêmele e deus do vinho; por extensão, o vinho (*HF*. 16; 66; 472; 697; 1286; *Phoe*. 602). De Baco, bacante (*Baccha*) – forma adjetiva (*HF*. 134).
Beócia (*Boeotia*) – Província grega. Beócios (*Boeotii*) – habitantes da Beócia (*Phoe*. 119).
Bessa (*Bessa*) – Cidade da Lócrida (*Tro*. 848).
Bistônia (*Bistonia*) – Trácia, região ao norte da Grécia (*HF*. 226; 577).
Bóreas (*Boreas*) – Vento do norte (*Tro*. 394; 841).
Briseide (*Briseis*) – Jovem prisioneira dada a Aquiles como presa de guerra e reivindicada por Agamêmnon (*Tro*. 222).
Busíris (*Busiris*) – Rei egípcio morto por Hércules (*HF*. 484; *Tro*. 1107).
Cadmo (*Cadmus*) – Herói tebano, ancestral de Mégara, considerado o fundador de Tebas (*HF*. 134; 256; 268; 392; 758; *Phoe*. 126; 392; 545; 647; 648). De Cadmo (*Cadmeus*) – forma adjetiva (*HF*. 134; 268).
Caico (*Caicus*) – Rio da Mísia (*Tro*. 227).

Calcante (*Calchas*) – Sacerdote de Apolo (***Tro***. 351; 358; 533; 534; 592; 636; 749).
Cálcis (*Chalcis*) – Cidade da Eubeia (***Tro***. 837).
Calidna (*Calydnae*) – Cidade da Eubeia (***Tro***. 839).
Cálidon (*Calydon*) – Cidade da Etólia – (***Tro***. 845).
Caos (*Chaos*) – Personificação do vazio primordial, gerou Érebo, Noite, Dia e Éter (***HF***. 1108).
Caristo (*Carystos*) – Cidade na costa sul da Eubeia (***Tro***. 836).
Caronte (*Charon*) – Barqueiro do Inferno (***HF***. 771).
Cáspio (*Caspium mare*) – Mar no interior da Ásia (***HF***. 1206; ***Tro***. 1105).
Cassandra (*Cassandra*) – Filha de Hécuba e Príamo; sacerdotisa de Apolo (***Tro***. 37; 61; 967; 977).
Cáucaso (*Caucasus*) – Cadeia de montanhas entre o Ponto e o mar Cáspio (***HF***. 1209).
Cérbero (*Cerberus*) – Cão de três cabeças, guardião do Inferno (***HF***. 60; 1105; 1224; 1333; ***Tro***. 401).
Ceres (*Ceres*) – Deusa da agricultura e dos cereais, identificada com a Deméter grega; por extensão, o trigo (***HF***. 697; 846; ***Phoe***. 219; 371; 608).
Cibele (*Cybele*) – Deusa frígia cultuada em Troia (***Tro***. 71).
Cicno (*Cycnus*) – Filho de Marte morto por Hércules (***HF***. 485).
Cila (*Scylla*) – Banco de areia, no mar da Sicília; monstro que personifica o acidente geográfico (***HF***. 376; ***Tro***. 226).
Ciros (*Scyrus*) – Ilha do mar Egeu (***Tro***. 339; 976).
Citéron (*Cithaeron* ou *Cythaeron*) – Montanha da Beócia (***HF***. 234, 335; 979; 1287; ***Phoe***. 12; 31; 256).
Cítia (*Scythia*) – Região selvagem ao norte da Europa (***HF***. 533; 1210).
Cleônio (*Cleonius*) – Natural da cidade de Cleonas, na Argólida, vizinha à floresta de Nemeia, onde vivia o famoso leão; nemeeu (***HF***. 798).
Cocito (*Cocytus*) – Rio do Inferno, afluente do Aqueronte (***HF***. 686; 870).
Coro (*Caurus* ou *Corus*) – Vento do noroeste (***Tro***. 1032).
Creonte (*Creon*) – Cunhado de Édipo, rei de Tebas e pai de Mégara (***HF***. 495; 643).
Creta (*Creta*) – Ilha no mar Mediterrâneo (***Tro***. 820; ***Phoe***. 613).
Crime (*Scelus*) – Divindade infernal, em Sêneca (***HF***. 96; 1193).
Crisa (*Chrysa*) – Cidade da Mísia (***Tro***. 223).
Danaides[1] (*Danaides*) – Filhas de Dânao precipitadas no Inferno, onde deveriam, por toda a eternidade, encher com água um tonel furado (***HF***. 500; 757).

Danaides[2] (*Danaidae*) – Descendentes de Dânao; gregos (***Tro***. 607).
Dânaos (*Danai*) – Descendentes de Dânao; gregos (***Tro***. 606).
Dardânio (*Dardanius*) – Descendente de Dárdano, filho de Júpiter, criado em Troia; troiano (***HF***. 1165).
Delfos (*Delphi*) – Cidade da Fócida célebre por seu oráculo (***Phoe***. 259).
Délio (*Delius*) – Epíteto de Apolo, nascido na ilha de Delos (***HF***. 451).
Dia (*Dies*) – Divindade pré-olímpica que personifica o dia (***HF***. 60).
Diomedes (*Diomedes*) – Rei da Trácia, cruel e sanguinário (***HF***. 1170; ***Tro***. 1108).
Dirce (*Dirce* ou *Dirca*) – Mulher de Lico, rei de Trebas (***HF***. 916; ***Phoe***. 127).
Discórdia (*Discordia*) – Divindade maléfica, filha de Érebo e de Noite (***HF***. 93).
Dite (*Dis* ou *Ditis*) – Epíteto de Plutão, rei do Inferno (***HF***. 51; 95, 100; 639; 664; 716; 782; ***Tro***. 197; ***Phoe***. 234).
Doença (*Morbus*) – Divindade infernal, filha de Érebo e de Noite, causadora de doenças (***HF***. 694).
Dor (*Dolor*) – Divindade infernal, em Sêneca (***HF***. 693).
Éaco (*Eachus*) – Filho de Júpiter e de Egina, avô de Aquiles; um dos juízes do Inferno (***Tro***. 346).
Eco (*Echo*) – Ninfa transformada em rochedo (***Tro***. 108).
Édipo (*Oedipus*) – rei de Tebas, famoso por ter assassinado o pai e desposado involuntariamente a mãe (***Phoe***. 89; 178; 313; 314; 554); de Édipo (*Oedipodus*) – forma adjetiva (***HF***. 496).
Eecião (*Eetion*) – Rei de Tebas Hipoplácia, cidade da Mísia, e pai de Andrômaca (***Tro***. 219).
Egeu (*Aegaeum*) – Mar que banha a costa oriental da Grécia (***Tro***. 226; ***Phoe***. 313).
Egito (*Aegyptus*) – Descendente de Zeus, irmão de Dânao e epônimo do Egito (***HF***. 498).
Eleu (*Eleus*) – Epíteto de Júpiter, cultuado em um templo da Elida (***HF***. 840).
Elêusis (*Eleusin*) – Cidade da Ática, famosa por seus "mistérios" e seu culto a Deméter (***HF***. 302; ***Tro***. 843).
Élida (*Elis*) – Região da Grécia (***Tro***. 849; ***Phoe***. 129).
Elísio (*Elysium*) – Ou Campos Elísios, região do Inferno onde permanecem as almas de heróis e de pessoas virtuosas (***Tro***. 158; 944).
Ena (*Enna*) – Cidade da Sicília (***HF***. 660).
Enispa (*Enispe*) – Região da Arcádia (***Tro***. 841).
Érebo (*Erebus*) – Filho de Caos, personifica as regiões infernais; o Inferno (***HF***. 54; 1224; ***Tro***. 179).
Erimanto (*Erimanthus*) – cidade da Arcádia, famosa por seu enorme javali, capturado por Hércules (***HF***. 229).

Erínia (*Erinnys* ou *Erinys*) – Uma das três filhas da Noite (Erínias), responsáveis pelas vinganças, também denominadas Eumênides e identificadas com as Fúrias, divindades romanas (*HF*. 982).
Érix (*Eryx*) – Herói siciliano morto por Hércules em um duelo (*HF*. 481; 482).
Erro (*Error*) – Divindade infernal, em Sêneca (*HF*. 98).
Escarfeia (*Scarphe*) – Cidade da Lócrida (*Tro*. 848).
Esfinge (*Sphynx*) – Monstro híbrido enviado por Juno a Tebas para punir a cidade pelo crime de Laio (*Phoe*. 119; 138; 422).
Esparta (*Sparta* ou *Sparte*) – Cidade da Lacônia (*Tro*. 853; 919; *Phoe*. 128).
Estige (*Styx*) – Divindade pré-olímpica, filha da Noite; rio do Inferno pelo qual os deuses juravam; por sinédoque, o próprio Inferno (*HF*. 54; 90; 104; 558; 783; 1131; *Tro*. 430; 521).
Estinfálide (*Stymphalis*) – Ave do Estínfalo, lago da Arcádia (*HF*. 243; *Phoe*. 422).
Estínfalo (*Stymphalos*) – Lago da Arcádia (*HF*. 243).
Eta (*Oeta* ou *Oete*) – Montanha entre a Tessália e a Dória, na qual Hércules morreu (*HF*. 133; 981; *Tro*. 823).
Éter (*Aether*) – Espaço etéreo, céu (*HF*. 3; 959; 1054; 1055).
Etiópias (*Aethiopiae*) – Nações da África e da Ásia, às margens do mar Vermelho (*HF*. 38).
Etna (*Aetna*) – Vulcão da Sicília. Do Etna, etneu (*aetnaeus*) – forma adjetiva (*HF*.106).
Eumênides (*Eumenides*) – Epíteto das Erínias, divindades infernais (*HF*. 86).
Eurídice (*Eurydice*) – Esposa de Orfeu, morta no dia do casamento (*HF*. 571; 577; 581).
Euripo (*Euripus*) – Estreito entre a Beócia e a Eubeia (*HF*. 377).
Euristeu (*Eurystheus*) – Rei de Micenas e Tirinto (*HF*. 78; 479; 526; 830).
Êurito (*Eurytus*) – Rei da Ecália, vencido por Hércules (*HF*. 477).
Europa¹ (*Europa*) – Irmã de Cadmo raptada por Júpiter (*HF*. 9).
Europa² (*Europa*) – O continente europeu (*Tro*. 896).
Eurotas (*Eurotas*) – Rio da Lacônia (*Phoe*. 127).
Fáris (*Pharis*) – Cidade da Lacônia (*Tro*. 849).
Fatalidade (*Funus*) – Ou Funestação, personificação do sofrimento causado pela morte (*HF*. 692).
Favônio (*Fauonius*) – Vento brando que vem do leste (*HF*. 551).
Fébada (*Phoebas*) – Sacerdotisa de Febo; epíteto de Cassandra (*Tro*. 34).
Febo (*Phoebus*) – Epíteto de Apolo (*HF*. 25; 136; 454; 455; 595; 607; 845; 905; 906; 940; *Tro*. 226; 978). De Febo (*Phoebeus*) – forma adjetiva (*Phoe*. 86). Irmã de Febo – Febe, Diana, ou seja, a Lua (*HF*. 136).

Fineu (*Phineus*) – Rei da Trácia (***HF***. 759).
Flegra (*Phlegra*) – Vale da Macedônia (***HF***. 444).
Fócida (*Phocis*) – Região da Grécia entre a Beócia e a Etólia (***HF***. 334).
Fome (*Fames*) – Divindade infernal (***HF***. 691).
Fortuna (*Fortuna*) – Sorte, divindade responsável pela distribuição de bens (***HF***. 325; 524; ***Tro***. 259; 269; 275; 711; 734; ***Phoe***. 82; 212; 214; 308; 452; 632).
Fósforos (*Phosphoros*) – Lúcifer, Estrela da Manhã, Vênus (***HF***. 128).
Frígia (*Phrygia*) – Região da Ásia Menor e, por redução, Troia (***Tro***. 131; 181; 296; 409).
Frígio (*Phrygius*) – Habitante da Frígia; troiano (***Tro***. 29; 70; 124).
Frixo (*Phrixus* ou *Phryxus*) – Filho de Átamas, morto por Eetes, rei da Cólquida, segundo algumas versões (***Tro***. 1034).
Ftia (*Phthia*) – Cidade da Tessália, pátria de Aquiles (***Tro***. 816).
Fúrias (*Furiae*) – Divindades itálicas identificadas com as Erínias (***HF***. 1221).
Furor (*Furor*) – Personificação da loucura, divindade infernal (***HF***. 98).
Gárgaros (*Gargara*) – Um dos picos do monte Ida, em Troia (***Phoe***. 608).
Gerião (*Geryon*) – Gigante ibérico morto por Hércules (***HF***. 487; 1170).
Girtona (*Gyrtone*) – Cidade da Tessália (***Tro***. 821).
Gnóssio (*Gnosiacus*) – Natural de Gnossos; epíteto de Ariadne (***HF***. 18).
Gnossos (*Gnossus*, *Cnosus* ou *Cnossus*) – Cidade da ilha de Creta, onde reinou Minos (***HF***. 733).
Gonoessa (*Gonoessa*) – Cidade da Acaia (***Tro***. 840).
Gradivo (*Gradiuus*) – Epíteto de Marte, o deus da guerra (***HF***. 1342).
Grécia (*Graecia*) – O mundo grego (***Tro***. 193; 319; ***Phoe***. 325; 627).
Guerra (*Bellum*) – Divindade infernal latina (***HF***. 695).
Harpia (*Harpyia*) – Ave monstruosa, dotada de rosto de mulher, pertencente à geração das divindades pré-olímpicas (***Phoe***. 424).
Hécate (*Hecate*) – Divindade que presidia aos encantamentos, confundida com Diana (***Tro***. 388).
Hécuba (*Hecuba* ou *Hecube*) – Rainha de Troia, esposa de Príamo e mãe de Heitor, Páris, Cassandra e Políxena, entre outros filhos (***Tro***. 36; 137; 859; 908; 935; 953; 962; 969; 979; 1062).
Heitor (*Hector*) – Filho de Hécuba e Príamo, esposo de Andrômaca (***Tro***. 59; 97; 115; 116; 127; 130; 160; 189; 234; 238; 322; 326; 369; 415; 443; 459; 464; 501; 527; 535; 551; 554; 571; 597; 602; 605; 638; 646; 654; 658; 659; 682; 684; 714; 785; 805; 907; 987; 990; 996; 1072; 1087).
Hele (*Helle*) – Filha de Átamas e irmã de Frixo (***Tro***. 1034).
Helena (*Helena*) – Filha de Júpiter e Leda, esposa de Menelau, rei de Esparta (***Tro***. 248; 863; 892; 909; 926; 1135).

Heleno (*Helenus*) – Filho de Hécuba e Príamo (***Tro***. 60).
Hércules (*Hercules*) – Filho de Júpiter (ou de Anfitrião) e de Alcmena (***HF***. 41; 115; 120; 225; 310; 351; 439; 523; 642; 827; 829; 882; 960; 991; 1013; 1034; 1044; 1099; 1152; 1155; 1163; 1217; 1239; 1277; 1295; 1313; 1316; ***Tro***. 136; 730; 731; ***Phoe***. 316). De Hércules (*Herculeus*) – forma adjetiva (***HF***. 274; 632).
Hermíone (*Hermione*) – Filha de Menelau e Helena (***Tro***. 1134).
Hermo (*Hermus*) – Rio da Lídia, afluente do Pactolo (***Phoe***. 607).
Hespéria (*Hesperia*) – Região ocidental da Europa; a península ibérica, no texto (***HF***. 1141).
Héspero (*Hesperus*) – Filho da Aurora e de Atlas, personificava o planeta Vênus (***HF***. 883).
Ida[1] (*Ida*) – Montanha de Creta onde, segundo a lenda, Júpiter nasceu e foi criado (***HF***. 460).
Ida[2] (*Ida*) – Montanha de Troia, onde Páris foi exposto (***Tro***. 66; 73; 175; 445; 567; 929; ***Phoe***. 609).
Ílio (*Ilium* ou *Ilios*) – Troia (***Tro***. 21; 235; 412; 771; 911; 1053).
Impiedade (*Impietas*) – Divindade infernal (***HF***. 97).
Ínaco (*Inachus*) – Rei de Argos (***Phoe***. 445).
Inferno(s) (*Inferi*) – Região dos mortos (***HF***. 47; 91; 117; 422; 423; 513; 567; 575; 613; 727; 890; 892; 1217; 1222; 1338; ***Tro***. 432; 723).
Ino (*Ino*) – Filha de Cadmo e Harmonia, esposa de Átamas, rei de Tebas (***Phoe***. 22).
Iolcos (*Iolcus*) – Cidade da Tessália, pátria de Jasão (***Tro***. 819).
Ismeno (*Ismenos* ou *Ismenus*) – Rio da Beócia (***HF***. 334; 1164; ***Phoe***. 114).
Istmo (*Isthmus*) – Istmo; o istmo de Corinto (***Phoe***. 375).
Ítaca (*Ithaca* ou *Ithache*) – Ilha no mar Jônico, pátria de Ulisses (***Tro***. 857).
Ítaco (*Ithacus*) – Epíteto de Ulisses, rei de Ítaca (***Tro***. 38; 39; 317; 928; 980; 1089).
Ixião (*Ixion*) – Rei dos lápitas condenado por Júpiter ao suplício da roda por ter tentado violentar Juno (***HF***. 750).
Jônia (*Ionia*) – Província grega na Ásia Menor (***Tro***. 363).
Jônio (*Ionius*) – Mar a leste da Grécia (***Phoe***. 610).
Juno (*Iuno*) – Rainha do Olimpo, irmã e esposa de Júpiter, identificada com a Hera da mitologia grega (***HF***. 109; 214; 262; 447; 479; 606; 614; 1297).
Júpiter (*Iuppiter*) – Zeus, na mitologia grega; regente dos deuses, rei do Olimpo, esposo de Juno, amante de Alcmena e pai de Hércules (***HF***. 3; 53; 79; 118; 262; 439; 446; 447; 489; 490; 608; 724; 791; 922; 927; 933; 1019; 1036; ***Tro***. 139; 346; 849; ***Phoe***. 59).
Júpiter do Inferno (*Inferni Iouis*) – Perífrase para designar Plutão, rei do Inferno (***HF***. 47).

Lábdaco (*Labdacus*) – Rei de Tebas, pai de Laio e avô de Édipo (***HF***. 495; ***Phoe***. 54).
Labor (*Labor* ou *Labos*) – Personificação do trabalho, em Sêneca (***HF***. 137).
Laertes (*Laertes*) – Pai de Ulisses (***Tro***. 699).
Laio (*Laius*) – Pai de Édipo (***Phoe***. 41).
Lápitas (*Lapitha*) – Povo lendário que habitava a Tessália (***HF***. 779).
Lesbos (*Lesbos*) – Ilha do mar Egeu (***Tro***. 226).
Lerna (*Lerna*) – Pântano da Argólida onde Hércules matou a Hidra (***HF***. 242; 781; 1195; 1234).
Lete (*Lethe*) – Rio do Inferno cujas águas produziam o esquecimento (***HF***. 680; 777).
Líbia (*Libya*) – Região ao norte da África (***HF***. 1171).
Libra (*Libra*) – Ou Balança, constelação zodiacal (***HF***. 844).
Lícia (*Lycia*) – Província da Ásia Menor (***Phoe***. 613).
Lico (*Lycus*) – Rei de Tebas, apresentado em *A loucura de Hércules* como usurpador do trono (***HF***. 274, 330; 629; 635; 639; 643; 895; 988; 1161; 1182).
Licurgo (*Lycurgus*) – Rei da Trácia vencido por Baco (***HF***. 903).
Lirnesso (*Lyrnessos*) – Cidade da Tróade (***Tro***. 220).
Lua (*Luna*) – Febe, irmã de Febo (***HF***. 83).
Luto (*Luctus*) – Divindade que personifica a dor causada pela morte (***HF***. 694).
Manes (*Manes*) – Espíritos dos mortos cultuados pelo romanos (***HF***. 55; 91; 187; 556; 648; 765; 835; 869; ***Tro***. 31; 145; 192; 292; 645; 802; 811; 1005; ***Phoe***. 235).
Marte (*Mars*) – Deus da Guerra, por extensão, a guerra (***Tro***. 185; 1057; ***Phoe***. 527; 626; 630).
Meandro (*Maeander*) – Rio sinuoso da Ásia Menor (***HF***. 683; ***Phoe***. 606).
Medo (*Metus*) – Personificação do temor (***HF***. 693).
Mégara (*Megara*) – Esposa de Hércules (***HF***. 203; 346; 1008; 1016).
Megera (*Megaera*) – Uma das Fúrias ou Erínias (***HF***. 102).
Mêmnon (*Memnon*) – Herói etíope, filho de Titono e da Aurora (***Tro***. 239).
Mênalo (*Maenalos*) – Monte da Arcádia, dedicado a Pã (***HF***. 222).
Menelau (*Menelaus*) – Rei de Esparta, irmão de Agamêmnon e esposo de Helena (***Tro***. 923).
Meótis (*Maeotis*) – Lagoa existente na Cítia, hoje Mar de Azov (***HF***. 1326).
Micenas (*Mycenae*) – Cidade da Argólida (***HF***. 997; ***Tro***. 153; 245; 363; 855).
Mimante (*Mimans*) – Um dos gigantes que lutaram contra Júpiter, tendo sido por ele fulminado (***HF***. 981).

Minos (*Minos*) – Rei de Creta, transformado em um dos juízes do Inferno após sua morte (***HF***. 733).
Mísia (*Mysia*) – Região da Ásia Menor (***Tro***. 216).
Morte (*Mors*) – Divindade que personifica a morte (***HF***. 1069).
Motona (*Mothone*) – Região da Tessália (***Tro***. 822).
Nemeia (*Nemea*) – Cidade da Argólida, onde vivia o terrível leão vencido por Hércules (***HF***. 224).
Nereu (*Nereus*) – Divindade marinha, filho da deusa Tétis (*Tethys*) e pai das Nereidas, entre as quais, Tétis, esposa de Peleu e mãe de Aquiles (*Thetis*) (***Tro***. 882).
Néritos (*Neritos*) – Ilha próxima a Ítaca (***Tro***. 856).
Nestor (*Nestor*) – Rei de Pilos. De Nestor (*Nestoreus*) – forma adjetiva (***HF***. 561).
Netuno (*Neptunus*) – Deus do mar, irmão de Júpiter e Plutão (***Tro***. 184).
Nilo (*Nilus*) – Rio do Egito (***HF***. 1323).
Noto (*Notus*) – Vento sul conhecido por sua força (***HF***. 551; 1090).
Oceano (*Oceanus*) – Titã que personificava o mar, sobretudo o oceano Atlântico (***HF***. 26; 234; 238).
Óleno (*Olenos*) – Cidade da Élida (***Tro***. 826).
Olimpo (*Olympus*) – Montanha entre a Tessália e a Macedônia; morada dos deuses (***HF***. 205; 972).
Orion (*Orion*) – Caçador transformado por Diana em constelação (***HF***. 12).
Orestes (*Orestes*) – Filho de Agamêmnon (***Tro***. 555).
Orfeu (*Orpheus*) – Famoso cantor mítico (***HF***. 569).
Ossa (*Ossa*) – Monte da Tessália onde, segundo o mito, viviam os centauros (***HF***. 971).
Páctolo (*Pactolus*) – Rio da Lídia, em cujas areias há pepitas de ouro (***Phoe***. 604).
Palas (*Pallas*) – Ou Atena, deusa da guerra, da sabedoria e das artes, identificada com a Minerva latina (***HF***. 901).
Parcas (*Parcae*) – Identificadas com as Moiras (Meras) da mitologia grega (Átropo, Láquesis e Cloto), personificam o destino dos homens (***HF***. 188; 559).
Páris (*Paris*) – Filho de Hécuba e Príamo, amante de Helena, esposa de Menelau (***Tro***. 347; 866; 908; 956).
Parnaso (*Parnasus* ou *Parnassus*) – Montanha próxima a Delfos, considerada morada das Musas e de Apolo (***Phoe***. 129).
Pavor (*Pauor*) – Divindade infernal (***HF***. 693).
Pégaso (*Pegasus*) – Cavalo alado nascido do sangue da Medusa (***Tro***. 385).
Pelene (*Pellene*) – Cidade da Acaia (***HF***. 979).
Peleu (*Peleus*) – Filho de Éaco, esposo de Tétis e pai de Aquiles (***Tro***. 247; 413; 881).

Pélion (*Pelion*) – Montanha da Tessália (*HF*. 971; *Tro*. 829).
Pélops (*Pelops*) – Herói grego, filho de Tântalo e epônimo do Peloponeso (*HF*. 1165; *Tro*. 856).
Pepareto (*Peparethos*) – Ilha no mar Egeu (*Tro*. 842).
Pérgamo (*Pergamum, Pergamos* ou *Pergama*) – Fortaleza de Troia e, por extensão, a própria Troia (*Tro*. 14; 889).
Perseu (*Perseus*) – Filho de Júpiter e de Dânae, vencedor da Medusa, transformado em constelação (*HF*. 13).
Pilos (*Pylos*) – Cidade da Messênia, famosa pela longevidade de Nestor, seu rei (*HF*. 561; *Tro*. 213; 848).
Pindo (*Pindos*) – Montanha da Trácia consagrada a Apolo e às musas (*HF*. 981; 1285).
Pisa [de Júpiter] (*Pisas* [*Iouis*]) – Cidade da Élida (*Tro*. 848).
Pirra (*Pyrrha*) – Esposa de Deucalião (*Tro*. 1039).
Pirro (*Pyrrhus*) – Neoptólemo, filho de Aquiles (*Tro*. 196; 252; 308; 311; 337; 363; 666; 774; 865; 881; 901; 934; 941; 999; 1000; 1147; 1149; 1154).
Plêuron (*Pleuron*) – Cidade da Etólia (*Tro*. 827).
Políxena (*Polyxena*) – Filha de Príamo e Hécuba (*Tro*. 195; 366; 942).
Ponto (*Pontus*) – Região vizinha ao Ponto Euxino, hoje Mar Negro; forma abreviada de ponto Euxino (*Tro*. 13).
Príamo (*Priamus*) – Rei de Troia, morto durante a guerra (*Tro*. 54; 58; 130; 142; 143; 155; 160; 247; 270; 310; 312; 314; 369; 572; 719; 875; 908; 935; 996; 1069; 1090; 1103; 1177).
Prometeu (*Prometheus*) – Titã, criador do gênero humano, punido por Júpiter (*HF*. 1207).
Prosérpina (*Proserpina*) – Esposa de Plutão, rainha do Inferno, identificada com a Perséfone grega (*HF*. 549).
Prótoo (*Prothous*) – Rei do Pélion (*Tro*. 829).
Pudor (*Pudor*) – Divindade latina (*HF*. 692).
Quirão (*Chiron*) – Famoso centauro, preceptor de Jasão e Aquiles (*HF*. 971; *Tro*. 832).
Radamanto (*Rhadamanthus*) – Juiz do Inferno, filho de Júpiter e Europa (*HF*. 733).
Reno (*Rhenus*) – Rio entre a Gália e a Germânia (*HF*. 1324).
Reteu (*Rhoeteum*) – Promontório da Tróade (*Tro*. 107; 1122).
Salamina (*Salamina* ou *Salamis*) – Ilha do Peloponeso (*Tro*. 844).
Saturno (*Saturnus*) – Divindade latina que corresponde ao Cronos grego (*HF*. 965).
Sestos (*Sestos*) – Cidade da Trácia, fronteira a Abidos (*Phoe*. 611).
Sicília (*Sicilia*) – Ilha a sudoeste da península Itálica (*Phoe*. 315).
Sigeu (*Sigeum*) – Promontório da Tróade (*Tro*. 75; 140; 931).
Simplégades (*Symplegades*) – Ilhotas rochosas situadas na entrada do Ponto Euxino (*HF*. 1210).